H. R. NIEDERHÄUSER

Römische Sagen und Geschichten

RÖMISCHE SAGEN UND GESCHICHTEN

Aus antiken Schriftstellern
ausgewählt und im Sinn der Quellen bearbeitet von

HANS RUDOLF NIEDERHÄUSER

VERLAG FREIES GEISTESLEBEN

Einband: Karlheinz Flau
© 1974 Verlag Freies Geistesleben GmbH Stuttgart
Druck: Offizin Chr. Scheufele Stuttgart
ISBN 3 7725 0641 0

Inhalt

Romulus und Remus. Die Gründung Roms

Aus dem brennenden Troja rettete Aeneas das Palladium, das Wahrzei-
chen der Götter, und die ältesten Götterbilder, die Penaten. Dann verließ er flüchtend die berstende Stadt. Seinen alten Vater Anchises trug
er auf den Schultern, Ascanius, sein Söhnlein, eilte an der Hand neben
ihm her. Aphrodite-Venus, seine göttliche Mutter, geleitete ihn ans
Meer. Am Strand baute Aeneas mit seinen Gefährten eine Flotte. Dann
segelten sie nach Westen, um eine neue Heimat zu suchen. Denn ihm
war von den Göttern geweissagt, daß aus seinem Stamm dereinst ein
neues Troja hervorgehe, das das Haupt der Welt werde.

Nach langer Irrfahrt landete er in Italien, in der Bucht, wo der Tiber
ins Meer sich ergießt. König Latius, der Gebieter über diese Gegend,
eilte mit Bewaffneten herbei, um dem Eindringen der Fremdlinge zu
wehren. Doch ein Traumbild warnte ihn, und er ließ das Schwert in der
Scheide. Als er gar vernahm, daß die Fremdlinge von Troja kämen und
Aeneas, des Anchises und der Venus Sohn, ihr Führer sei, daß sie durch
den Fall Trojas heimatlos geworden, einen Wohnsitz suchten, um eine
neue Stadt zu gründen, bewunderte er den Adel und den Mut des Mannes und nahm ihn und seine Gefährten gastlich auf. Bald wurden sie
Freunde, und der alternde Latius gab Aeneas seine Tochter Lavinia zur
Frau.

Aeneas erbaute in der Nähe des Meeres eine neue Stadt, auf einem
Hügel thronend, die er seiner Frau zu Ehren Lavinium nannte. Im Mit-
telpunkt der Stadt errichtete er den Tempel der Vesta, der Göttin des
Herdfeuers und Schützerin der Familie und des Staates. Auf ihrem
Altar brannte das heilige Feuer, das niemals erlöschen durfte und Tag
und Nacht von Jungfrauen behütet wurde. In diesem Tempel wurden
in einem besonderen Heiligtum das Palladium und die Penaten aus
Troja bewahrt.

Da die Stadt bald zu volkreich wurde, bildete sich dreißig Jahre nach der Ankunft in Latium unter Aeneas' Sohn ein neuer Sproß, Alba Longa. Wehrhaft errichtet, erhob sie sich stolz auf felsigem Bergrücken über dem dichtbelaubten Hügelkranz am Albanersee. An dieser Stelle, wo die Stadt nun stand, war einst Aeneas auf der Jagd eine weiße Sau mit dreißig Ferkeln begegnet, die er der Schutzgöttin des Landes als Opfer dargebracht hatte. Alba Longa wurde bald das Haupt von dreißig blühenden Städten in Latium und die Mutter der größten: Rom.

Dreihundert Jahre nachdem Aeneas Lavinium gegründet hatte, herrschte Procas, ein Fürst aus Aeneas' Stamm, über Alba Longa. Mit seinem Tod begann ein neues Zeitalter, das eiserne. Die Herrschaft ging auf seine beiden Söhne Numitor und Amulius über. Numitor, der ältere, erbte Zepter und Thron, Amulius fiel der langersparte Reichtum zu. Amulius aber, im Besitz des Schatzes, erwarb sich Freunde und Anhänger, und mit ihrem Beistand stieß er den schwachen Numitor vom Thron und ermordete seinen Sohn. Damit ihm nicht aus dem Schoße der Tochter des Entthronten ein Rächer seiner Schandtaten erwachse, legte er ihr das Gelübde ewiger Reinheit auf und weihte sie unter dem Schein der Auszeichnung zur Priesterin der Vesta. Doch das Schicksal täuschte die Vorsicht des Tyrannen. Denn als die Priesterin, Rea Silvia war ihr Name, einst den heiligen Hain des Mars betrat, um aus dem Quell Wasser für das Opfer zu schöpfen, verbarg sich plötzlich die Sonne: Finsternis deckte die Erde, und unter furchtbarem Donner ergoß sich Regen in Strömen. Die Jungfrau, noch durch das Heranschleichen eines Wolfes geschreckt, floh in eine nahe Grotte. Da erschien ihr Mars, die Gottheit des Haines, in lichtem Glanz und nahte sich ihr liebend. Er verkündete ihr, daß sie Mutter werde zweier Söhne, auf die die Götter mit Wohlgefallen sähen. Und so wie er erschienen, entschwand er, in eine Wolke sich hüllend, in den Lüften. Es geschah, wie er verheißen hatte. Denn als ihre Zeit herankam, gebar die Jungfrau zwei Knaben von wunderbarer Größe und Schönheit.

Heftig entbrannte der Zorn des Königs, als er das Entsetzliche erfuhr. Er befahl, die schuldige Priesterin mit ihren Kindern in den Tiberstrom zu stürzen. Die Mutter versank in den reißenden Fluten. Aber die Götter erbarmten sich ihrer. Der Flußgott Tiburinus ergriff sie mit kräftigen Armen, und sie genoß, mit ihm vermählt, fortan unsterbliche Ehren. Und selbst die Häscher hatten Erbarmen mit den Knaben. Aus

8

Mitleid und Furcht vor den Göttern legten sie sie in ein Korbgeflecht und gaben es den Wellen des überflutenden Stromes preis. Der Korb wurde bis zu einer Niederung des palatinischen Hügels getragen. Dort blieb er an der Wurzel eines Feigenbaumes im Schlamme stecken. Hilflos wimmerten die Knaben. Da erschien eine Wölfin aus naher Felsenhöhle, leckte die Kinder und reichte den Durstigen die Zitzen, wie es, durch ein Bildwerk von uralter Arbeit veranschaulicht, an dem Weg zur großen Rennbahn von Rom noch in später Zeit zu sehen war.

Faustulus, der Aufseher der königlichen Herden, durch die herumschleichende Wölfin aufmerksam geworden, entdeckte die Knaben in der Höhle. Er erkannte eines Gottes Fingerzeig und gehorchte seinem Wink. Er hob die Kleinen auf und brachte sie seiner Frau Acca Laurentia, die eben den Verlust eines totgeborenen Kindes beweinte. Sie legte, statt des verlorenen, die Zwillinge an die Brust und erzog sie wie eigene Kinder.

Romulus und Remus wurden sie genannt. Sie wuchsen groß und stark heran. Wie andere Hirtenknaben hüteten sie die Herden, durchstreiften Wald und Flur mit Pfeil und Bogen und schützten das ihnen anvertraute Vieh gegen die Anfälle wilder Tiere und die Raublust frecher Nachbarn. Bald leuchtete in den Zwillingsbrüdern die angestammte Kraft hervor: ein jeder stand an der Spitze einer auserlesenen Schar. Da geschah es eines Tages, daß zwischen den Hirten des Amulius und denen des Numitor ein heftiger Streit über die Benutzung der Weideplätze sich erhob. Die Hirten Numitors, geschlagen, mißhandelt und aus ihrem Besitztum verdrängt, sannen auf Rache. Gelegenheit bot das Fest der Lupercalien, wo die Hirten, nachdem sie dem Pan ein Sühneopfer dargebracht, unbewaffnet, nur mit den Fellen der geschlachteten Ziegen umgürtet, fröhlichen Umzug hielten. Bei diesem Fest wurde Remus mit seinen Gefährten in einem Hohlweg überfallen und gefangen nach Alba Longa abgeführt. Der König übergab sie Numitor als dem Geschädigten zur Bestrafung.

Der Trotz, der edle Stolz und der Freimut des Jünglings überraschte den alten Mann. Er fragte nach seiner Herkunft, nach seinem Alter, und eine dunkle Ahnung stieg in seiner Seele auf. Da erschien eine Schar rüstiger Gesellen, von Romulus geführt, vor den Toren von Alba Longa. Romulus war inzwischen von Faustulus über seine Geburt belehrt und

von den Verbrechen des Königs gegen seine Mutter und seinen Groß-
vater unterrichtet worden. Er war entschlossen, blutige Rache an dem
Urheber ihrer Leiden zu nehmen. Haß gegen den Tyrannen und die
Unzufriedenheit der Unterdrückten unterstützten seinen Plan. Die
Stadt ward überrumpelt, Amulius in der Königsburg erschlagen und
Numitor wieder auf den väterlichen Thron gesetzt.

Kaum war in Alba die Ruhe wiederhergestellt, als Romulus und
Remus, zu kühnen Unternehmungen von Natur geneigt, den Gedanken faßten, eine neue Stadt zu gründen. Teilnehmer und Genossen fanden sich in großer Zahl; denn der Umschwung der Dinge in Alba Longa
selber bestimmte manchen, sich einen neuen Wohnsitz zu suchen, und
eine Menge unruhiger und heimatloser Leute schloß sich den jungen
Führern an. Aber schon über die Wahl des Platzes entstand Streit unter
den Brüdern. Romulus hielt den Palatin, den Ort, wo sie gerettet worden waren, für die geeignete Stelle; Remus gab dem Aventin, als dem
größeren und dem Tiber näher gelegenen Berg den Vorzug. Als dem
Großvater die Entscheidung überlassen war, verwies er die uneinigen
Brüder an die Weisungen der Götter. Daher bestieg Romulus den Palatin, Remus den Aventin, um nach den göttlichen Zeichen Ausschau zu
halten. Dem Remus erschienen zuerst sechs Geier, die von rechts her-
flogen; aber kaum hatte er dieses günstige Ereignis dem Romulus gemeldet, sah dieser die doppelte Zahl glückbringender Vögel. Darauf
entstand neuer Streit und gesteigerter Groll, in dessen Folge Remus erschlagen ward.

Der Hergang des Brudermords wird auch so erzählt: Als Romulus
mit dem Pflug die heiligen Grenzen der künftigen Stadtmauer gezogen
habe, sei Remus zum Spott über Graben und Schollen gesprungen. Da
sei Romulus aufgebraust, habe seinen Bruder im Zorn erschlagen und
gerufen: »So gehe es jedem, der in Zukunft über Roms Mauern
springt.«

Aber die Götter zürnten ob des Brudermords. Eine verheerende
Seuche raffte viel Volk hinweg. Den Romulus selbst ergriff tiefe Trauer
über das Geschehene. Doch seine Pflegemutter Acca Laurentia tröstete
ihn und wies ihn an die Orakel. Nach ihrer Weisung stiftete er ein
Gedächtnisfest, die Lemuria, um den Geist des Bruders durch ein feier-
liches Totenopfer zu versöhnen. Ferner ordnete er an, daß für seinen

Bruder immer ein Sessel mit Krone und Zepter und den übrigen Abzeichen der königlichen Würde neben dem seinigen stehen solle, damit für den Abgeschiedenen die gleiche Berechtigung an der Herrschaft offenkundig sei.

Danach begann Romulus mit dem Aufbau der Stadt. Er berief heilige Männer aus Etrurien, die nach alten Satzungen und Weisungen alles anordnen und bestimmen sollten. Zuerst wurde auf dem Palatin eine kreisförmige Grube gegraben. In die legte man die ersten Garben und Feldfrüchte sowie eine Erdscholle aus dem Heimatort jedes einzelnen Bewohners. Mit einer großen Steinplatte wurde die Grube verschlossen. Man hielt diese Öffnung in späterer Zeit für eine Pforte der Unterwelt. Nur zu gewissen Zeiten öffnete man sie und brachte dann den unterirdischen Göttern Opfer dar. Um diesen Mittelpunkt wurde dann ein großes Viereck gezogen, als die ursprüngliche Grenze der künftigen Stadt. Darauf opferte Romulus den Göttern aufs neue, beobachtete den Flug der Vögel und ließ viele Feuer anzünden, über die jeder Einzelne springen mußte, um gereinigt und entsühnt zum Werk zu schreiten. Dann spannte er einen Stier und eine Kuh an einen eisernen Pflug und beschrieb eine Furche entlang der bezeichneten Grenze. Dort, wo Tore angebracht werden sollten, wurde die Pflugschar herausgehoben und getragen. Die hinter ihm gingen, trugen Sorge, daß alle Schollen nach innen gekehrt wurden und keine auswärts liegen blieb. Sodann wurden den Einzelnen die Wohnplätze angewiesen.

So wurde im 432. Jahre nach der Zerstörung von Troja, nach heutiger Zeitrechnung im Jahre 747 vor Christi Geburt, die Stadt Rom durch einen Nachkommen des Aeneas gegründet. Das Andenken an diese Begebenheit wurde alljährlich am 21. April erneuert, der als Gründungstag der Stadt mit einem Hirtenfest zusammenfiel und in dieser doppelten Beziehung festlich begangen wurde.

Obschon nun Romulus als Begründer bei seinen Genossen ein unbestrittenes Ansehen behauptete, fehlte seiner Macht noch die höhere Weihe und die Zustimmung der Götter. Diese zu erlangen, erhob er sich an einem bestimmten Tage früh vom Lager und verließ sein Zelt. Unter freiem Himmel kehrte er sein Antlitz der aufgehenden Sonne zu und flehte mit erhobenen Armen zu Jupiter und den übrigen Beschützern seines Unternehmens, daß sie ihm durch ein sichtbares Zeichen bekunden möchten, wenn er ihnen angenehm sei als Herrscher. Kaum hatte er das Gebet gesprochen, durchfuhr ein Blitzstrahl von Mitternacht gegen Mittag das Firmament. Dies ward von Romulus als Bestätigung und Offenbarung des göttlichen Willens angesehen. Bei den Römern hat von jener Zeit an der Glaube fest bestanden, daß jede Ausübung eines höheren Amtes als ein Ausfluß der göttlichen Gnade und Huld zu achten sei und daß von den Göttern allein die wahre Kraft und Weihe des Amtes komme.

Von den Göttern wie von dem eigenen Volke als Herrscher anerkannt, begann Romulus nun eine Ordnung unter seinem Volk aufzurichten. Er teilte die junge waffenfähige Mannschaft in verschiedene Heerhaufen. Legio (Auswahl) hieß eine solche Abteilung, weil man von allen Männern die kriegstüchtigsten ausgesucht hatte. Sodann wählte er aus der Volksversammlung (Populus) die hundert angesehensten Bürger aus und ernannte sie zu Ratsherren. Diese Hundert wurden Patrizier, Väter, genannt, ihre Versammlung Senat.

Durch eine andere kluge Einrichtung schied er die Vornehmen, Patrone oder Schutzherren, von den Geringen, den Schützlingen oder Klienten. Durch diese Ordnung flößte er den Menschen gegenseitiges Wohlwollen und Vertrauen ein und legte für alle Zukunft den Grund zu den vielen wechselseitigen Hilfen und Verpflichtungen untereinander. Diese Treue wurde das Fundament, auf dem sich die Größe des römischen Staates aufbaute, aus dem seine Kraft immer neu erwuchs.

Damit aber der neugegründete Staat auch an Größe und Macht gewinne, errichtete er auf dem Kapitol einen besonderen Tempel, wohin alle heimatlos gewordenen Leute und Verbannte, gleich welchen Standes und Herkommens, ja selbst Landesfremde, flüchten konnten und Schutz, Freiheit und gastliche Aufnahme fanden.

Hatte so der männliche Teil der Bevölkerung sich in beträchtlicher Zahl vermehrt, so war der Mangel an Frauen um so fühlbarer. Um diesem abzuhelfen, wurden im vierten Monat nach der Gründung der Stadt Abgeordnete in die benachbarten Orte gesandt, um sie zu bitten, ein Eherecht mit dem neuen Volke abzuschließen. Aber überall wurden die Gesandten mit Hohn und Spott zurückgewiesen. Romulus überwand die Kränkung und gedachte mit List und Gewalt zu erlangen, was seinen Bitten verweigert worden war.

Er ließ bekanntmachen, daß er zu Ehren des Neptun ein großes Opferfest mit Spielen und Wettkämpfen zu Roß und Wagen angeordnet habe, zu dessen Teilnehmer er die Nachbarstädte einlade. Sie kamen in großer Zahl, besonders aus dem benachbarten Sabinerlande, mit Weib und Kind, wie es bei solchen Festen Sitte war. Die Lust am Schaugepränge und die Neugierde, die Wohnsitze der Abenteurer zu sehen, hatten nicht weniger als Andacht und Frömmigkeit das Volk herbeigelockt. Mit Staunen bemerkten sie das Wachstum der jungen Stadt. Überall mit zuvorkommender Freundlichkeit empfangen, gaben sie sich arglos der Freude des Festes hin. Als nun alle Gemüter auf die heiligen Feiern und danach auf das Hin und Her des Wettkampfes gerichtet waren, erhob sich Romulus plötzlich von seinem Sitz, entfaltete seinen Purpurmantel und warf ihn wieder um. Das war das verabredete Zeichen: Die römischen Jünglinge zückten die Schwerter, die sie unter dem Gewande verborgen hatten, zerstreuten mit raschem Griff die bestürzte Menge, ergriffen die anwesenden Jungfrauen und führten die Hilfeschreienden mit Gewalt hinweg. Erschrocken und Ärgeres befürchtend, flohen die Eltern. Sie verwünschten die frechen Räuber und flehten die Götter an wegen des verletzten Gastrechtes.

Romulus aber tröstete die Geraubten und entschuldigte das Geschehen mit der Notwendigkeit, welche der Starrsinn der Eltern herbeigeführt; die Tat sei nicht aus böser Lust verübt, sondern um einen gesetzlichen Ehebund mit ihnen zu schließen. Darauf verteilte er die Jungfrauen unter seine Genossen, und seine Absicht schien damit erreicht. Aber die Eltern und Verwandten der geraubten Mädchen erfüllten das Land weit und breit mit Klagen über die erlittene Schmach und forderten blutige Rache.

Es waren vor allem die Städte in unmittelbarer Nähe von Rom und die Sabiner, welche dieses Mißgeschick getroffen hatte. Alle wendeten sich mit Bitten und Flehen an Tatius, den mächtigsten Fürsten der Sabiner, und forderten ihn auf, daß er für die gemeinsame Sache das Schwert ziehen und den Oberbefehl über die gesamten Streitkräfte übernehmen solle. Da er nicht rasch genug handelte, beschlossen die Bürger von Cänina, ohne die Hilfe der Verbündeten den Krieg zu beginnen. Aber schwer büßten sie die Ungeduld. Beim ersten Zusammentreffen mit dem Feind wurden sie geschlagen und lösten sich in wilder Flucht auf;

ihr König Acron, der mit Romulus den Zweikampf wagte, fiel von dessen Hand. Seine Waffen weihte der Sieger dem Jupiter. Nun bereute Tatius sein langes Schwanken, und zum Äußersten entschlossen, berief er eine große Versammlung, die mit Einmütigkeit den Krieg gegen Rom für das nächste Jahr beschloß.

Die Zwischenzeit wurde von Romulus benützt, die Stadt noch besser zu befestigen und seine Streitkräfte auf jede Weise zu vermehren. Werkleute und Kriegsvolk sandte ihm sein Großvater von Alba Longa, mit deren Hilfe er die Mauer um den Palatin erhöhte. Auch das Kapitol und der Aventin wurden mit Wall und Graben umgeben, und es ward nichts unterlassen, was Schutz und Sicherheit gewähren konnte. Unterdessen brach der Frühling an, und die Sabiner zogen mit großer Heeresmacht aus den Bergen ins Land herab. Romulus, durch Kundschafter gewarnt, teilte sein Heer und hielt mit der einen Abteilung den Esquilin besetzt, während eine andere auf dem Quirinal eine feste Stellung bezog. Da Tatius die Feinde gerüstet fand, lagerte er mit seinem Heer zwischen dem Quirinal und dem kapitolinischen Hügel, den Kampf erwartend.

Ein günstiger Zufall brachte ihm Hilfe. Als die Tochter des Hauptmanns auf dem Kapitol, Tarpeja, von der Burg herabgestiegen war, um Wasser aus dem Quell zu schöpfen, sah sie mit Staunen das fremde Kriegsvolk, und besonders bewunderte sie die goldenen Ringe und Spangen an dem linken Arm der Krieger. Der Glanz des Goldes verblendete ihren Sinn. Sie versprach den Männern, eine verborgene Pforte der Burg zu öffnen, wenn ihr das geschenkt würde, was sie am linken Arm trügen. Im Dunkel der folgenden Nacht standen die Feinde vor dem Tor, die Jungfrau schloß die Pforte auf und erwartete den gleißenden Lohn. Statt der goldenen Armbänder schleuderten die bewaffneten Sabiner die Schilde gegen die Verräterin, und unter der Last brach sie zusammen und erlitt schmachvollen Tod. Darauf drang der Haufen in die Burg. Die im Schlaf überraschte Besatzung wurde umgebracht oder gefangen genommen. Die Sabiner waren Herren der Burg.

Jetzt drängte alles zur Entscheidung. Die Sabiner auf dem Kapitol, die Römer auf dem Palatin, beide nur durch eine schmale Niederung getrennt, bereiteten sich zum Kampf. Schon wagten einzelne Römer in der Frühe des neuen Tages das Kapitol zu erklimmen, als die Schlachtordnung der Sabiner rasch den Berg herunterstürmte und die Ebene besetzte. Ein heftiger Kampf entbrannte. Bald schienen die rachedurstigen Sabiner Meister der Lage. Romulus, der überall im dichtesten Kampfgewühl den Seinigen zu Hilfe eilte, wurde durch einen Steinwurf am Kopf verwundet. Man glaubte, er sei tot, und trug ihn aus der Schlacht. Die Römer drängten nun in wilder Flucht nach der engen Pforte hin, welche den Rückzug nach dem Palatin sicherte. Das Glück des Tages schien verloren.

Da erbarmte sich die Gottheit der Bedrängten. Während Juno, den Römern wegen des Raubes der Sabinerinnen feind, den Torflügel an der Porta Viminalis mit eigener Hand heraushob und den Sabinern eine offene Gasse in die unbeschützte Stadt bereitete, während die Torwache, durch das Gerücht einer allgemeinen Niederlage geschreckt, feige ihren Posten verließ und flüchtete, brachte Janus, des Landes Schutzpatron, Hilfe und Rettung in der Not. Er öffnete die Schleusen verborgener Quellen, die, durch brennenden Schwefel und Pech erhitzt, wie ein siedender Strom daherbrausten, den anstürmenden Feinden entgegen. Viele erstickten durch die heißen Dämpfe; andere verschlang der Strudel; keiner vermochte durch die Pforte einzudringen. Unterdessen hatte sich Romulus von seiner Betäubung erholt. Er wandte sich erneut der Schlacht zu. Aber am Fuß des Palatin, vom Strom der Fliehenden aufs neue fortgerissen, erhob er seine Hände betend zum höchsten Gott, gelobte, ihm einen Tempel an dieser Stelle zu errichten, und flehte: »Vater der Götter und Menschen! Halte die Feinde zurück, befreie die Römer von der Furcht und hemme ihre Flucht!« Mut und Kraft durchdrangen ihn sogleich, und er rief mit kräftiger Stimme den Verzagten zu: »Jupiter hat mich erhört! Er gebietet Erneuerung der Schlacht.«

Und wieder entzündete sich die Schlacht. Der Kampf wogte hin und her, es wuchs die Wut der Krieger; da stürzten die geraubten Sabinerinnen mit fliegenden Haaren, die Säuglinge auf den Armen, in die Reihen der Kämpfenden, und mit flehenden Gebärden, bald zu den Vätern, bald zu den Gatten hingewandt, baten sie um Einhalt, Schonung und Erbarmen. Da sanken den Streitenden die Waffen aus den Händen, der Kampf ruhte, und tiefe Stille folgte auf den Lärm der Schlacht. Die Führer traten vor und boten sich die Hände zur Versöhnung. Der

Friede ward geschlossen; Römer und Sabiner vereinigten sich zu einem Volk, und die zwei Könige herrschten fortan gemeinsam über Rom.

Als Tatius im sechsten Jahr unerwartet starb, herrschte Romulus allein über die vereinigten Römer und Sabiner.

Nach vielen Jahren glücklicher Regierung versammelte der alte König einst das Heer am Ziegensumpf zur Musterung. Auf einmal erhob sich ein gewaltiger Sturm, Blitze zuckten über den ganzen Himmel, von Donnerschlägen erbebte weithin die Erde. Der Sonne Licht verbarg sich, und Finsternis deckte das Land. Da ergriff Furcht und Entsetzen die Gemüter. In wilder Flucht verließ jedermann den Ort des Schreckens. Erst das wiederkehrende Sonnenlicht führte die Zaghaften zurück, und sie suchten den geliebten Herrscher, aber er war nirgends sichtbar. Da erzählten einige Senatoren, die sich nicht hatten mitreißen lassen, wie der Kriegsgott in leibhaftiger Gestalt auf einem feurigen Wagen auf die Erde herabgekommen, seinen Sohn erhoben und mit ihm zum Himmel gefahren sei.

Noch schwankten die Gemüter zwischen Hoffnung und Furcht, als Julius Proculus, ein würdiger Mann, in die Versammlung trat und also sprach: »Hört, ihr Bürger! Als ich hierher mich begab, erschien der Vater und Gründer dieser Stadt in lichter Gestalt vor mir. Vom Schauder durchdrungen, näherte ich mich ihm mit demütigem Gebet, und er sprach: ›Geh, melde den Römern, es sei im Rat der Himmlischen beschlossen, daß Rom das Haupt der Erde werde. Deshalb sollen sie auf Zucht und Ordnung halten, die Kriegskunst ehren und den Glauben sich bewahren, daß keine Macht der Erde den Römern widerstehen könne. Ich aber werde, als Gott Quirinus, ihnen immer gnädig und gewogen sein.‹ Mit diesen Worten verschwand er in den Lüften.« Proculus' Rede fand Glauben bei dem Volk, und Romulus genoß fortan unter dem Namen Quirinus göttliche Verehrung. Auf dem Hügel, wo der Gott dem Proculus erschienen war, wurde ihm zu ewigem Gedächtnis ein Heiligtum errichtet.

Numa Pompilius

Nachdem Romulus gestorben war, übernahmen die Väter ein Jahr lang die Regierung. Bald aber war das Volk unzufrieden; statt von hundert Köpfen regiert zu werden, verlangte es nach einem einzigen Oberhaupt. Man schaute eifrig aus nach einem Mann, der würdig war, zum König gewählt zu werden. Damals war Numa Pompilius als gerechter und gottesfürchtiger Mann schon berühmt. Er lebte in Cures, einer kleinen Stadt im Sabinerland, und sann viel über göttliche und menschliche Dinge nach. Sein Herz war von Natur für alles Gute aufgeschlossen, aber durch Lernen, Dulden und Nachdenken hatte er es noch mehr veredelt, so daß er alle üblen Leidenschaften und Gewalttätigkeiten von sich fern zu halten vermochte. In der Herrschaft der vernunftgeleiteten Seele über die Begierden sah er die rechte Manneswürde.

Aus seinem Haus verbannte er Pracht und Üppigkeit; er lebte einfach und diente bereitwillig jedem, der ihn als Richter oder Ratgeber aufsuchte. Seine Mußestunden widmete er ganz dem frommen Dienst für die Götter und der geistigen Betrachtung ihres Wesens und Wirkens. Deswegen hatte er, obwohl er still und zurückgezogen lebte und wenig begütert war, großen Ruf und Namen. Tatius, der mit Romulus auf dem Thron der Römer saß, gab ihm seine einzige Tochter Tatia zur Frau. Beide verzichteten aber auf das glanzvolle Leben in Rom und blieben im Sabinerlande.

Im dreizehnten Jahr ihrer glücklichen Ehe starb Tatia. Da verließ Numa Haus und Stadt und zog sich aufs Land zurück, wo er oft einsam umherwanderte und in heiligen Wäldern und Auen sinnend verweilte.

Immer wieder begab er sich in einen Hain, in dessen Mitte aus beschatteter Felsenhöhle ein Quell lebendig hervorsprudelte. An diesem einsamen stillen Ort erschien ihm oft die Quellgöttin Egeria und hielt Zwiesprache mit ihm. Sie unterwies ihn in allen göttlichen Dingen, ja,

17

sie verband sich mit ihm in einem überirdischen Ehebund. Durch das Zusammensein mit dieser Göttin wurde er ein seliger und hocherleuchteter Mann.

Als er König geworden war, zog Egeria mit ihm nach Rom und hielt sich in einem Hain, draußen vor der Porta Capena, verborgen. Oft, wenn Numa bekümmert war und nicht aus noch ein wußte, suchte er sie in der Morgenfrühe oder in der abendlichen Dunkelheit heimlich auf, fragte sie um Rat und erhielt Kunde und Weisung vom Willen der Götter. Als Numa starb, wich Egeria aus Rom. Aus Mitleid verwandelte Diana die Trauernde in eine Quelle.

Diesen Mann verlangte das Volk zum König. Als nun die Väter Roms den Namen Numa hörten, wagte keiner, einen der ihren oder einen Bürger der Stadt diesem Manne vorzuziehen, obgleich durch die Wahl Numas das Übergewicht sich auf die sabinische Seite zu neigen schien.

Einstimmig wurde beschlossen, Numa Pompilius die Regierung zu übertragen. Er war im vierzigsten Lebensjahr, als die Gesandten kamen, um ihn auf den Thron zu rufen. Allein, es war keine leichte Sache, einen Mann, der bisher in Ruhe und Frieden gelebt hatte, zur Übernahme der Regierung einer Stadt, und gar des kriegerischen Roms, zu bewegen. Numa wehrte ab: »Was ihr an mir lobt, sind keine Eigenschaften eines zum Herrscher begabten Mannes. Rom braucht einen kraftvollen, feurigen König; denn Krieg und Waffenglück sind dem Volk zur zweiten Natur geworden, und man weiß, daß Rom sich vergrößern will und andere Völker zu unterjochen strebt. Lächerlich würde wirken, wenn ich dieser Stadt und diesem Volk Gottesfurcht, Achtung vor dem Recht und Abneigung gegen Gewalt beibringen wollte.«

Mit diesen und anderen Gründen suchte Numa die Krone von sich zu weisen. Aber die Römer und auch seine Freunde baten ihn herzlich, und so gab er schließlich dem Drängen nach und übernahm die Pflicht.

Als er den Entschluß gefaßt hatte, brachte er den Göttern Opfer dar, dann begab er sich auf die Reise. Alles jubelte ihm zu, als er in die Stadt einzog. Er wurde vom Volk und Senat zum Forum begleitet. Als ihm die Ältesten feierlich die Zeichen der königlichen Würde reichten, bat er erst um die Bestätigung der Wahl durch die Götter.

Mit Auguren und Priestern bestieg er das Kapitol. Hier hieß ihn der erste Augur auf einen Stein sitzen, sich nach Süden wenden und das Haupt verhüllen. Der Augur setzte sich gleichfalls verhüllt ihm zur Linken. In der rechten Hand hielt er einen astlosen, gekrümmten Stab. Er opferte, betete zu den Göttern und bezeichnete mit dem Krummstab die Gebiete und Grenzen des Himmels, innerhalb derer die Zeichen gültig waren. Dann nahm er den Stab in die Linke, legte die Rechte auf Numas Haupt und sprach: »Vater Jupiter! Soll dieser Numa Pompilius, dessen Haupt ich berühre, Roms König werden, so bestätige dies in den von mir bestimmten Grenzen durch ein eindeutiges Zeichen.«

Unten auf dem Markt herrschte unterdessen eine tiefe Stille, denn alles wartete gespannt auf den Ausgang. Als der Augur die Hülle ablegte und rings nach allen Seiten umschaute, wie sich der göttliche Wille kundgebe, erschienen Vögel von Süden und bestätigten der Götter Zustimmung.

Nun legten die Priester Numa den Königsmantel um; sie verließen die heilige Stätte und stiegen von der Burg herab. Als das Volk sie kommen sah, schallte ihm lauter Jubel und Freudenruf entgegen, und alles hieß ihn willkommen und bezeugte ihm Verehrung.

So kam Numa zur Regierung. Er begann nun, die durch Waffen und Macht gestiftete Stadt allmählich umzubilden, ihren harten Sinn durch Sanftmut zu erweichen und die Neigung zum Krieg in Liebe zum Recht umzuwandeln. So begründete er durch Rechte, Gesetze und sanfte Sitten die Stadt von neuem.

Als erstes suchte er einen allgemeinen Frieden zu stiften und die umliegenden Nachbarn durch Verbindungen und Bündnisse mit den Römern zu befreunden, so daß keine Gefahr von außen mehr zu befürchten war. Denn die Gemüter der Römer, durch das Soldatenleben verroht und verwildert, konnten nur durch Beendigung der Kriegsübungen gesitteter und für die Gottesfurcht empfänglicher werden.

Zum Zeichen des Friedens ließ er dem Janus einen Tempel bauen und seine Pforten schließen. Geöffnet sollten sie anzeigen, daß die Stadt im Krieg und unter den Waffen sei, verschlossen, daß sie mit allen umliegenden Völkern Friede habe. Denn dann hielt Janus, der Friedenshüter, den Kriegsgott Mars und seine Helfer, die den Streit unter den Menschen erregten und Furcht und Schrecken verbreiteten, im Tempel eingeschlossen und verwahrt.

Unter Numas Regierung blieben die Pforten immer geschlossen. Sein großes Verdienst war, daß er während seiner ganzen Regierungszeit den Frieden und das Reich zu erhalten und zu schützen wußte.

Dann steckte er die Landmarkung für die Gebiete ab, die zu Rom gehörten, und die, die Eigentum einzelner Familien waren, und setzte sichere Grenzen fest. Diese Grenzen weihte er und unterstellte sie dem Schutz des Grenzgottes Terminus. Diesem zu Ehren wurden an den Grenzen der Felder, sowohl im Namen des Volkes als auch einzelner Familien, unblutige Opfer dargebracht; denn dem Grenzgott als dem Wächter des Friedens und dem Zeugen der Gerechtigkeit gebührten nur Opfer aus Früchten der Erde.

Die Gebiete um die Stadt, die Romulus erobert hatte, verteilte Numa bei dieser Besitzordnung unter die bedürftigen Bürger, um die Armut zu beseitigen und das Volk an den Ackerbau zu gewöhnen; denn keine andere Lebensweise wie die des Landmannes weckt so stark die innige Liebe zum Frieden und erhält zugleich seine Kraft zu wehrhafter Verteidigung von Haus und Hof, wenn es not tut.

Das übrige Volk teilte er je nach Handwerk und Kunst in die Gruppen der Flötenspieler, Goldarbeiter, Zimmerleute, Weber, Färber, Schuster, Gerber, Schmiede, Töpfer, Bäcker, Fleischer und Händler; er gab ihnen eigene Gesetze und besondere gottesdienstliche Feierlichkeiten. Durch diese Gemeinschaften, die er stiftete, brachte er es dahin, daß die Kluft zwischen Römern und Sabinern allmählich aufgehoben wurde. Das Volk verschmolz durch diese weise Gliederung und Ordnung zu einer neuen Einheit.

Eine wichtige Einrichtung des Königs war auch die, daß er das Jahr nach dem Mondlauf in zwölf Monate teilte. Weil aber ein Monat nicht ganz dreißig Tage dauert und dem Mondjahr im Vergleich zum Sonnenjahr elf Tage fehlen, so verordnete er, daß alle zwei Jahre nach dem Februar ein Schaltmonat von 22 Tagen dem Jahreskreislauf eingefügt werde, wodurch die Übereinstimmung der Zeiten mit dem Sonnenlauf wiederhergestellt wurde.

Dem doppelgesichtigen Janus, dem Herrn über die Zeit, der Anfang und Ende überschaute, widmete er den Monat Januar, mit dem seit Numa das Jahr nun begann. Es wurde in fröhlicher Zuversicht mit dem Gedächtnisfest dieser altitalischen Gottheit angefangen. Honigkuchen und geröstetes Mehl wurden ihm als Opfer dargebracht, und man erflehte durch ihn den Segen der Götter; denn Janus war das Tor, durch das alles Bitten und Flehen der Menschen zu den Göttern gelangte. Deshalb auch wurde Janus bei jedem Opfer zuerst angerufen.

Bei diesem Fest zum Jahresanfang reichten sich die Familienmitglieder und Freunde Geschenke und wünschten einander Glück und den Segen der Götter.

Dann setzte Numa auch die Zeiten und Gebräuche der Opfer- und Kulthandlungen für die anderen Götter fest, ordnete die Priesterschaften und gab jeder Würdezeichen, Schmuck und eigenes Kleid. Die Priester wurden Pontifex – Brückenmacher – genannt. Diesen Namen trugen sie, weil sie die Verbindung schufen von den Menschen zu den unsterblichen Göttern. Ihnen waren auch die Brücken zu Schutz und Obhut unterstellt, die wie Sinnbilder an Flüssen und Bächen stehen und von einem Ufer zum anderen den Übergang ermöglichen. Über allen Priestern stand der Oberpriester, der Pontifex maximus. Er hatte als Stellvertreter des Königs dafür zu sorgen, daß, wenn der König außer Landes weilte, die wichtigen Staatsopfer und auch kleinen Verpflichtungen genau beobachtet und vollzogen wurden. Außerdem hatte er das Amt des Erklärers und Dolmetschers aller göttlichen Dinge. Die einfachen Leute sollten in ihm einen ständigen Ratgeber finden. Dem Oberpriester war auch die Aufsicht über alle heiligen Gebräuche, die öffentlichen wie die einzelner Familien anvertraut. Aber nicht bloß über den Dienst an den Himmlischen sollte der Oberpriester wachen, sondern auch über die Ehren, die den Verstorbenen gebührten, und die Opfer, die zur Besänftigung der Manen, der abgeschiedenen Seelen, dargebracht werden mußten. Er lehrte auch, wie die Wunderzeichen, die Blitze, der Donner, der Vogelflug und die Zeichen der Opfertiere, durch die die Götter zu den Menschen sprechen, aufgenommen werden sollten, und wie danach die Sühne zu leisten sei. Über dem heiligen Opferfeuer der altverehrten Herdgöttin Vesta errichtete Numa einen Rundtempel, denn er sollte das Abbild des Weltalls sein. In der Mitte über dem ewigen Herdfeuer, dessen Flamme vom Sonnenlicht stammte, hing das Abbild der Erdkugel vom Gebälk herab.

Das Herdfeuer wurde Tag und Nacht von den Priesterinnen gehütet und durfte nicht erlöschen. Ihrer Hut war auch das Palladium anvertraut, das, aus Lavinium nach Rom gebracht, in einem besonderen Heiligtum aufbewahrt wurde; zu ihm hatte selbst der Pontifex maximus keinen Zugang. Den strengen Dienst der Vestalinnen ordnete Numa neu und begrenzte ihn so, daß sie nach dem dreißigsten Lebensjahr wieder ins bürgerliche Leben eintreten konnten, wenn sie es wünschten. Unterlassungen im Dienst oder Fehltritte, die sie sich zuschulden kommen ließen, wurden seit alters mit strengen Strafen, ja mit Einmauerung gesühnt. Dafür waren diese Priesterinnen hochgeachtet und geehrt. Wenn eine Vestalin den Tempelbezirk verließ, schritt ihr, wie einem hohen Staatsbeamten, immer der Liktor mit dem Rutenbündel und der Axt, dem Herrschaftszeichen über Leben und Tod, voran. Im Vestatempel wurde auch der heilige Götterschild aufbewahrt. Dieser Schild war vom Himmel gefallen, als Numa die Götter um Schutz vor einer Seuche anflehte, die die Stadt bedrohte.

Andere erzählen über den Ursprung dieses Schildes: Numa bat einst Jupiter um ein Zeichen, das bestätigen möge, daß Rom von den Göttern die Herrschaft über die Welt versprochen sei. Um dies zu erkunden, opferte der König in der Frühe und betete, setzte sich sodann auf den kurulischen Stuhl, umhüllte sein Haupt mit einem weißen Tuch und rief mit lauter Stimme: »Jupiter, nun ist es Zeit, löse dein Versprechen ein und schicke uns das verheißene Zeichen.«

Drei mächtige Donnerschläge ertönten, kaum daß er gesprochen hatte; der Himmel öffnete sich, und leicht wie eine Vogelfeder schwebte ein Schild, der eine ungewöhnliche, lemniskatenförmige Gestalt hatte, Numa zu Füßen. Damit dieser Schild, eine Götterbürgschaft der Macht Roms, nicht von Feinden geraubt werde, ließ Numa von einem geschickten Erzgießer elf andere herstellen, die ihm alle so genau gleich waren, daß sie niemand mehr zu unterscheiden vermochte. Diese Schilde, Ancilien genannt, wurden von einer eigenen Priesterschaft, den Saliern, behütet und im Frühling dem Mars zu Ehren in einem festlichen Zug durch die Stadt getragen, wobei die Priester zu rhythmischen Gesängen tanzten und sprangen und mit dem Dolch an die Schilde schlugen.

Das Volk kam durch die weise Lenkung Numas von Gewalt und Waffengebrauch ab und wurde auf die Verehrung und Achtung der Götter hingelenkt; wiederum erfüllte der Glaube die Gemüter, daß die

22

himmlischen Mächte teilnähmen an allen menschlichen Angelegenheiten. Treu und Glauben regierten die Stadt fast ebenso wie die Furcht vor Gesetz und Strafe. Jeder richtete sich nach den Sitten, nach der Denk- und Handlungsart dieses einzigartigen Königs. Selbst die benachbarten Völker, die bisher Rom nicht als Stadt, sondern als ein Feldlager betrachtet hatten, wurden von Verehrung ihm gegenüber durchdrungen und achteten den Frieden. Denn es wehte von Rom her eine reine, gesunde Luft. Jedermann begehrte nach Ordnung und Frieden, um in Ruhe das Land zu bebauen, Kinder zu erziehen und die Götter zu ehren. Furchtlos kam man zu Festen zusammen und übte gegeneinander die größte Gastfreiheit. Es war, als wenn aus der reichen Quelle der Weisheit dieses Königs Tugend und Gerechtigkeit zu allen Menschen strömte und die ihn umgebende Ruhe sich nach allen Seiten ergösse.

So brachten die beiden ersten Könige, jeder auf andere Weise, der eine durch Krieg und Macht, der andere durch Frieden und Gottesfurcht, Rom zu Größe und Kraft.

Was Numa zum Bestand des Staates gestiftet hatte, blieb mehr im Hintergrund verborgen, aber es wirkte nicht minder als erhaltende Kraft. Und solange Numas Stiftung geachtet wurde, begründete sie die innere Stärke Roms.

Numa starb, von allen geliebt, von allen betrauert, über achtzig Jahre alt, nachdem er 43 Jahre lang regiert hatte. Zu seiner Totenfeier fanden sich die Könige aller verbündeten Völker ein mit Opfergaben und Kränzen von ihren Städten. Die Väter lösten sich ab im Tragen des Sarges, die Priester alle gaben ihm das Geleit, und Männer, Frauen und Kinder folgten jammernd und weinend dem Zuge, nicht als würde ein greiser König zu Grabe getragen, sondern als hätte jeder einen seiner teuren Angehörigen verloren.

Die Horatier und die Curiatier

In der Regierungszeit des dritten Königs, Tullus Hostilius, kam es zu Streitigkeiten zwischen den römischen und albanischen Landleuten wegen der Grenzen. Die Römer plünderten auf albanischem Boden, die Bauern von Alba Longa trieben den Römern das Vieh von den Weiden. Gegenseitige Gesandtschaften bezichtigten die andern der Schuld und forderten Rückgabe oder Ersatz. Man kam zu keiner Einigung, und so sollten die Waffen entscheiden. Als sich die beiden Heere gegenüberstanden, trat Mettius, der Führer der Albaner, vor die Reihen und erinnerte daran, daß Römer und Albaner von den mächtigen Etruskern umgeben seien. »Bedenkt, wenn unsere Heere durch den Krieg matt und aufgerieben sind, werden die Etrusker beide, den Sieger und den Besiegten, angreifen. Laßt uns, da wir Brudervölker sind, einen Weg einschlagen, durch den ohne großen Krieg und viel Blutvergießen entschieden werde, welcher von beiden Staaten den andern beherrschen soll. Laßt es uns durch einen Zweikampf ausfechten.«

Der Vorschlag wurde von Tullus und den Römern angenommen. Nun waren in beiden Heeren Drillingsbrüder, die Horatier bei den Römern, die Curiatier auf seiten der Albaner, an Alter wie an Kräften einander nicht ungleich. Diesen machten die Heerführer den Vorschlag, sich für ihr Vaterland zu schlagen. Sie nahmen an. Ehe sie zum Kampf schritten, wurde ein Vertrag geschlossen und mit Eidschwüren feierlich bekräftigt, daß das Volk, dessen Brüder im vorgesehenen Kampf siegten, über das andere herrschen sollte.

Tapfer aus eigener Kraft und ermuntert durch den Zuruf der Heere, traten die Brüder zur festgesetzten Zeit zum Kampf an. Kaum war das Zeichen gegeben, stürmten die sechs Jünglinge mit erhobenen Waffen aufeinander los. Als beim ersten Zusammentreffen die Waffen klirrten, durchfuhr ein mächtiger Schauer die beiden Heere, die den Kampf verfolgten. Und solange sich die Hoffnung nach keiner Seite neigte,

24

stockte Stimme und Atem. Bald waren alle drei Curiatier verwundet.
Der Kampf wurde immer hitziger. Wie Blitze leuchteten die sich kreu-
zenden Schwerter in der Sonne. Da sah man zwei Römer sterbend sin-
ken. Das albanische Heer brach in Freudengeschrei aus, die Römer
starrten erblaßt auf Publius Horatius, der nun allein noch für sie stand,
von den drei Albanern drohend umstellt.

Noch war der Römer unverletzt und fühlte sich beherzt genug, es
mit jedem einzeln aufzunehmen, obgleich er den dreien zusammen
nicht gewachsen war. Um die fechtenden Feinde zu trennen, ergriff er
plötzlich die Flucht. Hohngelächter der Albaner erscholl. Die Curiatier
verfolgten ihn, so gut es ihre Wunden zuließen. Als der Römer nach
einer Weile sich umsah und gewahrte, daß die Feinde ihm in großen
Abständen folgten, stellte er sich ebenso plötzlich und forderte den
nächsten Curiatier zum Zweikampf auf. Die Albaner ermunterten die
Curiatier, sie sollten ihren Bruder unterstützen, aber schon hatte Horatius den Feind besiegt und eilte zum zweiten Kampf. Die Römer sporn-
ten Horatius an durch mächtiges Geschrei, und ehe der hinterste
Curiatier seinem kämpfenden Bruder zu Hilfe eilen konnte, erschlug
Horatius auch diesen. Nun war auf beiden Seiten nur noch ein Kämpfer
übrig. Aber Hoffnung und Kräfte waren ungleich verteilt, der eine
kaum verletzt und siegesstolz, der andere wund und matt, entmutigt
durch die Niederlage der Brüder und kaum noch fähig, die Waffen zu
halten. Es war kein Kampf mehr. Überwunden sank der letzte Curiatier
dem Römer zu Füßen. Tosender Jubel der Römer brauste auf, Wehklage und Jammer erklang bei den Albanern, die nun der römischen
Macht sich unterwerfen mußten. Der Ausgang des Zweikampfes ward
als Götterzeichen genommen.

An der Stelle, wo die Jünglinge gefallen waren, begrub man die
Toten, dann zogen die beiden Heere heim.

Umjubelt vom Volk schritt Horatius allen voran in die Stadt ein, beladen mit den Oberkleidern der Curiatier als Siegeszeichen. Am Stadttor kam ihm seine Schwester entgegen, die mit einem der Curiatier verlobt gewesen war. Erbleichend erkannte sie den Kriegsmantel ihres
Verlobten, den sie selbst gewoben und bestickt hatte, auf den Schultern
ihres Bruders. Aufschreiend raufte sie sich ihr Haar und beklagte weinend den Tod ihres Bräutigams.

Darob entflammte der siegestrunkene Jüngling in maßlosem Zorn. Außer sich, zückte er das Schwert, stieß es seiner Schwester in die Brust und schrie:»So fahre denn hin zu ihm mit deiner Liebe, die du deiner toten Brüder vergaßest und des Vaterlandes. Jeder Römerin ergehe es also, die um einen Feind trauert.«

Aller Jubel verstummte wie auf einen Schlag. Starr stand das Volk vor Schrecken, schwankend zwischen Abscheu vor dem Mörder und Bewunderung des Siegers.

Der Jüngling wurde vor Gericht geschleppt. Der Richter sprach: »Publius Horatius, ich erkläre dich des Todschlags schuldig. Gehe hin, Liktor, und binde ihm die Hände.« Nun hatte der zum Tode Verurteilte nach altem Gesetz das Recht, sich an das Volk zu wenden. Horatius benützte die Berufung, und die letzte Entscheidung kam nun dem Volk zu. Als darauf der Vater der Horatier vor versammeltem Volk sprach und altes Recht anrufend sagte, Horatius hätte nicht anders handeln können, als seine Schwester zu töten, ja, er müßte seinen Sohn verdammen, hätte er anders gehandelt, erschauerte das Volk vor der unerbittlichen Strenge und verstummte. Weinend flehte nun der Alte, daß man ihn, der am Morgen noch Vater so trefflicher Kinder gewesen sei, nicht ganz kinderlos mache, daß man auch das Verdienst des Verurteilten für das Vaterland bedenke. Da löste sich Erstarrung und Schreck, das Volk ward gerührt und begnadigte Publius Horatius. Damit aber der offenbare Mord nicht ungesühnt und ungestraft bleibe, ward dem Vater aufgetragen, den Göttern und den Manen der Curiatier die Sühneopfer darzubringen. In der Unglücksgasse aber wurde ein Balken quer über zwei Pfosten gelegt, und der Jüngling mußte mit verhülltem Haupt unter diesem Galgen durchschreiten, als symbolische Strafe. Der Horatia aber wurde an der Stelle, wo sie erstochen hingesunken war, ein Grabmal errichtet.

Ancus Marcius – Tarquinius Priscus – Servius Tullius

Als Tullus gestorben war, fiel die Regierung wiederum an die Väter zurück. Sie ernannten einen Zwischenkönig, der die Wahl des neuen Regenten durchführte. Das Volk wählte Ancus Marcius zum König, und der Senat bestätigte ihn. Er war ein Enkel des Numa Pompilius, und das hatte ihn dem Volk empfohlen.

Er nahm sich seinen Großvater Numa wie auch Romulus zu Vorbildern. Als erstes ließ er den öffentlichen Gottesdienst wieder so einrichten, wie ihn Numa geordnet hatte. Alles, was die Religion und die Zeremonien betraf, mußte der Pontifex maximus aus den Büchern des Königs Numa abschreiben und öffentlich bekanntmachen.

Schon hofften die römischen Bürger und selbst die auswärtigen Städte, daß der neue König die Ruhe und den Frieden wiederherstelle, die unter seinem Großvater so wohltätig gewirkt hatten.

Aber gleich nachdem Ancus den Thron bestiegen hatte, erhoben sich die Latiner, mit denen Tullus ein Bündnis geschlossen hatte, und fielen ins römische Gebiet ein. Die Römer forderten Schadenersatz. Statt dessen gaben die Latiner eine stolze, herausfordernde Antwort in der Meinung, daß der neue römische König untätig nur zwischen Tempeln und Altären regieren werde.

Ancus Marcius sah ein, daß die Ruhe und der Friede, die unter seinem Großvater gewaltet hatten, auf die Dauer nicht erhalten werden konnten. Die Feinde schienen zuerst seine Geduld auf die Probe stellen zu wollen, um ihn dann zu verachten und zu schlagen. In den gegenwärtigen Zeiten war daher die kriegerische Auseinandersetzung nicht zu vermeiden. So fügte er sich der Notwendigkeit, warb ein Heer und zog gegen die Latiner.

Aus dem siegreichen Feldzug brachte er viele tausend Latiner als Gefangene mit, siedelte sie auf dem Aventin und in den Niederungen an und vergrößerte dadurch die Stadt. Die neuerbauten Stadtteile umschloß er mit einer wehrhaften Mauer. Auch den Janiculumhügel jenseits des Tibers, einen für die Verteidigung wichtigen Punkt, schloß er mit in die Stadtmauer ein und verband ihn durch eine hölzerne Pfahlbrücke mit der Stadt. Aber nicht allein die Stadt wurde unter diesem König erweitert und wehrhaft befestigt; er dehnte die römische Herrschaft bis ans Meer aus und erbaute an der Mündung des Tibers die Hafenstadt Ostia. In dieser Gegend ließ er auch Salzwerke anlegen, durch die das Salz aus dem Meere gewonnen wurde.

Unter Ancus' Regierung siedelte sich ein unternehmender und sehr reicher Mann aus Tarquini im Etruskerland mit Namen Lucumo in Rom an. Er hegte die Absicht und Hoffnung, hier zu hohen Ehrenstellen zu gelangen, wozu in Tarquini für ihn keine Aussicht bestand, da er dort als Ausländer galt. Sein Vater war wegen eines Zwistes aus Korinth geflohen, hatte sich in Tarquini niedergelassen, geheiratet und ein bedeutendes Vermögen erworben.

Lucumo erbte all seine Güter und heiratete nach des Vaters Tod Tanaquil, eine Tarquinierin aus vornehmem Hause. Es kränkte diese stolze Frau, daß ihr Mann in Tarquini nicht zu hohen Ämtern gelangen konnte, deshalb entschloß sie sich, ihre Vaterstadt zu verlassen und mit ihm eine neue Heimat zu suchen. Rom schien der günstigste Ort zu sein; in dieser aufstrebenden Stadt, wo der Adel auf Grund eigener Verdienste erworben werden konnte, fand jeder tüchtige Mann seinen Platz. Leicht überredete sie ihren Gemahl; sie verkauften ihre Güter und begaben sich mit ihrem Reichtum auf die Reise.

Als sie vor der Stadt Rom anlangten, ließ sich ein Adler mit ausgebreiteten Flügeln sanft auf Lucumo nieder, packte seinen Reisehut und erhob sich in die Luft. Und als wäre er von den Göttern zu diesem Dienst gesandt, setzte er ihm den Hut wieder aufs Haupt. Dann verschwand er in die Höhe. Tanaquil, die sich auf himmlische Wunderzeichen verstand, deutete dies als gutes Omen. Voll Freude umarmte sie ihren Gemahl und sprach: »Dieser Vogel ist von einem erhabenen Gott als Bote gekommen. Großes haben die Götter mit dir vor.« In dieser Hoffnung zogen sie in die Stadt ein und fanden bald ein schönes Haus, in dem sie Wohnung nahmen. Er nannte sich fortan Lucumo Tarquini. Priscus, das heißt der Ältere, wurde er später genannt, um ihn vom nachfolgenden König gleichen Namens zu unterscheiden.

Als fremder und reicher Mann zog er bald die Aufmerksamkeit der Römer auf sich. Durch leutselige Gespräche, durch Einladungen und Gastgeschenke erwarb er sich Freunde und wußte sein Glück zu befördern. Der Ruhm des Fremden gelangte auch an den königlichen Hof. Der König begehrte mit ihm bekannt zu werden. Und bald entstand durch Lucumos Freimütigkeit und Aufrichtigkeit eine so vertraute Freundschaft mit dem König, daß er ihn bei allen öffentlichen und geheimen Beratungen immer gern zur Seite haben wollte. Tarquinius bewährte sich in allem, und der König ernannte ihn im Testament zum Vormund seiner Kinder, falls er eines frühen Todes sterbe.

Ancus starb dann auch bald danach, seinen Vorbildern an Weisheit und Ruhm in Krieg und Frieden gleich.

Je näher nun die Söhne des Königs dem Mannesalter kamen, desto eifriger betrieb Tarquinius, daß das Volk sich zur Königswahl versammle. Am Wahltag stellte sich Tarquinius dem Volk, das sich auf dem Marktplatz versammelt hatte, offen als Bewerber um den Königsthron vor. In einer klugen Rede wies er darauf hin, daß er nicht der erste Fremde sei, der nach Roms Regierung strebe. Er habe zudem die längere Zeit seiner Mannesjahre auf eigenen Wunsch in Rom gelebt und jedem Bürger und der Öffentlichkeit bereitwillig gedient. Unter einem vorzüglichen Lehrmeister, unter Ancus Marcius selbst, habe er die römischen Rechte und Sitten in Frieden und Krieg erlernt und sei dem König jahrelang als sein Vertrauter zur Seite gestanden. Im Gehorsam und in der Hochachtung gegen ihn habe er mit jedem aus dem Volk und in der Güte und Gerechtigkeit gegen andere mit dem König selbst gewetteifert.

Das Volk war beeindruckt von dieser Rede und wählte ihn mit Freude einstimmig zum König. Um seinen Thron noch stärker zu sichern, nahm er hundert neue und wohlangesehene Bürger unter die Väter auf. Sie bildeten eine Partei, die dem König, durch dessen Gnade sie zu dieser Würde gelangt waren, treu ergeben blieb.

Nach seinem ersten siegreichen Krieg, den Tarquinius gegen die Latiner zu führen hatte, erneuerte er die Zirkusspiele. Mit der reichen Kriegsbeute veranstaltete er größere und kostbarere Spiele, als je zuvor in Rom abgehalten worden waren. Jetzt erst wurde ein eigener Platz dafür hergerichtet und für die Senatoren und Ritter erhöhte Schaubänke aufgestellt. Zu diesen Spielen, die fortan alle Jahre durchgeführt wurden, ließ er berühmte Pferde, Wagenführer, Faustkämpfer und Fechter aus Etrurien kommen. Auch die Stadt selbst begann er durch Bauwerke zu verschönern. Am Marktplatz ließ er gedeckte Laubengänge und Kaufhallen errichten, und reichen Bürgern wies er Baustellen an, daß sie den Platz mit schönen Häusern würdig einfaßten.

Eben war er dabei, die Stadt mit einer steinernen Mauer zu umgeben, als die Sabiner überraschend in römisches Gebiet eindrangen. Sie überschritten den Anio, ehe das römische Heer ausrücken und den Übergang verhindern konnte. Rom zitterte. Im ersten Treffen war zweifelhaft, wer gesiegt hatte. Römer wie Sabiner zogen sich zur Verstärkung zurück. Da Tarquinius fand, daß es ihnen hauptsächlich an Reitern gefehlt, beschloß er, die Zahl der drei Reiterklassen, die Romulus eingerichtet hatte, zu verdoppeln und sie zu seinem Gedächtnis mit seinem eigenen Namen zu bezeichnen. Der Oberste der Vogelschauer legte jedoch dem König nahe, gleich wie damals Romulus möge er bei dieser Veränderung die Zustimmung der Götter durch die Vögel erfragen. Der König, ungehalten über die Verzögerung und voll Zweifel über diese Kunst, wollte den Augur lächerlich machen und sagte: »Nun wohlan, du göttlicher Mann, erforsche durch deine heiligen Hühner, ob geschehen kann, was ich jetzt denke.« Der Mann tat es unbeirrt und sagte, es sei möglich. »Ich dachte«, erwiderte der König lachend, »du würdest mit einem Bartmesser einen Schleifstein durchschneiden. Hier hast du beides!, nimm sie und tue, was deine Vögel für möglich erklären!« Der Augur nahm den Schleifstein und durchschnitt ihn längelang. Tarquinius, tief beeindruckt, fügte sich und änderte weiter nichts, als daß er die Zahl der Reiter verdoppelte. Das Priestertum der Auguren aber wurde durch dieses Ereignis so ehrwürdig, daß fortan nichts unternommen wurde, weder im Krieg noch im Frieden, ohne die Zustimmung der Vögel einzuholen. Dem Augur wurde ein Denkmal errichtet. Mit verhülltem Haupt stand er abgebildet an der Treppe zum Senatsgebäude, und lange Zeit war zu seinen Füßen auch noch der durchschnittene Schleifstein zu sehen.

Nach weiteren Gefechten wurden die Sabiner geschlagen. Sie baten um Frieden, nachdem sie fast alles verloren hatten. Nach diesem Sieg zog Tarquinius triumphierend in Rom ein. In der folgenden Zeit des

Friedens betrieb er seine Unternehmungen noch eifriger als zuvor die lästigen Kriege.

Als erstes begann er auf dem Kapitol einen prächtigen Jupitertempel anzulegen, dessen Bau er im sabinischen Krieg gelobt hatte. In den Gegenden, wo die Stadtmauer nicht hoch und fest genug war, mußten die Bürger selber Hand anlegen und sie verstärken.

Die sumpfigen Niederungen zwischen den Hügeln ließ er dadurch trocken legen, daß er die sogenannten Kloaken erbaute. Das waren große unterirdische Kanäle, in die kleinere mündeten, durch welche alles Sumpfwasser sowie alle Unreinigkeiten aus Rom in den Tiber geschwemmt wurden. Die Hauptkloaken waren so geräumig, daß ein Heuwagen darin hätte fahren können, und so fest und gut gebaut, daß sie jahrhundertelang im Gebrauch waren. Sie galten als eines der gewaltigsten Bauwerke des Altertums. So verstärkte und verschönerte der König die Stadt.

Gegen Ende von Tarquinius' Regierungszeit – einige erzählen, es sei im letzten Jahr gewesen – kam eines Tages ein steinaltes Weib in den Palast und bot dem König neun Bücherrollen zum Kauf an. Diese Bücher enthielten die Weissagungen der Sibylle von Cumae, bei der schon Aeneas Rat geholt hatte. Der König, ohne die Bedeutung des Inhalts zu ahnen, fand die geforderte Summe von 100 000 Kupferassen viel zu hoch. Da nahm die Alte drei der Pergamentrollen, hielt sie in die Flamme des Hausaltars und verbrannte sie. Hierauf bot sie dem König die sechs Rollen zum gleichen Preis an. Als sich der König wieder weigerte, sie zu kaufen, warf sie drei weitere Rollen ins Feuer und verlangte für die restlichen den gleichen hohen Preis. Verwundert über das seltsame Gebaren der Frau besprach sich der König mit den Ältesten und Priestern. Leider zu spät. Sie betrachteten die Schrift und erkannten, daß sie Offenbarungen über zukünftige Ereignisse enthielt. Darum rieten sie ihm, wenigstens die drei letzten Bücher zu kaufen, und der König zahlte der Alten den geforderten Preis von 100 000 Assen. Unerkannt, wie sie gekommen, verschwand die Alte aus dem königlichen Palast.

Die drei Rollen aber wurden einer eigenen Priesterschaft zur Aufbewahrung anvertraut. Sie wurden im Tempel des Jupiter auf dem Kapitol in steinernen Truhen in die Erde versenkt und fortan immer zu Rate gezogen, wenn schwierige Entscheidungen zu treffen waren, wenn unerhörte Dinge sich ereigneten oder Ereignisse eintraten, die über menschliches Begreifen hinausgingen.

Eine Nachschrift dieser Orakelweisheit der Sibylle von Cumae wurde noch in späteren Jahrhunderten, zu Kaiser Augustus' Zeiten, in einer goldenen Kapsel aufbewahrt und verehrt. Erst in der Zeit der Völkerwanderung vernichtete Stilicho, ein Vandale, der in römischen Diensten stand, diese Offenbarungen aus Enttäuschung und Haß gegen die Römer. Er wähnte, mit diesen Rollen das Palladium und damit die geheime Lebenskraft Roms zu zerstören.

Einst ereignete sich im Königspalast etwas, dessen Anblick und Folgen gleich wundersam waren. Im Gesindehaus schlief der Sohn einer kriegsgefangenen Latinerin. Auf einmal zeigte sich um sein Haupt ein lichter Schein feuriger Flammen: durch diese Erscheinung erschreckt, erhob sich großes Geschrei unter der Dienerschaft. Sogar der König und seine Gemahlin eilten herbei. Ein Diener brachte Wasser, um den vermeintlichen Brand zu löschen, aber die Königin hielt ihn zurück, beruhigte den Lärm und gebot, den Knaben ruhig schlafen zu lassen und nicht zu berühren, bis er von selbst erwache. Zugleich mit dem Schlaf verlor sich auch die Flammenerscheinung. Jetzt nahm Tanaquil ihren Gemahl beiseite und sprach: »Vernimm den Sinn dieses Zeichens: Dieser Knabe, der im Sklavenstand geboren wurde, wird uns einst in trüber Lage ein Licht und der Schutz des bedrängten Königshauses sein. Wir wollen ihn mit aller Sorgfalt erziehen als ein Werkzeug der Götter, durch das die Ehre Roms und auch unseres Hauses befördert werden wird.« Von da an betrachteten sie Servius Tullius als ihr eigenes Kind und ließen ihn in allen Künsten unterrichten. Was den Göttern am Herzen liegt, gelingt leicht: Der Jüngling wuchs kräftig heran und zeigte wahrhaft königliche Eigenschaften und Talente. Kein junger Römer konnte in irgendeiner Kunst mit ihm verglichen werden. Darum gab ihm der König seine Tochter zur Gemahlin.

Fast achtunddreißig Jahre lang hatte Tarquinius über Rom regiert. Servius Tullius war ihm im Alter hilfreich zur Seite gestanden und hatte sich die Achtung der Senatoren und des Volkes erworben.

Die Söhne des Ancus Marcius aber hegten seit je einen Groll gegen Tarquinius, denn sie wähnten sich von ihm hinterlistig um den väterlichen Thron gebracht. Als nun gar drohte, daß die Regierung nicht an sie als die rechtmäßigen Söhne eines Königs zurückkehre, sondern an einen Sklavensohn falle, daß also ein Sklave das Zepter ergreife und den Thron einnehme, kaum hundert Jahre nachdem ein Göttersohn auf diesem Thron gesessen, da beschlossen sie, diese Schmach für Rom und ihr Haus mit Gewalt zu verhindern. Sie trachteten, erst den alten König aus dem Weg zu schaffen, und hegten die Hoffnung, nach seinem Tode die Thronfolge des Servius ohne viel Mühe zu verhindern.

Leicht gelang es ihnen, zwei verwegene Hirten als Mörder zu bestechen. Mit ihren Hacken drangen diese, zum Schein vom Felde kommend, streitend in den Vorhof des Königspalastes und begehrten, daß ihr alter Zank durch den König geschlichtet werde. Tarquinius war bereit, sie anzuhören und Recht zu sprechen. Sie wurden vorgelassen. Als nun der König aufmerksam auf den einen hinhörte, erschlug ihn der andere hinterrücks mit seiner Hacke. Sterbend sank der König zur Erde, die Hirten flohen. Das Gerücht von der Schreckenstat verbreitete sich rasch, und schreiend und wehklagend eilte das Volk zum Palast.

Tanaquil allein behielt die Fassung. Sie durchschaute das Netz, das die neidischen Königssöhne gesponnen hatten, und wirkte ihm durch Klugheit entgegen. Eilends ließ sie die Burgtore schließen, schaffte herbei, was zur Heilung nötig schien, als wäre noch Hoffnung vorhanden. Vor dem sterbenden König faßte sie des Servius Hand und sprach: »Dir gehören Reich und Zepter, wenn du Mann bist, nicht jenen, die durch fremde Hand die verruchte Tat verübten. Erhebe dich, folge deinen Führern, den Göttern, welche einst dein Haupt zur Vorbedeutung des künftigen Glanzes mit Götterfeuer umstrahlten. Es wecke dich jetzt jene himmlische Flamme! Nun erwache wahrhaftig! Wer du bist, bedenke, nicht wessen Sohn, und ergreife dein Geschick. Sieh, auch wir waren Fremde und wurden Regenten. Folge meinem Rat.«

Als man dem Lärm und dem Zudringen des Volkes fast nicht mehr zu wehren vermochte, trat Tanaquil ans Fenster des Palastes und rief den Versammelten zu: »Seid guten Muts, der König ist durch den Schlag nur betäubt worden und scheint sich zu erholen. Sein Wille ist, daß ihr dem Servius Tullius gehorcht, der unterdessen Recht sprechen und die königlichen Amtshandlungen vollziehen soll, bis der König wieder unter euch treten kann.«

Servius erschien daraufhin im Königsmantel, begleitet von den Liktoren, und setzte sich auf den königlichen Stuhl, entschied einiges und stellte sich in anderem, als wolle er erst den König um Rat fragen. So hatte er Zeit, seine Macht als Statthalter zu befestigen. Als die Söhne des Ancus den Ausgang erfuhren und hörten, daß die Mörder inzwischen ergriffen worden seien, der König lebe und Servius als Statthalter eingesetzt sei, verließen sie alles und flüchteten ins Volskerland.

Einige Tage danach ertönte aus dem Palast die Totenklage; es ward bekanntgemacht, daß der König verschieden sei, und die allgemeine Trauerzeit begann.

Servius Tullius war der erste König, der nicht vom Volk gewählt war, doch mit Zustimmung der Väter regierte. Ohne Gewalt und Schrecken zu gebrauchen, verstand er es, durch weise Anordnungen und kluges Verhalten seine Königsmacht zu sichern und bald auch die Liebe des Volkes zu gewinnen.

Da der Waffenstillstand mit den Etruskern eben zu Ende gegangen war, ergriff Servius die Gelegenheit und führte die Römer in den Krieg. In diesem glänzten Tapferkeit und Glück des jungen Königs. Er schlug das feindliche Heer und zog, vom Volk jubelnd begrüßt, in Rom ein. Doch er wollte nicht durch Kriege sich Ruhm und Namen erwerben, vielmehr begann er bald eine der wichtigsten Unternehmungen, die dem Staat in Krieg und Frieden künftig wohl zustatten kam und das Andenken des Königs für alle Zeiten ehrte.

Seit Romulus war es Brauch gewesen, daß die Bürger von Rom, die Patrizier, bei Abstimmungen in der Volksversammlung Mann für Mann ihre Stimme abgaben. Inzwischen war die Stadt gewachsen. Durch die starke Zuwanderung, durch Ansiedlungen, und durch freigelassene Sklaven lebten viel mehr Menschen in Rom als nur die alteingesessenen Patrizier. Viele von diesen Leuten, die man Plebejer nannte, waren durch Gewerbefleiß wohl zu Grund und Boden und Reichtum gekommen, aber als bloße »Ansässige« hatten sie kein Stimmrecht. Dafür mußten sie aber auch keinen Kriegsdienst leisten.

Servius ordnete nun diese Dinge neu. Er teilte die Stadt in vier Steuerbezirke (Tribus) ein und ordnete eine Vermögensschätzung an, nach der bestimmt wurde, was jeder für Abgaben zu entrichten hatte. Zudem wurde jeder Bürger, ob Patrizier oder Plebejer, für die Heeresordnung neu eingeteilt, so daß nicht Geburt und Herkommen, sondern Tüchtigkeit und erworbenes Vermögen den Ausschlag gaben für die Dienstleistungen im Heer und auch für bürgerliche Rechte und Pflichten.

Aus den Bürgern, welche hunterttausend und mehr Kupferasse besaßen oder ein Gut von zwanzig Morgen ihr Eigen nannten, bildete er die erste Klasse. Er ordnete sie zu 80 Centurien, 40 aus den Bejahrten, denen die Verteidigung der Stadt oblag, und 40 aus den jungen Leuten, die ins Feld ziehen mußten. Sie hatten sich Helm, Brustpanzer, Beinharnisch, Rundschild sowie Spieß und Schwert als Waffen aus eigenen Mitteln anzuschaffen. So gliederte er die gesamte Bürgerschaft Roms nach dem Vermögen und bestimmte demgemäß ihre Waffenpflicht bis zur fünften Klasse, die bis zu elftausend Kupferasse besaßen und Schleudern und Wurfsteine zu tragen hatten. Der übrige große Haufe, der weniger besaß, wurde in eine Centurie, die sechste Klasse, versammelt und war vom Kriegsdienst frei.

Nachdem er das Fußvolk geordnet und eingeteilt hatte, errichtete er aus den Vornehmsten zwölf Centurien Reiterei. Jedem wurde eine einmalige Summe aus der Staatskasse gegeben zur Anschaffung eines Pferdes. Alle andern Lasten, für die früher die Plebejer aufzukommen hatten, mußten die Reichen – selbst die Witwen – aus dem eigenen Vermögen tragen. Durch diese Neuordnung wurde der Gegensatz zwischen Patriziern und Plebejern weitgehend aufgehoben. Niemand war als römischer Bürger vom Stimmrecht ausgeschlossen, aber diejenigen, denen auf Grund ihres Vermögens die meisten Pflichten und Lasten oblagen, hatten auch am meisten zu sagen. Denn es wurde jetzt nicht mehr nach der einfachen Kopfzahl, sondern nach den Centurienklassen abgestimmt. Erst wurden die Ritter aufgerufen, dann die erste Klasse; waren diese nicht einig, wurde die zweite Klasse zur Stimmabgabe gefordert, und so fort bis zu den untersten Klassen hinab. Durch diese Gliederung waren die Plebejer als römische Bürger anerkannt wie die Patrizier, sie konnten im Heer Offiziersstellen bekleiden und hatten Stimmrecht in der Volksversammlung. Alle Ämter der Staatsverwaltung jedoch waren noch ausschließlich den Patriziern vorbehalten und zugänglich.

In einer großen Musterung auf dem Marsfeld ließ der König alle

Centurien in Waffen antreten. Durch eine Opferfeier, in der man den Göttern ein Schwein, ein Schaf und einen Stier darbrachte, wurde die neue Gliederung des römischen Volkes beschlossen und bestätigt. Dem jubelnden Volk verkündete der König, daß er die beiden Hügel, den Quirinal und Viminalis in die Stadt einbeziehen und durch Mauern umfrieden werde, so daß die Stadt fortan auf sieben Hügeln throne. Um auch den Frieden seines Hauses sicher zu begründen, gab er unter allgemeinem Jubel die Verbindung seiner beiden Töchter mit Aruns und Lucius Tarquinius bekannt. Ob es die Söhne oder Enkel des Königs waren, ist nicht sicher überliefert.

Als er einige Zeit später auch noch Ländereien, die den Feinden abgenommen waren, unter das Volk verteilte, setzte er seinem Friedenswerk die Krone auf. Und mit größerem Beifall als je ein Herrscher zuvor wurde Servius Tullius durch den Jubel des Volkes als König bestätigt. So regierte er viele Jahre, länger als selbst Numa, wie ein Vater das römische Volk. Doch auch mit aller Weisheit und Klugheit vermochte Servius Tullius nichts wider das Schicksal, das unvermeidlich drohend über ihm schwebte.

Tarquinius Superbus. Lucretia und Brutus

Servius Tullius versuchte seine königliche Macht nicht nur durch Taten und Einrichtungen im öffentlichen Leben zu befestigen, sondern sie auch durch Ordnung der Verhältnisse im eigenen Haus fest zu begründen. Aber auch die Vermählung seiner beiden Töchter mit den Königssöhnen Lucius und dem um weniges jüngeren Aruns Tarquinius vermochte nicht, das Verhängnis zu verhindern, das seinem Königshause drohte.

Wie die beiden Brüder, waren auch die Schwestern an Gemütsart sehr ungleich. Das Schicksal hatte es so gefügt, daß die beiden heftigen Gemüter nicht durch die Ehe zusammenkamen, zum Glück des römischen Volkes; denn dadurch konnte die Regierung des Servius viel länger dauern und das ganze Staatswesen fester begründet werden. Der jüngeren, wilden Tullia bereitete es Qual, daß sie bei Aruns, mit dem sie vermählt war, gar keine Anlage zu kühnen Unternehmungen und Wagestücken fand. Sie richtete daher ihren Blick ganz auf den kühnen, ehrgeizigen Lucius. Ihn bewunderte sie. »Er«, sagte sie, »ist doch ein Mann und zeigt seine königliche Abkunft.« Sie verachtete ihre Schwester, die, obwohl ihr doch ein solcher Mann zu Teil geworden sei, an Unternehmungsgeist es völlig fehlen lasse. Bald brachte die gleiche Gesinnung die feurige Tullia dem Lucius näher. Doch den Anstoß, das Ganze umzustürzen, gab die Frau. In geheimen Unterredungen mit Lucius brauchte sie die schimpflichsten Ausdrücke über ihren sanften Mann und über ihre Schwester. Weit glücklicher, sagte sie, würde sie unverheiratet sein, als in dieser Mißheirat zu leben, in der sie an der Mutlosigkeit dahinwelken müsse. Hätten ihr die Götter den Mann gegeben, dessen sie würdig sei, so würde sie bald die Krone in ihrem Hause haben, die sie jetzt noch bei ihrem Vater sehen müsse. Bald hatte sie Lucius ihre Wünsche und Verwegenheit eingeflößt: die ältere Schwester und Aruns wurden umgebracht, und Lucius Tarquinius und die jüngere Tullia vermählten sich. Der alternde König hatte nicht mehr die Kraft, ihnen zu wehren, sondern mußte es geschehen lassen. Nun aber wurden Thron und Leben des Servius mit jedem Tage unsicherer. Denn schon richtete dieses Weib ihren Blick von dem einen Frevel auf den nächsten; und Nacht und Tag ließ sie dem Manne keine Ruhe; sie wollte den Bruder- und Schwestermord nicht umsonst begangen haben. »Warum gehst du nicht ans Werk? Du hast nicht nötig, wie dein Vater von Tarquini oder von Korinth aus dir einen fremden Thron zu erringen. Die Götter selbst, deines Vaters Name, seine Königsburg und in der Burg der königliche Stuhl bestimmen und rufen dich zum Thron. Oder fehlt es dir hierzu an Mut? Dann zieh dich zurück nach Tarquini. Sink wieder zu deinem Ursprung herab, der du deinem Bruder ähnlicher bist als deinem Vater.« Durch diese und ähnliche Reden brachte sie Lucius Tarquinius bald so weit, daß er mit Bewaffneten umgeben ins Rathaus trat und zum versammelten Senat über die Folge der Könige sprach und über Servius' sklavische Abstammung laut und öffentlich schmähte.

König Servius, durch die dringende Nachricht aufgeschreckt, kam noch während dieser Rede dazu und rief schon am Eingange des Rathauses laut: »Tarquinius! Was soll das bedeuten? Wie kannst du dich erkühnen, während ich noch lebe, die Väter zu berufen und gar auf dem königlichen Stuhl zu sitzen?« Aber jener erwiderte trotzig, er nehme den Stuhl seines Vaters als Thronerbe ein und habe als Königssohn weit gerechtere Ansprüche darauf als ein Sklave. Lange genug habe dieser seine Herren verhöhnt, ohne daß man seiner Frechheit habe beikommen können. – Auf diese Worte erhoben die Anhänger beider Parteien ein Geschrei, so daß das Volk zum Rathaus lief. Man sah voraus, die Krone würde dem gehören, der den Platz behauptete. Da faßte Tarquinius, der jetzt aus Not das Äußerste wagen mußte und an Jugend und Stärke dem Servius weit überlegen war, den König in der Mitte, trug ihn zur Ratshalle hinaus und warf ihn die Treppe hinab auf die untersten Stufen. Dann eilte er zurück, den Senat beisammenzuhalten und seine Macht mit Waffengewalt zu befestigen. Die Diener und Freunde des alten Königs ergriffen die Flucht. Denn Tarquinius drohte jedem mit dem Tode, der sich ihm widersetze. Und durch Mord und Schrecken bekam er die Stadt in seine Hand.

Servius aber, kaum noch am Leben, wollte sich in seinen Palast retten: allein, da er an das Ende der Cyprischen Gasse gekommen war, holten des Tarquinius' Schergen den Fliehenden ein und erschlugen ihn. Viele glaubten, daß Tullia ihrem Mann zu dieser Tat geraten habe, weil sie so ganz zu ihren übrigen Freveln stimmt. Dies wenigstens weiß man gewiß, daß sie zu dieser Zeit in ihrem Prachtwagen auf den Markt gefahren kam und die erste war, die Tarquinius mit der Anrede: König! begrüßte. Als sie, um dem entstandenen Auflauf zu entgehen, an das Ende der Cyprischen Gasse kam, wollte der Wagenlenker vor Schrekken nicht weiter, hielt die Zügel an und wies seine Gebieterin auf Servius, der ermordet im Wege lag. Hier wird die scheußliche und unmenschliche Tat gemeldet, an die noch jetzt der Name der Gasse erinnert – sie heißt die Frevelgasse: Tullia, außer sich und von den Rachegöttinen wegen des verübten Gatten- und Schwesternmordes gejagt, fuhr mit ihrem Gespann über ihres Vaters Leiche.

Servius Tullius hat vierundvierzig Jahre regiert und so, daß es auch einem guten, sich selbst beschränkenden Thronfolger schwer geworden wäre, sein Werk würdig fortzusetzen.

Nun regierte Lucius Tarquinius, dem seine Taten den Beinamen Superbus, der Übermütige, Harte, gegeben haben. Denn er versagte seinem Schwiegervater das Begräbnis mit der Äußerung: auch Romulus sei unbegraben verfault. Die vornehmsten der Väter, die seiner Meinung nach den Servius begünstigt hatten, ließ er umbringen. Und weil er sich fürchtete, daß man sein Beispiel einer frevelhaften Thronbesteigung gegen ihn anwenden könne, umgab er sich mit Bewaffneten, die ihn Tag und Nacht beschützten. Denn sein Recht auf den Thron gründete sich bloß auf Gewalt, da er ebensowenig vom Volk zum König ernannt wie von den Vätern bestätigt war. Weil er auf die Liebe der Untertanen nicht rechnen konnte, mußte er seine Herrschaft durch Furcht sichern. Darum machte er als oberster Richter die Untersuchungen auf Leib und Leben ganz allein. Unter dieser Neuerung konnte er nicht nur die hinrichten lassen, verbannen oder mit Einziehung der Güter strafen, die ihm verdächtig oder mißfällig waren, sondern auch die, bei denen bloß seine Raubsucht sich eine Beute versprach. Durch dieses Vorgehen hatte er die Anzahl der Väter vermindert. Er beschloß, niemanden wieder in den Senat aufzunehmen, wodurch dieser allmählich alle Würde verlor und es selbst weniger empfand, sich zur Untätigkeit verurteilt zu sehen. Denn Tarquinius war der erste, der die Gewohnheit der vorigen Könige, den Senat über alles zu befragen, aufhob und den Staat allein nach seinen Eingebungen regierte; der über Krieg und Frieden bestimmte und Verträge und Bündnisse als alleiniger Machthaber selbst schloß und löste.

Um das Volk zu betören, richtete er sein Augenmerk auf Glanz und Pracht und verschönerte die Stadt durch herrliche Bauwerke. Als erstes errichtete er den Jupitertempel auf dem Berge Tarpejus, den er als Denkmal seiner Regierung und seines Namens hinterlassen wollte. Damit der Platz, von allen anderen Tempeln geräumt, allein dem Jupiter gehöre, beschloß er, für die notwendige Entheiligung der Weiheplätze und Tempel die Zustimmung durch die Vögel einzuholen. Da sollen gleich zu Anfang des Baues die Götter einen Wink gegeben haben, der auf das Unerschütterliche des kommenden Reiches deuten sollte. Denn die Vögel genehmigten die Entweihung aller übrigen Tempel, versagten aber bei dem Heiligtum des Grenzgottes Terminus ihre Zustimmung. Diese Vorbedeutung und Anzeige durch die Vögel wurde so aufgenommen: Die Unmöglichkeit, den Sitz des Grenzgottes zu verrücken, verkündige Festigkeit und Unerschütterlichkeit des römischen Reiches. Diesem Hinweis auf die bleibende Dauer folgte ein anderes Wunderzeichen, die Weltherrschaft Roms zu verkünden. Als man den Boden zur Grundlegung des Jupitertempels aufgrub, soll ein Menschenhaupt mit unversehrtem Antlitz zum Vorschein gekommen sein. Diese Erscheinung bedeute, die Burg werde der Sitz der künftigen Oberherrschaft und das Haupt der Welt, berichteten die Wahrsager sowohl in Rom als auch jene, die man aus Etrurien berufen hatte, um sich über die Sache zu beraten.

Um den Tempelbau vollenden zu können, zu dem Tarquinius aus allen Gegenden Etruriens Werkleute hatte kommen lassen, nahm er nicht allein die öffentlichen Gelder zu Hilfe, sondern auch die Handdienste des Volkes. Wenn auch diese nicht leichte Arbeit als Zugabe zu den Beschwerden der Kriegsdienste hinzukam, so fand es der Bürger doch nicht drückend, Hand zum Bau von Göttertempeln anzulegen. Allein er wurde nachher auch zu andern, weniger ehrwürdigen, aber weit mühsameren Bauarbeiten angehalten. In der Rennbahn mußten die

Bürger Zuschauerbänke aus Stein errichten und vor allem die Kloake, den Ableitungskanal weiter führen, der alle Abwässer und Unreinigkeiten aus der Stadt wegführte; das waren zwei Werke, denen die neuere Zeit kaum etwas zur Seite stellen kann.

Bei diesen Beschäftigungen ereignete sich ein Wunderzeichen, das die Gemüter mit Furcht erfüllte: Als am Tempel gearbeitet wurde, schlüpfte aus einer hölzernen Säule eine Schlange hervor. Die erschrokkenen Augenzeugen eilten in die Königsburg und berichteten, was sie gesehen. Dieses Ereignis erschütterte den stolzen König und erfüllte ihn mit Ahnungen und ängstlichen Besorgnissen; denn er nahm es als ein Vorzeichen, das seinem Hause gelte. Daher beschloß er, das berühmteste Orakel auf Erden, das delphische, darüber zu befragen. Weil er es bedenklich fand, die Antwort des Götterspruchs irgendeinem Fremden anzuvertrauen, sandte er zwei seiner Söhne durch damals unbekannte Länder und über noch unbekanntere Meere nach Griechenland.

Titus und Aruns unternahmen die Reise. Als Begleiter wurde ihnen Lucius Junius Brutus mitgegeben, ein Schwestersohn des Königs. Dieser junge Mann war von einem ganz andern Geist beseelt, als er zur Schau trug. Weil er gehört hatte, die Häupter des Staats und unter ihnen auch des Königs Bruder seien von seinem Oheim ums Leben gebracht worden, nahm er sich vor, von seinen Gaben nichts zu zeigen, was dem König verdächtig, von seinem Vermögen nichts zu behalten, was ihm wünschenswert sein könnte. Er suchte sich durch Verachtung zu sichern, wo der Schutz der Gerechtigkeit zu schwach war. Vorsätzlich also spielte er den Blödsinnigen, überließ, was ihm gehörte, dem König zum Raub und ließ sich auch den Beinamen Brutus, der Dumme, gefallen, in der Hoffnung, daß er – demnächst des römischen Volks Befreier – unter dem Deckmantel dieses Namens versteckt, seine Zeit abwarten könne.

Als ihn die beiden Söhne des Tarquinius, mehr zum Gespött als zur Gesellschaft, mit nach Delphi nahmen, soll er dem Apoll einen goldenen Stab, der in einen ausgehöhlten Köcher von Kornelholz eingeschlossen war, als sein Geschenk dargebracht haben; ein geheimes Sinnbild seines Geistes.

Als die Jünglinge in Delphi die Aufträge des Vaters ausgerichtet hatten, ergriff die Brüder die Lust zu erfragen, auf wen von ihnen die römische Regierung fallen werde. Tief aus der Höhle soll die Antwort erschollen sein: »Die höchste Herrschaft zu Rom wird der haben, der zuerst von euch, ihr Jünglinge, die Mutter küßt.« Die Tarquinier versprachen sich das tiefste Schweigen über die Sache, damit ihr jüngster Bruder Sextus, mit dem Orakel unbekannt, von der Regierung ausgeschlossen bliebe. Sie wollten es dem Schicksal überlassen, wer von ihnen, wenn sie nach Rom zurückgekommen wären, der Mutter den ersten Kuß geben würde. Als sie die heimatliche Erde wieder betraten, fiel Brutus, nach dessen Auslegung der Spruch der Pythia einen ganz andern Sinn hatte, zum Schein stolpernd nieder und drückte seinen Kuß der Erde auf, als der gemeinschaftlichen Mutter aller Sterblichen.

Kaum waren sie in Rom eingetroffen, rüstete man sich schon mit aller Macht zu einem Krieg gegen die Rutuler. Man machte den Versuch, deren Hauptstadt Ardea im ersten Sturm zu überrumpeln. Als er mißlang, setzte man dem Feind durch Belagerung zu. Wie gewöhnlich in einem mehr zögernden als raschen Krieg konnte man ziemlich frei zwischen dem Standlager und Rom hin- und hergehen, der höhere Stand noch eher als die einfachen Soldaten. Die jungen Königssöhne und adligen Freunde verkürzten sich öfters die Langeweile durch gegenseitige Gastgelage und nächtliche Abenteuer. Einst zechten sie bei Sextus Tarquinius, wo auch ein Verwandter von ihm, Collatinus, des Egerius Sohn, zu Abend aß. Das Gespräch kam auf ihre Frauen. Jeder pries die seine als die beste. Der Streit wurde hitziger, und da rief Collatinus, der Worte bedürfe es nicht; in wenigen Stunden könne man sich davon überzeugen, wie weit seine Lucretia den übrigen vorzuziehen sei. »Fühlen wir noch Jugendkraft in uns«, rief er, »dann steigen wir zu Pferd und sehen mit eigenen Augen, wie unsre Weiber gesinnt sind! Wie sie sich bei der überraschenden Ankunft unserem Blicke zeigen werden, darin bestehe die Probe.« Sie waren vom Wein erhitzt. »Es gilt«, riefen alle, gaben ihren Rossen die Sporen und ritten flugs nach Rom, wo sie mit der ersten Abenddämmerung eintrafen. Da fanden sie die königlichen Schwiegertöchter im Kreise ihrer Gespielinnen, wie sie durch üppige Gasterei, Flötenspiel und heiteren Reigentanz sich die Zeit verkürzten. Von Rom ging es fort nach dem Städtchen Collatia. Da fanden sie Lucretia mit ihren Mägden am Herdfeuer in der Halle

sitzen und spinnen. Von allen wurde der Preis der Tugend Lucretia zuerkannt. Freudig empfing sie den ankommenden Mann und die Tarquinier. Collatinus als Sieger bat seine Begleiter höflich zu kurzem
Gasttrunk. Da erwachte in Sextus Tarquinius die Lust, Lucretia mit
Gewalt zu entehren; und ihre Schönheit und reine Tugend wurden für
ihn um so größerer Ansporn und Reiz.

Für jetzt aber kehrten sie von ihrem nächtlichen Ausritt ins Lager
zurück.

Nach Verlauf von wenigen Tagen ritt Sextus Tarquinius nur von
einem Sklaven begleitet, heimlich nach Collatia. Er wurde gütig aufgenommen. Wer ahnte seinen Plan? Als er nach dem Abendessen in die
Gastkammer geführt worden war, schlich er, sobald er alle im tiefen
Schlaf glaubte, mit gezücktem Schwert zu Lucretia, bedrohte sie mit er-
hobenem Schwert und sprach: »Du bist des Todes, Lucretia, sowie du
einen Laut von dir gibst.« Und er forderte sie auf, dem Collatinus die
Treue zu brechen. Wie er sie standhaft und selbst gegen Todesdrohung
nicht wanken sah, drohte er auch mit der Schande, da die Furcht nichts
vermochte. Wenn er sie ermordet habe, sagte er, wolle er einen erwürg-
ten Sklaven in ihr Gemach legen und ausstreuen, er habe sie beim Ehebruch überrascht und getötet. Als Tarquinius den Widerstand der
Tugend durch diese Drohung bezwungen hatte, ritt er, stolz über seinen gelungenen Sturm auf die weibliche Ehre, wieder ins Lager zurück.
Lucretia aber, voll tiefen Grams über die ihr angetane Schmach,
schickte Boten nach Rom an ihren Vater und nach Ardea an ihren
Mann. Sie möchten jeder mit einem treuen Freunde kommen. Dies sei
nötig, schleunigst nötig: es habe sich ein schrecklicher Vorfall ereignet.
Ihr Vater Lucretius kam begleitet von Publius Valerius, Collatinus mit
seinem Freunde Lucius Junius Brutus. Sie fanden Lucretia tief betrübt.
Als sie die Ihrigen sah, brach sie in Tränen aus und erzählte, was vorgefallen war. Dann bat sie: »Gebt mir eure Hand und euer Wort, daß der
Ehebrecher nicht ungestraft bleiben soll.« Alle versprachen es ihr und
trösteten sie, indem sie ihr, als einer Gezwungenen, alle Schuld abnah-
men und allein dem Täter zusprachen. Der Geist, sagten sie, sei der
Sündigende, nicht der Körper; und wo kein Wille gewesen sei, da sei
auch keine Schuld und Sträflichkeit. – »Ihr werdet dafür sorgen«, erwiderte sie, »daß ihm widerfahre, was die Gerechtigkeit erfordert. Ich

aber, spreche ich mich gleich von Schuld und Begierde frei, entziehe
mich der Strafe nicht: und keine Römerin nach mir soll, auf Lucretia
sich berufend, bei Ehebruch ihr Leben behalten wollen.« Rasch riß sie
einen Dolch hervor, den sie unter dem Gewand versteckt gehalten
hatte, und stieß ihn sich ins Herz, ehe die Männer erfaßten, was geschah. Sterbend sank sie zur Erde nieder.

Während sie sich ihrem Schmerz überließen, ergriff Brutus den
Dolch und hielt ihn so, wie er ihn aus Lucretiens Wunde gezogen hatte,
in die Höhe und rief: »Bei diesem heiligreinen Blute schwöre ich und
rufe euch, ihr Götter, zu Zeugen an: Jetzt ist genug des Frevels. Laßt
uns Lucius Tarquinius, den Harten, mit seinem gottlosen Weib und allen seines Stammes aus Rom vertreiben.« Dann reichte er den Dolch
dem Collatinus, darauf dem Lucretius und Valerius, die über die unerwartete Erscheinung staunten, wie aus dem Innern eines Brutus ein solcher Geist hervorgehe. Sie schworen, wie er es ihnen vorsagte. Und zur
Rache aufgerufen, schlossen sie sich Brutus an. Sie trugen die Leiche
der Lucretia aus dem Hause und stellten sie auf dem Markt zur Schau,
daß dieser Frevel allen offenbar werde. Durch das Auffallende der
Begebenheit angezogen, strömten viele Menschen zusammen; die Weiber bejammerten den Tod der edlen Frau, die Männer empörten sich
über die freche und unerhörte Gewalttat des jungen Tarquinius. Brutus
forderte alle auf, wie es Männern, wie es Römern gezieme, gegen die,
die Menschenehre, Recht und Freiheit mit Füßen träten, die Waffen zu
ergreifen. Freiwillig stellten sich die beherztesten Jünglinge, und die
übrigen Waffenfähigen folgten ihrem Beispiel. Sie ließen an den Toren
von Collatia eine angemessene Besatzung und stellten Wachen auf, damit niemand die königliche Familie von dem Aufstand benachrichtigen
könne. Die übrigen zogen, von Brutus geführt, bewaffnet nach Rom.
Als sie ankamen, erregte die bewaffnete Schar Bestürzung und Auflauf.
Doch ließ der Umstand, daß man die ersten Männer der Stadt an ihrer
Spitze sah, vermuten, es müsse etwas von Bedeutung geschehen sein.
In Rom bewirkte die Abscheulichkeit der Tat eine ebenso allgemeine
Teilnahme wie zuvor in Collatia. Aus allen Gegenden der Stadt strömten die Menschen dem Forum zu. Hier fanden sie einen Herold, der
das Volk vor den Obersten der Leibwache berief, welche Stelle Brutus
damals bekleidete. Und Brutus hielt ihnen eine Rede, aus welcher eine

ganz andere Gesinnung und ein ganz anderer Geist sprachen, als er bis dahin gezeigt hatte; von der Gewalttat und frechen Unzucht des Sextus Tarquinius sprach er und von der schändlichen Entehrung und dem beklagenswerten Tod der Lucretia. Dann kam er auf die Härte des Königs selbst zu sprechen; auf das Elend und die Zwangsarbeit der Bürger, deren Ehre und Freiheit er in Gräben und Kanälen habe versinken lassen. Die Männer Roms, die Besieger aller Völker ringsum, habe er aus Kriegern zu Handwerkern und Steinbrechern gemacht. Er erinnerte an die traurige Ermordung des Königs Servius Tullius, an die Tochter, die auf ihrem Wagen über des Vaters Leiche gefahren war, und wandte sich auffordernd an die den Elternmord rächenden Gottheiten. Mit dem Wort: »In Tyrannos«, »gegen die Tyrannen«, rief er das Volk zur Freiheit auf. Seine Rede und die Erinnerung an all die schrecklichen Dinge bewegten das Volk zu dem Beschluß, dem König die Regierung abzusprechen und den Lucius Tarquinius mit Gemahlin und Söhnen für Verbannte zu erklären. Nachdem Brutus die Dienstfähigen, die sich freiwillig meldeten, angestellt und bewaffnet hatte, zog er selbst mit ihnen zum Lager nach Ardea, um auch dort das Heer gegen den König aufzuwiegeln. Den Oberbefehl in Rom überließ er dem Lucretius, der vor dem Feldzug vom König zum Statthalter von Rom ernannt worden war.

In dem Aufruhr und Getümmel, das in den Straßen Roms gleich einer Sturmflut brandete, flüchtete Tullia aus dem Palast. Wo sie sich sehen ließ, wurde sie von den Flüchen und Verwünschungen der Männer und Weiber verfolgt, welche die Göttinnen der Rache gegen die alte Mörderin aufriefen.

Als die Nachrichten von alledem im Lager eintrafen, machte sich der König, bestürzt über den unerwarteten Vorfall, nach Rom auf, um die Unruhen zu dämpfen. Brutus schlug, sobald er dessen Annäherung entdeckte, einen Seitenweg ein, um ihm nicht zu begegnen und in entgegengesetzten Richtungen kamen sie fast zu gleicher Zeit an, Brutus vor Ardea, Tarquinius vor Rom. Tarquinius fand die Tore verschlossen. Von der Zinne herab wurde ihm seine Verbannung angekündigt. Den Befreier der Stadt empfing das Lager frohlockend; auch hier wurden die königlichen Söhne ausgetrieben. Zwei folgten dem Vater und zogen als Landesverwiesene ins Etruskerland. Sextus Tarquinius, der sich nach Gabii begab, fand hier den Tod. So rächten sich jene, deren Feindschaft er sich durch seine früheren Schandtaten und Räubereien in dieser Stadt zugezogen hatte. Die Römer aber bestätigten sich aufs neue ihre Freiheiten und Rechte, wie sie in den Verfassungen von Romulus und Servius Tullius niedergelegt waren. Eine einzige Änderung nahmen sie vor: die Königsmacht wurde nicht mehr auf Lebenszeit einem einzelnen verliehen, sondern an zwei Bürger verteilt und jeweils auf die Dauer eines Jahres beschränkt. Als erste Jahreskönige (Konsuln) wählten sie Brutus und Collatinus, denen sie die Geschicke der Stadt anvertrauten.

Das erste Jahr der Republik

Als Junius Brutus und Tarquinius Collatinus, der Gemahl der Lucretia, als erste Konsuln ihr Amt antraten, waren sie vor allem darauf bedacht, die junge Republik zum Kampf mit dem vertriebenen König zu rüsten. Denn es war zu erwarten, daß dieser bei den Feinden Roms ein Heer sammeln und damit gegen die Stadt anrücken werde.

Um den Staat zu stärken, trachteten die Konsuln danach, ihn vor allem vor dem Zorn der Götter zu schützen. Da einige Staatsopfer bisher nur von den Königen dargebracht worden waren, ernannten sie einen Priester zum Opferkönig, so daß nach wie vor gewisse heilige Handlungen durch einen König ausgeführt wurden.

Dieses Amt des Opferkönigs unterstellte man jedoch dem Oberpriester, damit Ehre und Macht, die mit dem Königsnamen verbunden war, der Freiheit niemals schädlich werde.

Danach berief Brutus das Volk und ließ es durch einen Eid schwören, daß es niemals mehr eine Königsherrschaft in Rom dulden wolle. Damit hoffte er zu verhindern, daß das Volk je durch Bitten oder Geschenke des vertriebenen Königs Tarquinius sich umstimmen lassen könnte.

Aber nicht alle Römer waren mit der neuen Ordnung der Dinge einverstanden. Und was bei aller Vorsorge niemand als möglich gedacht, geahnt, geschweige denn befürchtet hatte, geschah: die Freiheit ging durch Verrat und Hinterlist beinahe verloren.

Es gab unter der römischen Jugend manche, deren Willkür und Ausgelassenheit unter dem König weniger beschränkt gewesen war. Namentlich die vornehmen Altersgenossen und Gefährten der königlichen Prinzen, gewohnt, wie Fürsten zu leben, gedachten mit Sehnsucht der früheren Ungebundenheit.

Bei dem Recht, das jetzt für alle gelte, klagten sie, sei die Freiheit, die die anderen gewonnen, für sie zur beschränkenden Knechtschaft geworden. Ein König fühle menschlich, von ihm könne man, wenn es nötig sei, Recht und Schutz erlangen; bei ihm sei Raum für Güte und Gunst, er könne wohl zürnen, aber auch verzeihen und wisse einen Unterschied zu machen zwischen Freunden und Feinden. Die Gesetze hingegen, die jetzt herrschten, seien blind, taub und unerbittlich; heilsamer und günstiger den Armen und Hilflosen als den Mächtigen. Bei den Gesetzen gebe es weder Nachsicht noch Nachlaß, wenn man das Maß überschritten habe; auch sei es gefährlich, bei so vielen Möglichkeiten des Irrtums unschuldig zu bleiben und auf seine Unschuld zu bauen.

Während durch solche Überlegungen und Zweifel manche Gemüter schon verwirrt genug waren, wurde die Verwirrung noch verstärkt durch das Wirken der Gesandten des Tarquinius.

Diese waren nach Rom gekommen, um über die Rückgabe der königlichen Schätze und Güter zu verhandeln. Nachdem sie ihr Begehren im Senat vorgebracht hatten, dauerte das Beraten und Erwägen darüber mehrere Tage; denn man wollte vermeiden, daß das Zurückbehalten Ursache zum Kriege wurde, befürchtete aber, daß die Herausgabe einen Krieg begünstige.

Unterdessen waren die Gesandten mit andern Dingen beschäftigt; öffentlich begehrten sie nur die Rückgabe der königlichen Güter, insgeheim aber schmiedeten sie Pläne zur Wiedererrichtung der königlichen Herrschaft in Rom.

Unter dem Vorwand, sich für die Rückgabe einzusetzen, wandten sie sich auch an einflußreiche junge Leute, erforschten aber vor allem deren Gemütsstimmung und suchten die ersten Fäden zu spinnen.

Als nun die Gesandten erfuhren, wie viele vornehme Jünglinge, aber auch einige einflußreiche Patrizier dachten, eröffneten sie ihnen ihren geheimen Plan und berieten sich mit ihnen, wie der König des Nachts heimlich könnte in die Stadt aufgenommen werden. Nach zufälligen Begegnungen in diesem und jenem Haus fand die erste Zusammenkunft im Hause der Vitellier statt. Die Schwester der beiden Vitellier war mit Brutus verheiratet, und er hatte aus dieser Ehe zwei schon erwachsene Söhne, Titus und Tiberius. Diese wurden von ihren Oheimen zur Teilnahme an dem Plan hinzugezogen. Außer ihnen gehörten mehrere Vornehme, darunter auch die Neffen des Tarquinius Collatinus, der Verschwörung an.

Nach langer Beratung entschied sich der Senat für die Herausgabe der Güter. Die Gesandten erbaten sich von den Konsuln noch etwas Zeit, die nötigen Fuhrwerke zu bestellen, um die Habe des Königs fortzuschaffen. Die Zeit, bis alles geordnet und verladen war, benutzten sie eifrig, um mit den Verschworenen das weitere Vorgehen zu beraten und abzusprechen. Sie nötigten sie durch dringende Bitten, ihnen einen bestätigenden Brief an den König Tarquinius mitzugeben. »Denn«, so sagten sie, »wie wird er sonst glauben, daß wir ihm nichts Unwahres berichten?« Gerade dieser Brief, als Pfand der Treue dem König zugedacht, machte das Vorhaben offenbar und überführte sie ihrer Schuld.

Am Tag bevor die Gesandten abreisten, speisten sie bei den Vitelliern noch einmal mit den Verschworenen zusammen. Als nach dem Mahl alle Zeugen entfernt waren, redeten sie viel über den Plan und seine Durchführung. Zufällig belauschte ein Sklave ihr Gespräch, dem das Treiben seines Herrn und seiner Freunde schon längere Zeit verdächtig aufgefallen war. Als er zufällig bemerkte, daß ein Brief an die Gesandten übergeben wurde, zweifelte er nicht mehr an seiner Vermutung. Er eilte und teilte seine Entdeckung dem Publius Valerius mit, einem Patrizier, der als Freund des Volkes bekannt war. Bestürzt über die ungeheuerliche Eröffnung benachrichtigte dieser rasch die Konsuln. Ohne Säumen verließen diese ihre Wohnung und begaben sich mit den Liktoren in das Haus der Vitellier, überraschten die Verschworenen und nahmen sie fest. Durch überraschenden Zugriff sorgten sie, daß der Brief, das Beweisstück der Verschwörung, nicht unterschlagen werden konnte.

Die Verschworenen wurden sogleich in Fesseln gelegt und ins Gefängnis geführt. Über das Verhalten den Gesandten gegenüber schwankte man eine kurze Zeit zweifelnd. Obwohl ihr Vergehen derart war, daß sie hätten als Feinde angesehen werden können, achtete man das Völkerrecht und ließ sie ziehen.

Was nunmehr mit den königlichen Gütern geschehen sollte, das überließ man dem Senat zu entscheiden. Dieser, empört und vom Zorn hingerissen, verbot jetzt die Rückgabe. Die beladenen Wagen wurden dem Volk zur Plünderung überlassen, damit es an der königlichen Beute beteiligt und es daher für immer mit der Hoffnung aus sei, mit dem Königshaus zu einem Frieden zu kommen. Der Landbesitz der

Tarquinier jedoch, der zwischen der Stadt und dem Tiber lag, wurde dem Mars geheiligt und heißt seit dieser Zeit das Marsfeld.

Nachdem die königlichen Güter geplündert waren, wurden die Verräter vor Gericht gestellt, verurteilt und bestraft.

Da standen sie nun, Jünglinge und vornehme Männer, an den Pfahl gebunden. Das Volk war bestürzt über die Gefahr, die der Stadt gedroht hatte. Mit den Söhnen des Konsuls fühlte es aber Mitleid. Man beklagte, daß die Jünglinge sich so sehr verirrt hatten, schon im ersten Jahr das befreite Vaterland und ihren Vater, den Befreier und Konsul, Senat, Volk und die Götter einem früher übermütigen König, jetzt verbitterten Verbannten, zu verraten.

Die Konsuln begaben sich an ihren Platz, und die Liktoren erhielten Befehl, die Hinrichtung vorzubereiten. In atemloser Spannung verharrte das Volk, ob Brutus nicht im letzten Augenblick das Recht nach seinem Vaterherzen beugen werde. Wer kann ermessen, was in der Brust des Konsuls vorgegangen war, seit er seine eigenen Söhne unter den Verrätern entdeckt hatte! Wer wollte es ihm verargen, daß sein Herzblut während des peinlichen Gerichtsverhörs mehrmals mächtig aufwallte! Aber er überwand und ermannte sich; mit fester Stimme befahl er den Liktoren: »Tut, was euer Amt ist.« Daraufhin wurden seine Söhne vor seinen Augen entkleidet, gegeißelt und enthauptet, und nach ihnen alle Genossen ihrer Schuld.

So siegte in Brutus' Herzen die Pflicht gegenüber dem Staat und der Gehorsam gegen die Gesetze über die Bande des Blutes, ja über sein menschliches Empfinden.

Sein Verhalten wurde den Bürgern zum Vorbild wahren Römergeistes, der die eigene Person und das eigene Leben außer acht läßt, wenn es gilt, der Allgemeinheit, dem Staat einen Dienst zu erweisen.

Nach der Bestrafung der Schuldigen wurde der Sklave belohnt, durch dessen Wachsamkeit der Verrat an den Tag gekommen war. Ihm wurde die Freiheit geschenkt und das Bürgerrecht verliehen. Außerdem erhielt er aus dem Staatsschatz eine große Summe Geld.

Es wird auch erzählt: Als die Reihe der Hinrichtung zuletzt an die Neffen des Tarquinius Collatinus gekommen sei, habe er – obwohl Konsul – das Volk um Gnade angefleht und ihre Jugend erwähnt, durch die sie sich leicht hätten verleiten lassen; auch habe sie das Verhalten des Senats unsicher gemacht. Schwankend zwischen Mitleiden und Unerbittlichkeit heftete das Volk die Augen auf Brutus, der unbeweglich abwartend in die Weite sah – und es verweigerte die Begnadigung.

Von da an wandte sich das Volk von Tarquinius Collatinus ab, obwohl er sich sonst untadelig verhalten hatte, und ein tiefes Mißtrauen verbreitete sich gegen ihn. Schon sein Name wurde jetzt der Bürgerschaft verdächtig, ja verhaßt.

Brutus bemerkte den wachsenden Argwohn unter dem Volk. Schließlich berief er es zur Versammlung. Er erinnerte die Bürger an ihren Eidschwur, in Rom keinen Regenten zu leiden und in der Stadt niemanden zu dulden, der der Freiheit gefährlich werden könne. Darauf müsse man aus aller Kraft bestehen und keinen hierher gehörenden Umstand gering achten.

Was er jetzt sage, würde er lieber verschweigen, wenn ihm nicht die Liebe zur Republik zu sprechen geböte: das römische Volk solle nicht glauben, daß die Freiheit vollkommen gesichert sei, solange ein Träger des königlichen Namens nicht nur unter den Bürgern lebe, sondern sogar im Besitz der Gewalt sei. Das beeinträchtige und bedrohe die Freiheit. »Von dieser Furcht«, sprach er zu Tarquinius gewandt, »befreie du uns freiwillig. Wir haben nicht vergessen, daß du mitgeholfen hast, den König zu vertreiben. Kröne dein Werk und sorge dafür, daß der Name aus der Stadt verschwindet, der uns an die Königsherrschaft erinnert. Gehe als Freund, und deine Mitbürger werden dir auf meine Empfehlung hin all dein Eigentum mitgeben.«

Dem Konsul Tarquinius Collatinus hatte die Verwunderung über eine so seltsame und unerwartete Zumutung den Mund verschlossen. Als er zu reden anfing, traten die Vornehmsten der Bürger an ihn heran, und jeder bat inständig um das, was Brutus bereits für alle ausgesprochen hatte. Nachdem auch Lucretius, sein Schwiegervater, ehrwürdig durch Alter und Rang, ihm den Rat gegeben hatte, er solle sich durch die Einmütigkeit der Bürger bewegen lassen, trat er vom Konsulat zurück, schied aus der Bürgerschaft aus und siedelte sich mit seiner Habe in Lavinium an. Daraufhin wurde Valerius zum Konsul gewählt, ein Mann, der sich bei der Vertreibung des Königs ebenfalls ausgezeichnet hatte.

Nach dem Bekanntwerden all dieser Ereignisse war der vertriebene

König nicht nur von Schmerz über die verlorene Hoffnung erfüllt, sondern auch von Zorn und Haß bewegt. Und da er den Weg der List verschlossen sah, entschied er sich zum offenen Krieg. Er begab sich daher nach Veji und Tarquini und klagte den Bürgern sein Leid und sein Unglück. Andere seien aus Tarquini zum römischen König berufen worden, er sei als König, obwohl er die römische Herrschaft durch Krieg erweitert habe, durch eine verbrecherische Verschwörung vertrieben worden. Er verlange seine Herrschaft zurück und wolle sich an seinen undankbaren Untertanen rächen. Sie hätten ja auch Grund genug, an den Römern Rache auszuüben für mancherlei erlittene Unbilden, Krieg und Landentzug, und so könnten sie gemeinsame Sache machen. Das wirkte. Und bald folgten die Heere der beiden Städte dem Tarquinius, um ihm sein Reich wiederzugewinnen und die Römer mit Krieg zu überfallen.

Als sie das römische Gebiet betreten hatten, zogen ihnen die Konsuln entgegen. Valerius führte das Fußvolk, Brutus zog mit der Reiterei auf Kundschaft voraus. Auch bei den Feinden war die Reiterei an der Spitze des Zuges, angeführt von Aruns, dem Sohn des Königs. Der König selbst folgte mit den Legionen.

Als Aruns den Konsul erkannte, rief er von Zorn entflammt: »Das ist der Mann, der uns von Königsthron und Vaterland vertrieben hat. Seht, wie er stolz einherzieht, mit den Abzeichen unserer königlichen Würde geschmückt. Götter, die ihr die Freunde der Könige seid, steht mir bei!« Sogleich gab er dem Pferd die Sporen und drang mit eingelegter Lanze auf den Konsul ein. Brutus hatte bemerkt, daß der Angriff auf ihn gerichtet war, und stellte sich entschlossen zum Kampf; denn damals war es eine Ehre für die Feldherren, das Treffen selbst anzufangen.

Mit Erbitterung und Heftigkeit ritten sie gegeneinander, dachten nicht daran, sich zu schützen, sondern nur, wie sie den Gegner verwunden könnten. Von den Speeren durchbohrt, sanken beide sterbend von den Rossen. Gleichzeitig mit ihrem Kampf hatten auch die übrigen Reiter das Gefecht begonnen, und nicht lange danach geriet das Fußvolk aneinander. Die Vejenter, gewohnt, von den Römern besiegt zu werden, wurden zurückgeworfen und zerstreut, die Tarquinier aber, ein neuer Feind, hielten nicht nur stand, sondern schlugen sogar die

Römer. So schwankte die Entscheidung hin und her, und der Sieg war ungewiß. Als gegen Abend die Kämpfer ruhten, ereignete sich ein Wunder. Aus dem nahen Wald erscholl eine mächtige Stimme, die man für die Stimme des Silvanus, des Gottes der Wälder und Fluren, erkannte; er rief, allen deutlich vernehmbar: »Auf der Seite der Etrusker ist ein Mann mehr gefallen, der Sieg ist bei den Römern.« Da ergriff ein solcher Schrecken den König und die Etrusker, daß sie das erfolglose Unternehmen aufgaben. Beide Heere zogen noch in derselben Nacht in ihre Heimat zurück.

Als nach Tagesanbruch kein Feind mehr zu sehen war, ließ der Konsul Valerius die Waffen der erschlagenen Feinde sammeln und kehrte triumphierend nach Rom zurück. Die Bestattung seines Amtsgenossen ward mit feierlicher Pracht vollzogen. Aber eine weit größere Ehre für den Toten war die allgemeine Trauer Roms, die besonders dadurch zum Ausdruck kam, daß die Römerinnen für den mutigen Rächer verletzter Frauenehre, wie für einen Vater ein Jahr lang Trauergewänder trugen.

Horatius Cocles, Mutius Scaevola und Cloelia

Die vertriebenen Tarquinier flüchteten zu Porsenna, dem König von Clusium in Etrurien, und suchten ihn zum Kampf gegen Rom zu gewinnen. Sie baten ihn, die aufkommende Sitte, die Könige zu vertreiben, nicht ungestraft zu lassen. Die Freiheit sei verlockend genug; verteidigten die Könige die Throne nicht ebenso kräftig, wie die Völker nach der Freiheit strebten, so würden die Hohen den Niedrigsten gleich gemacht. Dann aber würde aus den Staaten alles Erhabene, alles über andere Hervorragende verschwinden; dann habe die Königswürde, unter Göttern und Menschen der höchste Schmuck, Sinn und Glanz verloren. So zog Porsenna mit seinem Heer als Feind vor Rom.

Noch nie hatte die Väter ein solcher Schrecken befallen; so mächtig war damals der clusinische Staat und so groß der Name des Porsenna. Die Senatoren fürchteten nicht bloß die Feinde, sondern auch ihre eigenen Einwohner: sie befürchteten, daß Roms Bürgerschaft in der ersten Bestürzung den König wieder in die Stadt aufnähme und den Frieden sogar mit der Sklaverei erkaufte. Der Senat behandelte also in dieser Zeit die Bürgerschaft sehr liebevoll, vor allem kümmerte er sich um die Kornpreise und schickte zum Ankauf des Getreides Leute in das Volskerland und nach Cumae.

Als die Feinde anrückten, flüchtete alles vom Land in die Stadt. Eine Kette von Bewaffneten gab Deckung. Hier schienen die Mauern, dort der schützende Tiber Sicherheit zu gewähren. Doch beinahe hätte die Balkenbrücke den Feinden den Eingang geöffnet, wäre nicht ein einziger Mann gewesen, Horatius Cocles. Er war das Bollwerk, auf welchem an diesem Tag das Schicksal Roms ruhte. Er gehörte zur Schutzwacht der Brücke. Als er das äußere Brückentor durch Überrumpelung erobert sah; sah, wie die Feinde in vollem Lauf daherrannten, seine eigene Schar in der Bestürzung die Waffen im Stich ließ und floh, trat er ihnen in den Weg, beschwor sie bei Göttern und Menschen und erklärte ih-

54

nen, ihre Flucht wäre vergeblich, wenn sie ihren Posten aufgäben. Ließen sie die Brücke hinter sich zum Übergang frei, so würden der Feinde bald auf dem Palatin und Kapitol mehr sein als auf dem Brückentor. Er fordere sie auf, die Brücke mit Brecheisen, Feuer und jeder ihnen möglichen Gewalt zu zerstören. Er wolle inzwischen den Anlauf der Feinde, so viel ein Mann Widerstand leisten könne, auf sich nehmen.

Entschlossen hielt er am Eingang der Brücke stand, und schon dadurch ausgezeichnet, daß er allein den Feinden die Waffen zum Kampf bot, setzte er sie durch das Wunder seiner Kühnheit in Staunen. Nur zwei der Seinen hielt das Ehrgefühl bei ihm zurück, beide von ausgezeichneter Geburt und Tapferkeit. Mit ihnen wehrte er den ersten Sturm der Gefahr und den Drang des Kampfgetümmels eine Zeitlang ab. Dann, als von der Brücke nur ein kleiner Rest noch übrig war, und die Abbrechenden sie zurückriefen, hieß er auch sie, sich in Sicherheit zu begeben. Drohend richtete er seine zornsprühenden Blicke auf die Feinde. Bald forderte er sie einzeln heraus, bald schalt er sie alle: Tyrannischer Könige Sklaven, ohne selber die Freiheit zu kennen, kämen sie heran, die Freiheit bei andern zu bekämpfen. Eine Weile zauderten sie, indes einer den andern darauf ansah, wer auf den Kampf sich einlassen wolle. Schließlich schämten sie sich ihrer Feigheit, eine Bewegung ging durch die ganze Linie, Geschrei erhob sich, und alsbald schossen sie von allen Seiten ihre Pfeile auf den einzigen Feind. Diese blieben aber alle in dem vorgehaltenen Schild stecken. Noch behauptete Horatius ebenso trotzig wie bisher die Brücke: da wollten sie eben durch einen Anlauf den Helden hinabstoßen, als zu gleicher Zeit das Krachen der zusammenstürzenden Brücke und das Geschrei, welches die Römer aus Freude über ihr schnell vollbrachtes Werk erhoben, sie plötzlich stutzen und mit dem Angriff innehalten ließ. Da rief Horatius: »Vater Tiberinus, in Ehrfurcht flehe ich dich an, nimm diese Waffen und diesen Krieger in deinem Strome gnädig auf!« Danach sprang er in voller Rüstung in den Tiber hinab, schwamm unter einem Pfeilregen ans andere Ufer und kam wohlbehalten zu den Seinigen hinüber. Der Staat war dankbar für eine so hohe Tapferkeit. Es wurde ihm ein Standbild auf dem Waffenplatz errichtet und so viel Land gegeben, wie er in einem Tag mit dem Pflug umbrechen konnte. Neben diesen öffentlichen Ehrenbezeugungen machte sich auch die Dankbeflissenheit der einzelnen bemerkbar; ungeachtet des großen Mangels sparte sich jeder nach Maßgabe seines häuslichen Vorrats einen Teil seiner Lebensmittel ab, um für ihn zusammenzulegen.

Porsenna ließ jetzt, da sein erster Angriff abgeschlagen war, von dem Vorsatz ab, die Stadt zu erstürmen, und begann mit ihrer Belagerung. Er legte in das äußere Brückentor eine Besatzung und lagerte sich in der Ebene und an den Ufern des Tibers, nachdem er von allen Seiten Schiffe herbeigezogen hatte, teils zur Aufsicht, um der Stadt die Zufuhr an Getreide zu sperren, teils um seine Soldaten, wenn sich Gelegenheit zur Beute fände, an mehreren Stellen über den Fluß setzen zu lassen. Bald machte er das ganze römische Gebiet so unsicher, daß vom Land nicht allein das Nötigste, sondern auch alle Herden in die Stadt geschafft werden mußten. Niemand wagte es mehr, das Vieh vor die Tore hinauszutreiben. Korn war in der Stadt auch zu höchsten Preisen kaum mehr zu haben, und Porsenna hatte Hoffnung, bloß durch sein Hierbleiben die Stadt zu erobern. Dieses vereitelte Cajus Mutius, ein junger Mann von Adel, der es unwürdig fand, daß die Römer, die in der Dienstbarkeit unter Königen in keinem Krieg eingeschlossen worden waren, sich jetzt als freies Volk von eben den Etruskern belagern lassen sollten, deren Heere sie oft geschlagen hatten. Daher entschloß er sich, weil man sich nach seinem Gefühl durch irgend eine große und kühne Tat dieser Schande erwehren mußte, ganz allein mitten in das feindliche Lager zu gehen. Weil er aber fürchtete, die römischen Wachen möchten ihn, wenn er ohne der Konsuln Erlaubnis und der Väter Vorwissen wegginge, vielleicht ergreifen und wie einen Überläufer zurückschleppen – es machte ja die damalige Lage der Stadt eine solche Beschuldigung glaublich –, ging er zum Senat und sprach: »Ihr Väter, ich will über den Tiber, und, wenn ich kann, mich ins feindliche Lager begeben. Nicht als Räuber, noch um ihre Plünderungen zu vergelten – mit dem Beistand der Götter wage ich eine größere Tat.« Die Väter gaben ihre Einwilligung. Daraufhin zog er ein etruskisches Gewand an, versteckte einen Dolch unter seinem Rock und machte sich auf den Weg. Als er im feindlichen Lager ankam, stellte er sich in den dichtesten Haufen neben die königliche Richterbühne. Auf dieser wurde eben den Soldaten der Lohn ausgezahlt: ein Mann, der fast in gleichem Schmuck neben dem König saß, war sehr geschäftig, und die Soldaten wandten sich der

Reihe nach an ihn. Mutius fand es bedenklich, sich zu erkundigen, wer von beiden Porsenna sei, weil er sich dadurch verraten hätte; er überließ seine Hand der Führung des Schicksals, zückte den Dolch – und traf statt den König den Schreiber. Durch den Haufen der Bestürzten sich den Weg zurückbahnend, versuchte er fortzueilen. Allein in dem entstandenen Tumult ergriffen ihn die königlichen Trabanten und schleppten ihn vor den König. Da stand er an den Stufen des Richterstuhls, auch jetzt noch, unter so harten Drohungen des Schicksals, mehr der Furchtbare als der Fürchtende. »Ich bin ein römischer Bürger«, sprach er, »und heiße Cajus Mutius. Als Feind wollte ich einen Feind töten und habe zum Sterben nicht weniger Mut als zum Töten. Einen Römer zeichnen große Taten und große Leiden aus. Auch bin ich nicht der Einzige, der dieses Vorhaben gegen dich hegt. Hast du Lust, so laß dich auf das mißliche Spiel ein, mit jeder Stunde dein Leben aufs Spiel zu setzen. Kein Heer, keine Schlacht hast du zu fürchten. Du wirst es immer nur mit einem allein zu tun haben.«

Als der König, zugleich von Zorn entbrannt und geschreckt durch die Gefahr, drohend befahl, ihm mit der Feuermarter zuzusetzen, wenn er nicht sogleich die Pläne gegen sein Leben enthülle, die er so rätselhaft andeute, sprach Mutius: »Sieh her und lerne, wie wenig denen der Körper gilt, die hohen Ruhm vor Augen haben!« und streckte die Rechte in das lodernde Feuer, das auf einem Opferbecken brannte. Als er die Hand mit einer Festigkeit, die aller Empfindung entsagt zu haben schien, verbrennen ließ, sprang der König, außer sich über die unerhörte Tat, von seinem Sitz, ließ den Jüngling vom Feuer wegreißen und sprach: »Du magst frei hinweggehen, der du feindseliger gegen dich selbst verfuhrst als gegen mich. Meine Bewunderung wollte ich deiner Tapferkeit zollen, würde sie mein Land verteidigen. Wenigstens entlasse ich dich jetzt, von aller Strafe des Kriegsrechts freigesprochen, ohne eine Hand an dich zu legen oder dir Leid zu tun.« Da sprach Mutius, als wollte er sich für diese Großmut erkenntlich zeigen: »Ich sehe, daß du Tapferkeit zu schätzen weißt. So sei dir denn für deine Wohltat entdeckt, was deinen Drohungen nicht gelang: Wir, unserer dreihundert, die ersten Jünglinge Roms, erklären dir diesen Krieg: Wir haben uns verschworen, auf diese Art, wie ich es getan, einer nach dem andern gegen dich vorzugehen. Mein Los war das erste. Die übrigen werden, so wie es sich trifft, jeder zu seiner Zeit sich einstellen, bis dein Schicksal dich einem von uns in die Hände gibt.«

Darauf verließ Mutius das Lager. Gesandte von Porsenna folgten ihm in die Stadt. Die Abwendung der ersten Gefahr, aus der ihn nur der Irrtum des Auflauernden gerettet hatte, und die Mißlichkeit, der er sich so viele Male ausgesetzt sah, als noch Verschworene da wären, hatten so stark auf Porsenna gewirkt, daß er den Römern Friedensbedingungen antragen ließ. Die Römer sahen sich durch die Not gedrungen, Geiseln zu geben, wenn sie wollten, daß er mit seiner Besatzung aus dem äußeren Brückentor abzöge. Als der Friede unter diesen Bedingungen geschlossen war, räumte Porsenna das römische Gebiet und zog mit seinem Heer fort.

Dem Mutius, der nach dem Verlust seiner rechten Hand den Zunamen Scaevola (Linkhand) bekam, schenkten die Väter zum Lohn seiner Tapferkeit ein großes Stück Land jenseits des Tibers, das nachher die Mucische Wiese hieß.

Aber in dieser Zeit, wo die junge Freiheit Roms durch Feindesmacht bedroht war, erwachte der Heldenmut nicht allein unter den Männern, sondern sogar unter den Frauen der Stadt.

Unter den zwölf Jungfrauen, die Porsenna als Geiseln übergeben wurden, war eine mit Namen Cloelia. Nicht konnte ihr stolzer Sinn die Schmach der Geiselhaft ertragen. Als einmal das Lager der Etrusker nahe am Ufer des Tibers aufgeschlagen war, überredete sie einige Leidensgefährtinnen zur Flucht. Geschickt hintergingen die Mädchen die Wachen, warfen kühn sich in die Fluten des Tibers und schwammen unter dem Hagel feindlicher Pfeile und Steinwürfe der unterdes aufmerksam gewordenen Wächter über den Fluß. Wohlbehalten brachte Cloelia ihre Freundinnen nach Rom.

Als dem König die Flucht der Mädchen gemeldet wurde, ergrimmte er. Unverzüglich schickte er Gesandte nach Rom, welche die Anführerin zurückforderten; an den übrigen sei dem König nicht viel gelegen. Nach einiger Zeit aber verebbte sein Zorn. »Die Tat dieses Mädchens«, sprach er zu seinen Freunden, »nötigt mir Bewunderung ab; sie steht der des Cocles und Mutius nicht nach. Den Friedensvertrag aber halte ich für gebrochen, wenn mir die Geisel nicht zurückgegeben wird, doch werde ich ihr, ihre Tapferkeit ehrend, nach ihrer Auslieferung die Freiheit schenken und sie unverletzt zu den Ihrigen zurücksenden.« Beide Teile hielten Wort. Die Römer schickten die Mädchen als Unterpfand des Friedens dem Vertrag gemäß wieder zurück.

Der Etruskerkönig bewunderte die Jungfrau, als sie, den Tod gewärtig, stolz und trotzig vor ihn trat. Er lobte ihren Mut und gewährte ihr dann Freiheit und Sicherheit. Ja, er schenkte der Jungfrau noch ein Pferd und erlaubte ihr außerdem, einen Teil der Geiseln mitzunehmen. Sie möge nach Belieben wählen. Als alle vorgeführt wurden, wählte sie die Minderjährigen aus, was ihr als Jungfrau alle Ehre machte. Es wurde auch von den Geiseln einstimmig gutgeheißen, die Jungen aus Feindeshand zu retten, die Mißhandlungen am meisten und wehrlosesten ausgesetzt sind.

Hoch zu Roß zog Cloelia mit den Befreiten in Rom ein. Das Volk umjubelte sie. Porsenna aber gab alles auf und zog sich, ohne weitere Bedingungen zu stellen, nach Etrurien zurück.

Nachdem so der Friede erneut gesichert war, belohnten die Römer den unerhörten Mut einer Frau mit einer besonderen Auszeichnung: mit einem Standbild zu Pferd. Am Ende der heiligen Straße wurde das Bild der Jungfrau zu Pferde sitzend aufgestellt, das einzige Denkmal, das die Römer je einer Frau errichteten.

Gajus Marcius Coriolanus

Das patrizische Haus der Marcier in Rom hat viele berühmte Männer hervorgebracht. Zu ihnen gehörte auch Ancus Marcius, der Tochtersohn des Numa, welcher nach Tullus Hostilius König war. Gajus Marcius wurde nach dem frühen Tod seines Vaters von seiner Mutter erzogen. Er bewies, daß der Waisenstand, mit so vielen Übeln er auch sonst behaftet sein mag, doch für niemanden ein Hindernis bedeutet, ein rechtschaffener, vor vielen ausgezeichneter Mann zu werden. Allein dieser Mann dient auch als Beweis für die, welche behaupten, daß die edelste, die beste Anlage, wenn es ihr an Ausbildung fehlt, mit dem Guten zugleich auch viel Böses hervorbringe – wie ein fruchtbarer Boden, der nicht gehörig bearbeitet wird. Denn die Stärke und Festigkeit seiner Seele in allen Dingen erzeugte zwar feurige kraftvolle Entschlüsse zu rühmlichen Unternehmungen; auf der anderen Seite aber machte sie ihn, da er sich einer starken Leidenschaft und dem unbeweglichen Starrsinn überließ, unleidlich und zum Umgang mit anderen Menschen ungeschickt, so daß selbst die, welche seine Gleichgültigkeit gegen Vergnügungen, Beschwerlichkeiten und Reichtümer bewunderten, ihn bei politischen Verhandlungen als einen gehässigen, hochfahrenden und gebieterischen Menschen nicht leiden konnten. Der größte Vorteil, den die Menschen von der Huld der Musen haben, ist doch immer der, daß ihre Natur durch Wissenschaft und Unterricht verfeinert und angeleitet wird, Maß zu halten und jedes Übermaß zu meiden. Im ganzen hielt freilich Rom in jenen Zeiten kriegerischen Mut und Tapferkeit unter allen Tugenden am meisten in Ehren; ein Beweis davon ist, daß die Römer die Tugend geradezu Virtus nannten, also mit dem Wort für die Tapferkeit die Tugend im allgemeinen bezeichneten.

Marcius, der eine leidenschaftliche Neigung zu kriegerischen Kämpfen hatte, führte die Waffen gleichsam von Kindheit an in der Hand. Da er glaubte, daß die künstlichen Waffen für diejenigen von gar keinem Nutzen sind, welche die natürlichen und angeborenen nicht gehörig ausbilden und vervollkommnen, übte er seinen Körper zu jeder Art von Kampf, so daß er nicht nur im Laufen eine ungemeine Leichtigkeit, sondern auch im Zufassen und Ringen eine unwiderstehliche Kraft besaß und eine Körperstärke, die durch keine Strapazen zu ermüden war.

Den ersten Feldzug machte er in seiner ersten Jugend, als die Latiner und viele italische Völker den aus Rom vertriebenen König Tarquinius nach seinen vielen unglücklichen Schlachten und Niederlagen mit Heeresmacht nach Rom zurückzuführen versuchten. Das taten sie nicht so sehr aus Neigung und Liebe zu ihm als aus Furcht und Neid gegen die zunehmende Macht der Römer, die sie bei dieser Gelegenheit unterdrücken wollten. In der Schlacht, als das Glück hin- und herschwankte, focht Marcius vor den Augen des Diktators mit größter Unerschrockenheit. Und da er neben sich einen Römer fallen sah, trat er, um ihn zu verteidigen, vor ihn und erschlug den auf ihn eindringenden feindlichen Soldaten.

Nachdem der Feldherr endlich den Sieg davongetragen hatte, belohnte er zuallererst den jungen Marcius mit einem Eichenkranz, den das Gesetz demjenigen bestimmt, der im Krieg einem Bürger das Leben gerettet hat. Aber dadurch war sein Durst nach Ehre nicht gestillt. Er machte sich zum Grundsatz, in der Tapferkeit mit sich selbst zu wetteifern, und so reihte er eine Heldentat an die andere und kehrte nie ohne einen Ehrenkranz oder eine andere Belohnung zurück.

Für andere war der Ruhm das Ziel ihrer Tapferkeit; aber für Marcius war das Ziel des Ruhms, seiner Mutter Freude zu machen. Daß diese ihn loben hörte, daß sie ihn die Ehrenkränze tragen sah und vor Freude weinend ihn umarmte, dies war in seinen Augen die höchste Ehre, die größte Glückseligkeit. Marcius ward es nie zu viel, seiner Mutter Volumnia Liebe und Ehre zu erweisen; ja, er nahm bloß auf ihr Bitten und Verlangen eine Frau, und auch als er Kinder bekam, wohnte er noch mit seiner Mutter in einem Hause zusammen.

Schon stand er in der Stadt seiner Tapferkeit wegen in großem Ruhm und Ansehen, als der Senat sich mehr auf die Seite der Reichen stellte und dadurch mit dem Volk, das von den Wucherern viele harte Bedrückungen zu erleiden hatte, in ein Zerwürfnis geriet. Die, welche noch einiges Vermögen besaßen, brachte man durch Auspfändung und öffentlichen Verkauf um alles, was sie hatten; die ganz Armen hingegen wurden fortgeschleppt und eingekerkert, obgleich sie noch die Narben und Wunden an sich trugen, die sie in den häufigen Kriegen für das Vaterland bekommen hatten. Zu dem Krieg, der gegen die Sabiner geführt wurde, hatten sie sich noch verstanden, weil die Reichen versprachen, künftig mit ihnen gelinder zu verfahren, und der Diktator Manius Valerius sich dafür verbürgte. Auch in diesem Feldzug hatten sie mit tapferem Mut gekämpft und den Sieg davongetragen. Aber von seiten der Gläubiger gab es keine Mäßigung. Da der Senat von seiner Zusage nichts mehr wissen wollte, sondern es geschehen ließ, daß die Schuldner wie früher fortgeschleppt und gepfändet wurden, brachen endlich in der Stadt Unruhen und gefährliche Meutereien aus. Zu gleicher Zeit fielen auch die Feinde, denen die Uneinigkeit des Volkes nicht verborgen blieb, ins römische Gebiet ein und verheerten es mit Feuer und Schwert. Die Konsuln riefen die dienstfähigen Bürger zu den Waffen; aber niemand gehorchte ihnen. Der Senat war in seinen Meinungen uneins. Einige hielten es für nötig, den Armen nachzugeben und die gar zu große Strenge und Härte gegen sie zu mildern, andere aber stellten sich dagegen. Unter diesen befand sich auch Marcius, welcher behauptete, es käme einem frechen und ausgelassenen Pöbel hierbei nicht hauptsächlich auf das Geld an, sondern auf den ersten Versuch, sich gegen die Gesetze aufzulehnen; deswegen müsse der Senat, wenn er klug handeln wolle, diesem Unfug steuern und ihn bei Zeiten unterdrücken.

Der Senat versammelte sich in diesen Tagen deshalb öfter, ohne zu einem festen Entschluß zu kommen. Da traten endlich die Armen, ehe man sich's versah, zusammen, verließen unter gegenseitigen Ermunterungen die Stadt und besetzten jenseits des Flusses Anio einen Berg, der jetzt der heilige heißt. Doch verübten sie nicht die geringste gewaltsame oder aufrührerische Handlung. Sie erklärten bloß mit lautem Geschrei, sie wären schon längst von den Reichen aus der Stadt verstoßen, aber Italien würde ihnen überall Luft, Wasser und eine Grabstätte darbieten, und mehr hätten sie auch nicht, wenn sie in Rom blieben, außer daß sie sich noch im Krieg für die Reichen müßten verwunden und töten lassen.

Der Senat geriet darüber in Angst und schickte alsbald einige Greise ab, die wegen ihrer besonnenen Denkungsart beim Volk beliebt waren. Menenius Agrippa führte das Wort. Er bat das Volk inständig, sprach mit großer Freimütigkeit über den Senat und beschloß seine Rede mit einer Fabel: »Sämtliche Glieder des Menschen«, sagte er, »empörten sich einst gegen den Magen und führten Klage, daß er allein untätig und ohne etwas beizutragen im Körper läge, während die andern seiner Begierden wegen sich vieler Arbeit und Mühe unterziehen müßten. Der Magen lachte über ihre Einfalt, daß sie nicht einmal wüßten, wie er zwar alle Nahrung in sich aufnehme, aber sie auch wieder fortschicke und unter sie alle verteile. In gleichem Sinn«, setzte Agrippa hinzu, »verhält sich auch der Senat zu euch, ihr Bürger, denn die dort mit gehöriger Klugheit eingeleiteten Beratungen und Unternehmungen gereichen euch allen zu Nutzen und Vorteil.«

Hierdurch ließen sie sich denn wieder begütigen, nachdem sie vom Senat gefordert und auch erlangt hatten, daß sie zwei Männer erwählten, die sich der Hilfsbedürftigen annähmen und die jetzt Volkstribunen genannt werden. Die ersten, die sie dazu wählten, waren eben die, welche sie bei dem Aufstand zu Anführern hatten, Junius Brutus und Sicinius Bellutus. Nachdem nun die Eintracht in der Stadt wieder hergestellt war, legte das Volk sogleich die Waffen an und ließ sich willig von den Konsuln in den Krieg führen. Marcius war erbittert und unzufrieden, daß die Macht des Volkes zum Nachteil des Adels vergrößert worden war. Er entdeckte bei andern Patriziern gleiche Gesinnung. Dennoch redete er diesen zu, den gemeinen Bürgern in mutiger Verteidigung des Vaterlandes auf keine Weise nachzustehen, vielmehr zu beweisen, daß ihre Vorzüge sich nicht so sehr auf Macht als auf Tapferkeit gründeten.

Die größte und ansehnlichste Stadt im Lande der Volsker, mit denen die Römer jetzt Krieg führten, war Corioli. Als der Konsul Cominius diese Stadt belagerte, gerieten die übrigen Volsker in Besorgnis und rückten von allen Orten her gegen die Römer heran, um unter den Mauern der Stadt ein Treffen zu wagen und die Römer von zwei Seiten zugleich anzugreifen. Cominius teilte daher seine Macht; er selbst zog den zum Entsatz anrückenden Volskern entgegen, und Titus Lartius, einen der tapfersten Römer, ließ er zur Fortsetzung der Belagerung zurück. Die Einwohner von Corioli verachteten die noch im Lager stehenden Truppen. Sie machten unvermutet einen Ausfall, behielten auch beim ersten Angriff die Oberhand und verfolgten die Römer bis in ihre Verschanzungen. Dort aber eilte Marcius mit einer geringen Mannschaft heraus, hieb die Feinde, welche ihm zuerst begegneten, nieder und nahm dadurch den übrigen den Mut, weiter vorzudringen. Sodann feuerte er die Römer mit lauter Stimme an. Denn er war dem Feind nicht nur durch Faust und Hieb, sondern auch durch Stimme und Blick furchtbar, so daß ihm nicht leicht einer standhielt. Nachdem viele sich an ihn angeschlossen hatten, wichen endlich die Feinde erschrocken zurück. Aber Marcius begnügte sich nicht damit, sondern setzte ihnen nach und verfolgte sie bis an die Tore. Obwohl die Römer von der Mauer herab mit einem Steinhagel empfangen wurden, hielt Marcius stand und suchte die Seinigen aufzumuntern, indem er ihnen zurief: »Das Glück hat die Stadt mehr für die Verfolger als für die Flüchtenden geöffnet.« Nur wenige verspürten Lust, ihm zu folgen, und mit diesen drang er kämpfend zum Tor hinein. Anfänglich wagte niemand, sich ihnen zu widersetzen, doch als sich die Bürger von der ersten Überraschung gefaßt hatten, fielen sie von allen Seiten über die Römer her. Hier nun, sagt man, verrichtete Marcius, mitten im Gedränge zwischen den Feinden, durch die Stärke seiner Faust, durch die Schnelligkeit seiner Füße und seinen unerschrockenen Heldenmut Wunder der Tapferkeit, so daß er alles, was ihm in den Weg kam, vor sich niederwarf. Dadurch gewann Lartius Zeit, mit den Römern in die Stadt einzurükken.

Als die Stadt auf diese Weise erobert war, beschäftigten sich die meisten mit Plündern. Marcius konnte seinen Unwillen darüber nicht verbergen und schrie laut, es wäre eine Schande, daß sie, während der Konsul mit seinem Heer vielleicht irgendwo im Gefecht stehe, der Beute wegen umherliefen oder mit diesem Vorwand der Gefahr aus dem Wege gingen. Nur wenige schenkten seinen Vorstellungen Gehör; daher nahm er die Freiwilligen zu sich und zog mit ihnen dem Konsul zu Hilfe. Als er beim Houptheer anrückte, setzte er manche in Bestürzung, weil er mit so wenigen Begleitern, mit Schweiß und Blut bedeckt, erschien. Aber da er voller Freude auf den Konsul zulief, ihm die Hand reichte und die Eroberung der Stadt meldete, faßten alle Mut und forderten mit lautem Geschrei, sie gegen den Feind zu führen.

Marcius aber fragte Cominius, wie die Schlachtordnung der Feinde eingerichtet sei und wo der Kern ihrer Truppen stände. Als Cominius antwortete, er hielte die in der Mitte stehenden für die Scharen der Antiaten, die die tapfersten wären, da sagte Marcius:»Nun, so bitte ich dich inständig, stelle uns diesen Leuten entgegen.« Der Konsul bewunderte seinen Eifer und gewährte ihm die Bitte.

Als der Kampf mit den Wurfspießen begann, brach Marcius mit solchem Ungestüm hervor, daß die Volsker ihm nicht widerstehen konnten und der Teil der Schlachtordnung, auf den er stieß, sogleich durchbrochen wurde. Aber nun schwenkten die Feinde von beiden Seiten ihre Reihen und schlossen den Mann gänzlich ein, weswegen der Konsul, der seinetwegen besorgt war, ihm seine besten Truppen zu Hilfe schickte. Um Marcius herum erhob sich ein hartnäckiges Gefecht. Die Römer setzten jedoch den Feinden mit größtem Nachdruck zu, brachten sie endlich zum Weichen und verfolgten sie.

Am folgenden Tag bestieg der Konsul die Rednerbühne, und nachdem er vor den versammelten Soldaten den Göttern für einen so herrlichen Sieg gedankt, wendete er sich an Marcius. Zuerst lobte er ihn sowohl wegen der Taten die er selbst im Kampf mit angesehen hatte, als auch wegen jener in Corioli, wovon Lartius Zeugnis abgelegt hatte. Hierauf hieß er ihn von all der reichen Beute an Kostbarkeiten, Pferden und Gefangenen den zehnten Teil vorwegnehmen, ehe sie unter die übrigen verteilt würde. Außerdem schenkte er ihm als Ehrenpreis ein prächtig geschmücktes Pferd. Die Römer billigten dies alles mit lautem Jubel, Marcius aber trat auf und erklärte, das Pferd nehme er gerne an, auch freue er sich über das Lob des Konsuls, allein auf das übrige, das in seinen Augen bloßer Lohn sei, verzichte er und wolle sich wie jeder andere mit dem auf ihn fallenden Teil begnügen. »Jedoch«, setzte er hinzu, »bitte ich mir eine einzige Gnade aus: Ich hatte unter den Volskern einen Gastfreund, einen wackeren, rechtschaffenen Mann. Dieser ist jetzt gefangen, und aus einem reichen, glücklichen Bürger ist ein Sklave geworden. Ihn bitte ich vom Verkauf zu befreien.«

Auf diese Rede des Marcius erhob sich ein noch lauteres Geschrei, und die Seelenstärke, womit sich der Mann über die Reichtümer hinwegsetzte, fand ungleich größere Bewunderung, selbst bei seinen Neidern, als die Tapferkeit, die er in Schlachten bewiesen hatte.

Nachdem endlich das Geschrei und der Lärm des Volks aufgehört hatten, nahm Cominius wieder das Wort: »All die Geschenke, ihr Mitsoldaten, könnt ihr freilich dem Manne nicht mit Gewalt und wider seinen Willen aufdringen. Aber laßt uns ihm dafür ein anderes geben, das er nicht ausschlagen kann; laßt uns beschließen, daß er von nun an Coriolanus heißen soll, zum ehrenden Gedenken seiner Heldentat.«

Gleich nach Beendigung des Krieges entfachten die Führer der Plebejer die Zwietracht erneut, ohne irgendeine Ursache oder eine begründete Beschwerde zu haben. Das Unglück, das eine notwendige Folge der vorigen Unruhen und Streitigkeiten war, nahmen sie zum Vorwand gegen die Patrizier. Denn der größte Teil der Felder war unbebaut und unbesät geblieben, und während des Krieges war keine Möglichkeit, Getreide von auswärts einzuführen. So kam es denn jetzt zu einer drückenden Hungersnot. Da die Häupter des Volks sahen, daß kein Getreide auf den Markt gebracht wurde, streuten sie allerhand verleumderische Reden gegen die Reichen aus, daß diese aus Rachsucht die Hungersnot herbeigeführt hätten.

Inzwischen kamen Abgeordnete von Velletri, welche den Römern die Stadt übergaben, und baten, daß man Römer als Siedler dahin schicken möchte. Denn eine pestartige Krankheit hatte so viele Einwohner weggerafft, daß kaum der zehnte Teil noch übrig war. Diese Bitte schien allen Verständigen gerade zur rechten Zeit zu kommen, da man wegen des großen Mangels einer Erleichterung bedurfte; auch hofften sie, bald ein Ende der Zwietracht zu sehen, wenn der unruhigste Haufe, der sich am leichtesten von den Volksführern verhetzen ließ, gleich ungesunden, bösartigen Säften aus der Stadt weggeschafft würde. Die Konsuln bestimmten daher lauter solche Leute zur Auswanderung. Die übrigen aber boten sie zu einem Feldzug gegen die Volsker auf, um dadurch den inneren Unruhen zu steuern. Denn sie glaubten, wenn Reiche und Arme, Plebejer und Patrizier wieder unter den Waffen, in einem Lager und in gemeinsamen Gefahren sich befänden, würden beide weit freundschaftlicher und verträglicher gegeneinander sein. Aber nun stellten sich Sicinius und Brutus, die Häupter des Volks, mit aller Macht dagegen und schrien laut, man belege die grausamste

Handlung mit dem lieblichen Namen »Kolonie« und stürze die armen Bürger gleichsam in einen tiefen Abgrund, da man sie in eine von Krankheit verseuchte Stadt schicke, um dort bei erzürnten und feindseligen Göttern zu hausen. Und obendrein fange man noch einen Krieg an, damit es der Stadt an keiner Art von Übel fehlen möge. Durch diese Reden wurde das Volk so sehr aufgewiegelt, daß es dem Aufruf der Konsuln zum Krieg nicht folgte und selbst gegen die Absendung der Kolonisten größten Widerwillen äußerte. Der Senat geriet darüber in große Verlegenheit. Aber Coriolan stellte sich den Volksführern öffentlich und mit Nachdruck entgegen, und so schickte man endlich die Kolonisten ab, indem man die, welche das Los traf, durch harte Strafen zwang.

Der Widerstand des Volkes gegen den Kriegsdienst war nicht zu brechen. Daraufhin unternahm Coriolan mit einem Haufen Freiwilliger einen Streifzug in das Gebiet von Antium. Hier fand er viel Getreide, machte auch große Beute an Menschen und Vieh, aber er behielt nichts davon für sich, sondern überließ alles seinen Begleitern und führte sie schwer beladen nach Rom zurück. Die andern, die mit Reue und Neid ihre Mitbürger so bereichert ankommen sahen, waren nun über Coriolan erbittert.

Nicht lange hernach bewarb sich Coriolan um das Konsulat. Das Volk hatte das Gefühl, daß man einen Mann, der hinsichtlich der Geburt und seiner Tapferkeit einer der ersten war, bei der Wahl nicht fallen lassen dürfe. Es war damals Sitte, daß die, welche dies Amt suchten, auf den Markt gingen, die Bürger um ihre Stimme baten und sie höflich bei der Hand faßten. Sie erschienen dabei in der bloßen Toga ohne Unterkleid.

Als nun Coriolan auf dem Markt umherging und die vielen Narben zeigte, welche er sich bei siebzehnjährigen ununterbrochenen Kriegsdiensten geholt hatte, bezeigten die Bürger vor einer solchen Tapferkeit alle Achtung und sprachen untereinander davon, daß sie ihn zum Konsul wählen wollten. Allein am Tag der Wahl erschien Coriolan mit stolzem Gepränge in Begleitung des Senats auf dem Markt. Die Patrizier scharten sich um ihn und verrieten deutlich, daß sie sich für ihn mehr als je für einen andern einsetzten. Da verlor das gemeine Volk auf einmal alle Zuneigung zu ihm, und Neid und Unwillen schlich sich in die

Herzen. Dazu gesellte sich auch noch die Furcht, daß, wenn ein so strenger Aristokrat, der bei den Patriziern in so großem Ansehen stand, die Regierung in seine Hände bekäme, er wohl das Volk gänzlich um seine Freiheit bringen möchte. So entschieden diese Gesinnungen, daß man Coriolan durchfallen ließ und andere zu Konsuln wählte.

Der Senat war betroffen und glaubte, daß dadurch nicht nur Coriolan beschimpft worden sei. Dieser selbst vergaß in der Wut über den Vorfall alle Grenzen. Die mit Sanftmut verbundene Festigkeit, worin vorzüglich die politische Tugend besteht, hatte er sich nicht zu eigen gemacht. Auch wußte er nicht, daß der, welcher Staatsgeschäfte besorgen und mit Menschen umgehen will, vor allen Dingen den Eigendünkel vermeiden und sich dafür die Duldsamkeit, so sehr sie auch von manchen verlacht wird, aneignen müsse. Coriolan also, der immer unbeugsam war und sich einbildete, in jedem Fall über alle zu siegen und die Oberhand zu behalten, verließ jetzt voller Verdruß und Erbitterung gegen das Volk den Markt. Die jungen Patrizier waren dem Mann immer zugetan gewesen, denn er war ein beliebter Anführer im Krieg, und auch jetzt hingen sie sich zum Unglück an ihn und setzten durch ihr Bedauern und teilnehmendes Mitleid seinen Zorn noch mehr in Flammen.

Nun kam in Rom eine große Menge Getreide an, das teils in Italien aufgekauft, teils von Gelo, dem Fürsten von Syrakus, als Geschenk übersandt worden war. Denn ihm lag daran, daß Rom als Bollwerk gegen die Etrusker nicht untergehe. Die meisten trösteten sich nun mit frohen Aussichten, daß dadurch der Hungersnot sowohl als der Zwietracht in der Stadt abgeholfen sei. Der Senat hielt sogleich eine Versammlung ab, und das vor dem Rathaus zusammengelaufene Volk wartete sehnlichst auf den Ausgang; es erhoffte, daß das angehäufte Getreide um einen billigen Preis verkauft und das von Gelo geschenkte umsonst ausgeteilt werde; denn dies schlugen selbst einige Mitglieder des Senats vor.

Doch jetzt stand Coriolan im Senat auf, griff die, welche zu Gunsten des Volkes redeten, heftig an und nannte sie Verführer und Verräter an der Aristokratie, welche den unter das Volk gestreuten schädlichen Samen der Frechheit und des Übermuts zu ihrem eigenen Verderben aufwachsen ließen, während es ratsam gewesen wäre, ihn gleich im

Keime zu ersticken. »Wenn ihr also«, sagte er, »schwach genug seid, Spenden und Austeilungen zu beschließen, wie es in den demokratischen Staaten der Griechen Sitte ist, so werdet ihr das Volk zum allgemeinen Verderben in seiner Widerspenstigkeit nur desto mehr bestärken. Denn die Bürger werden doch wohl nicht sagen, daß sie das Getreide bekommen hätten zur Belohnung für die Kriegsdienste, denen sie sich oft entzogen, oder für ihre Empörungen, durch die sie das Vaterland mehr als einmal verraten haben, oder gar für Ungehorsam gegen die Konsuln und Verwerfung aller rechtmäßigen Ordnung! Nein, sie rechnen darauf, daß ihr aus Furcht nachgeben und, um sie zu besänftigen, in die Verteilung des Getreides willigen müßt, und werden dann dem Ungehorsam, der Meuterei und Zwietracht niemals Grenzen setzen. Dies wäre also gewiß die größte Tollheit. Darum rate ich, wenn wir weise sind, werden wir ihnen bei dieser Gelegenheit die Gewalt der Volkstribunen wieder entreißen, durch die das Ansehen der Konsuln ganz vernichtet worden ist und der Staat eine tiefe Spaltung erlitten hat.«

Durch diese Rede machte er einen tiefen Eindruck und versetzte die jüngeren und fast alle reichen Mitglieder des Senats in Begeisterung, so daß sie laut sagten, die Stadt hätte keinen Mann, der so unerschütterlich, so frei von kriecherischer Schmeichelei wäre wie Coriolan. Einige der älteren Senatoren aber stellten sich dagegen, weil ihnen vor den Folgen bange war. Und freilich folgte auch daraus nichts Gutes. Denn da die Volkstribunen, die zugegen waren, merkten, daß Coriolans Vorschläge angenommen würden, liefen sie heraus auf das Forum und ermahnten das Volk mit großem Geschrei, sich zu vereinigen und ihnen Beistand zu leisten. Es wurde sogleich eine stürmische Versammlung gehalten, und es fehlte nicht viel, daß das Volk in der ersten Hitze das Rathaus gestürmt hätte. Die Volkstribunen schoben alle Schuld auf Coriolan und ließen ihn vorladen. Da ihre Diener mit Schimpf zurückgewiesen wurden, kamen sie selbst mit den Gerichtsvollziehern, um den Mann mit Gewalt wegzuholen und legten auch wirklich Hand an ihn. Die Patrizier jedoch traten zusammen, trieben die Volkstribunen zurück und prügelten die Ädilen. Der hereinbrechende Abend machte für diesmal der Verwirrung ein Ende.

Als die Konsuln gleich mit Anbruch des folgenden Tages das Volk von allen Seiten her in der äußersten Erbitterung auf den Markt zusammenlaufen sahen, befürchteten sie für die Stadt viel Unglück. Sie ließen den Senat zusammenkommen und ihn überlegen, wie man durch freundliche Worte und gelinde Vorschläge das Volk wieder zur Ruhe bringen könnte; denn wenn man vernünftig dächte, so wäre es jetzt nicht Zeit, nach Ehre zu streben oder auf sein Ansehen eifersüchtig zu sein, vielmehr erheischten die gefährlichen Umstände eine freundliche und nachgiebige Politik. Da die meisten Mitglieder sich endlich fügten, gingen die Konsuln hinaus, sprachen besänftigend mit dem Volk und suchten es wieder zu begütigen.

Schon gab der größte Teil des Volkes nach und bewies durch die Ruhe, womit es die Rede angehört hatte, daß es mit dem Anerbieten der Konsuln auf gütliche Vereinbarung wegen des Kornpreises zufrieden sei. Die Volkstribunen sagten nun, das Volk möge dem Senat, da er sich eines bessern besinne, in allem, was gerecht sei, nur nachgeben; aber sie bestanden darauf, daß Coriolan sich rechtfertige, da er den Senat zum Umsturz der Verfassung und zur Unterdrückung des Volkes aufhetze, gegen ihre Vorladung sich ungehorsam bewiesen und endlich auf öffentlichem Markt die Ädilen geschlagen und beschimpft habe. Durch all dies habe er einen inneren Krieg zu erregen und die Bürger gegeneinander unter die Waffen zu bringen gesucht. Dies forderten sie in der Absicht, um Coriolan entweder zu demütigen, wenn er ganz wider seinen stolzen Sinn dem Volke schmeicheln müßte, oder, im Fall er seinem Charakter gemäß handelte, ihn dem unversöhnlichen Zorn des Volkes auszuliefern. Auf das letztere rechneten sie am meisten, denn sie beurteilten den Mann ganz richtig.

Coriolan trat nun auf um sich zu verteidigen, und das Volk hörte ihm zuerst ruhig und still zu. Als er aber anfing, mehr das Volk selbst anzuklagen als sich zu rechtfertigen, und durch Miene und Ton der Stimme eine an Verachtung und Geringschätzung grenzende Unerschrockenheit zeigte, da ward das Volk äußerst erbittert und konnte seinen Verdruß und Unwillen über eine solche Rede nicht länger zurückhalten. Sicinius, der kühnste unter den Volkstribunen, besprach sich eine kurze Zeit mit seinen Kollegen, dann erklärte er laut vor der Versammlung, Coriolan sei von den Volkstribunen zum Tode verurteilt worden, und befahl den Ädilen, ihn auf das Kapitol zu führen und ohne weiteres vom

Felsen herabzustürzen. Die Ädilen legten wirklich Hand an ihn, aber selbst vielen von den gemeinen Bürgern kam dies rasche Verfahren gar zu schauderhaft vor, und die Patrizier, die darüber bestürzt waren, eilten ihm auf sein Geschrei zu Hilfe.

Als endlich die Freunde und Vertrauten der Volkstribunen einsahen, daß es ohne großes Blutvergießen nicht möglich wäre, Coriolan fortzuführen und zu bestrafen, redeten sie jenen zu, von der ungewöhnlichen und grausamen Strafe abzustehen und Coriolan nicht ohne Verhör hinzurichten, sondern das Volk über ihn abstimmen zu lassen. Sicinius faßte sich und machte nun den Vorschlag, daß Coriolan am dritten Markttag sich stellen und vor dem Volk rechtfertigen müsse und daß es dann durch das Mehr der Stimmen über ihn entscheide.

Mit diesem Ausweg waren die Patrizier für den Augenblick zufrieden, der Aufruhr legte sich, und sie begaben sich mit Coriolan nach Hause. Als der festgesetzte Tag kam, sah Coriolan wohl, daß der Senat zwischen der Neigung zu ihm und der Furcht vor dem Volk unschlüssig schwankte. Er fragte die Volkstribunen, welche Klage sie gegen ihn vorbringen und wegen welcher Verbrechen sie ihn vor das Gericht des Volkes stellen wollten. Da sie antworteten, die Klage beträfe die Tyrannei, und sie würden beweisen, daß er damit umgehe, sich zum Oberherrn von Rom aufzuwerfen, stand er auf und sagte: »Nun, so gehe ich gleich hin vor das Volk, um mich zu verteidigen. Ich werde mich keiner Art von Untersuchung und keiner Strafe entziehen; nur daß ihr«, setzte er hinzu, »diese Klage auch wirklich anbringt und den Senat nicht hintergeht.« Sie versprachen es, und auf diese Bedingung wurde das Gericht gehalten.

Als das Volk zusammengekommen war, setzten die Volkstribunen zuerst mit Gewalt durch, daß die Stimmen nicht nach den Zenturien, sondern nach den Tribus gegeben werden mußten, wodurch sie dem besitzlosen, unruhigen Pöbel, der nicht nach Ehrbarkeit fragte, über die begüterten, angesehenen und im Krieg dienenden Bürger das Übergewicht verschafften. Im Verlauf der Verhandlung gaben sie die Klage wegen des Strebens nach der Oberherrschaft gänzlich auf, weil keine Beweise vorhanden waren. Sie kamen nun auf die im Senat gehaltene Rede zurück, in welcher Coriolan dem wohlfeilen Verkauf des Getreides widerraten und zur Abschaffung der Volkstribunen ermahnt hatte.

Als sich Coriolan nun über diesen Punkt rechtfertigte, brach das Volk in wildes Geschrei aus.

Alsogleich wurde abgestimmt. Da fand sich denn, daß nur drei Stimmen mehr waren, die ihn verurteilten. Die ihm zuerkannte Strafe lautete auf lebenslängliche Verbannung. Nach Bekanntmachung des Urteils ging das Volk freudig und mit einem Stolz auseinander, dergleichen es noch nie bei irgendeinem Sieg über die Feinde bewiesen hatte. Der Senat hingegen war darüber äußerst betrübt und niedergeschlagen und bereute es jetzt, daß er nicht früher alles gewagt und darangesetzt hatte das Volk zurückzuhalten, statt ihm eine solche ausschweifende Gewalt einzuräumen.

Coriolan selbst schien unerschüttert und ungebeugt; seine Gebärde, sein Gang, seine Miene waren ruhig, und unter allen anderen, die von seinem Unglück tief gerührt waren, schien er der einzige zu sein, der nichts davon empfand; aber nicht etwa aus vernünftigem Nachdenken, oder gar aus gelassener Ergebung in sein Schicksal, sondern weil er von Zorn und Unwillen ganz benommen war. Er begab sich nach Hause, nahm von Mutter, Gemahlin und Kindern Abschied und ermahnte die Weinenden, ihr Schicksal gelassen zu ertragen. Dann ging er nach dem Stadttor, wohin er von beinahe allen Patriziern begleitet wurde und entfernte sich aus Rom. Auf seinen Landgütern beschäftigte er sich in der Einsamkeit mit mancherlei Plänen, die ihm der Zorn eingab und die auf nichts Gutes hinausliefen: Nach langem Brüten beschloß er, irgendeinen schweren Krieg gegen Rom anzufachen. Er wollte zuerst sein Glück bei den Volskern versuchen, weil er wußte, daß sie an Mannschaft und Geld noch immer mächtig genug waren.

In Antium im Volskerland lebte damals ein Mann namens Tullus Amfidius, der wegen seines Reichtums, seiner Tapferkeit und vornehmen Geburt bei allen Volskern in königlichem Ansehen stand. Coriolan wußte, daß er von diesem Mann mehr als irgendein anderer Römer gehaßt wurde. Denn sie hatten sich in Schlachten oft herausgefordert und einander gedroht und gehöhnt. Auf der andern Seite kannte er auch die Denkungsart des Tullus und wußte, daß er vor allen andern Volskern wünschte, irgendeine günstige Gelegenheit zu bekommen, um sich an den Römern rächen zu können.

Es war Abend, als er in der Stadt ankam. Niemand erkannte ihn. Er begab sich nach dem Haus des Tullus und setzte sich schweigend an den Herd, verhüllte das Gesicht und hielt sich ruhig. Die Leute im Hause wagten es nicht, ihn wegzutreiben, denn sein Äußeres sowie sein Stillschweigen war mit einer gewissen Würde verbunden; doch gaben sie dem Tullus, der eben bei Tische saß, von diesem seltsamen Vorfall Nachricht.

Tullus stand sogleich auf, ging zu dem Fremdling hin und fragte, wer er wäre und was er suche. Jetzt enthüllte sich Coriolan, und nach einer kleinen Weile sagte er: »Wenn du mich noch nicht erkennst, Tullus, so muß ich denn wohl mein eigener Ankläger werden. Ich bin Gajus Marcius, der dir und den Volskern den größten Schaden zugefügt hat. Dies zu leugnen, verhindert mich der Beiname Coriolanus, den ich führe. Dieser konnte mir nicht entrissen werden, während ich alles andere teils durch den Neid und Übermut des Volkes, teils durch die Schwachheit und Verräterei der Amtspersonen und der Bürger meines Standes eingebüßt habe. Verbannt bin ich und ausgestoßen und habe mich in den Schutz deines Herdes begeben, nicht um Sicherheit zu suchen oder mein Leben zu retten – denn was brauchte ich hierher zu kommen, wenn ich den Tod fürchtete? – sondern um an meinen Verfolgern Rache zu nehmen. Hast du also Mut, edler Mann, gegen die Feinde etwas zu unternehmen, wohlan, so bediene dich meines Schicksals und mache mein Unglück zum allgemeinen Glück der Volsker.«

Tullus bezeigte bei dieser Anrede große Freude, reichte ihm die Hand und sagte: »Steh auf, Marcius, und sei ohne Furcht! Es ist ein großes Glück für uns, daß du kommst und dich selbst ergibst. Daß dich die Volsker gut aufnehmen, dafür laß mich besorgt sein.« Hierauf bewirtete er ihn auf das freundschaftlichste, und in den nächsten Tagen berieten sich beide wegen des Krieges gegen Rom.

Coriolan und Tullus besprachen sich dann insgeheim mit den Häuptern der Volsker und legten ihnen nahe, die Uneinigkeit der Römer zu nutzen und gleich einen Krieg anzufangen. Aber sie fanden dies bedenklich, weil erst vor kurzem ein Waffenstillstand auf zwei Jahre geschlossen worden war. Doch die Römer gaben ihnen gar bald willkommenen Anlaß. Bei gemeinsamen feierlichen Spielen ließen sie zur Überraschung aller – sei es aus Verdacht oder wegen einer falschen

Angabe – den Ausruf ergehen, daß alle Volsker noch vor Sonnenuntergang die Stadt verlassen sollten. Einige sagen, dies sei durch eine List des Coriolan angestellt worden, der dem Senat in Rom durch einen bestochenen Vertrauten hätte hinterbringen lassen, daß die Volsker willens wären, die Römer während der Spiele zu überfallen und die Stadt in Brand zu stecken.

Dieser Ausruf bewirkte bei allen Volskern eine starke Erbitterung gegen die Römer. Tullus wußte sie noch mehr aufzuhetzen und brachte es endlich dahin, daß sie eine Gesandtschaft nach Rom schickten und all das Land und die Städte, welche den Volskern im Krieg abgenommen worden, zurückforderten. Die Römer gerieten über einen solchen Antrag in Unwillen und gaben zur Antwort, die Volsker würden die Waffen zuerst ergreifen, die Römer aber sie zuletzt niederlegen. Hierauf veranstaltete Tullus eine allgemeine Versammlung der Volsker. Da der Krieg beschlossen wurde, gab er ihnen den Rat, Marcius kommen zu lassen und weiter keinen Groll gegen ihn zu hegen, da er ihnen als Freund größeren Vorteil bringen werde, als er ihnen als Feind Schaden getan hätte.

Coriolan wurde also vor die Versammlung gerufen und hielt eine Rede, aus der man ersah, daß er ein ebenso trefflicher Redner wie Kriegsmann war und sich durch Klugheit nicht weniger als durch kühnen Mut auszeichnete. Daher wählte man ihn nebst Tullus zum obersten Feldherrn in diesem Krieg. Coriolan befürchtete, daß die Volsker lange rüsten würden. Um nun die günstigste Gelegenheit nicht ungenützt vorbeiziehen zu lassen, machte er mit den Mutigsten, die freiwillig zu ihm stießen, plötzlich und unversehens einen Einfall in das römische Gebiet. Es fiel ihnen eine so große Beute in die Hände, daß die Volsker sie kaum fortzuschaffen imstande waren. Diese Beute sowie der dem Lande zugefügte Schaden war indes der kleinste Vorteil des Zuges. Seine Hauptabsicht ging dahin, die Patrizier in Rom dem Volk noch verdächtiger zu machen. Zu dem Zweck beschützte er, während alles andere ausgeplündert und verheert wurde, die Landgüter der Patrizier mit größter Sorgfalt. Dadurch steigerten sich unter den Römern Argwohn und Uneinigkeit. Nach dieser Unternehmung, die den Volskern wieder Mut machte, liefen sie mit ihren Waffen zu Coriolan und erklärten, daß sie keinen andern als ihn als ihren Feldherrn und

Anführer anerkennen wollten. So ward nun sein Name durch ganz Italien berühmt. Man staunte darüber, wie durch einen einzigen Mann in der Lage der Dinge eine so erstaunliche Veränderung eingetreten war. Zu Rom herrschte inzwischen die größte Verwirrung. Die Bürger hatten allen Mut zum Krieg verloren, und es verging fast kein Tag, wo sie sich nicht zusammenrotteten und einander die bittersten Vorwürfe machten, bis endlich die Nachricht einlief, daß auch Lavinium von den Feinden eingeschlossen sei. In dieser Stadt verwahrten die Römer die Heiligtümer ihrer heimatlichen Götter, und weil dies die erste Stadt war, die Aeneas in Italien erbaut hatte, verehrten sie sie als ihren Ursprungsort. Auf diese Nachricht hin ging in der Gesinnung des Volks eine wundersame Veränderung vor. Das Volk entschloß sich nämlich, die Verurteilung des Coriolan aufzuheben und ihn in die Stadt zurückzurufen; allein der Senat verwarf dieses Vorhaben und widersetzte sich mit aller Macht, entweder weil er dabei beharrte, dem Volk in allen seinen Wünschen entgegen zu sein, oder weil er es nicht gern sah, daß Coriolan seine Rückkehr dem Volk zu verdanken hätte; es konnte auch sein, daß der Senat nun selbst gegen den Mann erzürnt war, weil er jetzt alle feindselig behandelte, obgleich er nicht von allen beleidigt worden war.

Coriolan, der davon bald Nachricht erhielt, ward noch mehr erbittert; er hob sogleich die Belagerung von Lavinium auf, rückte in der ersten Hitze auf Rom los und lagerte vierzig Stadien vor der Stadt. Sein Erscheinen verursachte große Furcht und Bestürzung, doch setzte es für jetzt wenigstens aller Zwietracht ein Ende. Denn nun wagte es niemand mehr, dem Volk wegen Zurückberufung des Coriolan zu widersprechen. Da man sah, daß die Weiber in der Stadt umherliefen, daß die Greise in den Tempeln weinend um Hilfe flehten, daß alles mutlos und keiner vernünftigen Entschließung fähig war, gestand man gern, das Volk habe sehr wohl getan, daß es eine Aussöhnung mit Coriolan vorgeschlagen, der Senat hingegen habe den größten Fehler begangen, daß er zu einer Zeit, wo es ratsam war, allen Zorn und Groll zu unterdrücken, erst angefangen habe, Coriolan zu zürnen.

Es wurde daher einstimmig beschlossen, Gesandte an Coriolan zu schicken, die ihm die Rückkehr ins Vaterland antragen und um Beendigung des Krieges bitten sollten. Die Männer, die der Senat abschickte, waren Verwandte des Coriolan, und diese versprachen sich daher, wenigstens bei der ersten Zusammenkunft von ihm freundschaftlich empfangen zu werden. Aber die Erwartung schlug fehl. Nachdem sie durch das feindliche Lager geführt worden waren, fanden sie ihn im größten Prunk und mit unerträglichem Stolz von den vornehmsten Volskern umgeben. Sitzend befahl er ihnen, ihr Gesuch vorzubringen. Als sie fertig waren, antwortete er ihnen, was ihn und seine Behandlung anbetraf, mit Bitterkeit und Zorn; im Namen der Volsker aber forderte er als Feldherr, die Römer sollten die Städte und das Land, das sie durch Krieg an sich gerissen hätten, zurückgeben und den Volskern die gleichen Vorrechte der Bundesgenossenschaft einräumen, wie sie die Latiner hätten. Nur unter solchen Bedingungen könnten sie auf eine Befreiung vom Kriege rechnen. Er gab ihnen dreißig Tage Bedenkzeit.

Gleich nach der Abreise der Gesandten brach er auf und verließ das römische Gebiet. Das nahmen ihm nun diejenigen unter den Volskern übel, die schon lange auf seine Macht neidisch und mißgünstig waren. Einer derselben war auch Tullus, denn es kränkte ihn, daß sein Ruhm jetzt so ganz verdunkelt und er von den Volskern gegenüber Coriolan hintangesetzt wurde. Daher fing man jetzt an, unter der Hand allerlei Klagen gegen ihn auszustreuen: man gab in geheimen Zusammenkünften einander seinen Unwillen zu erkennen und nannte jenen Abzug geradezu eine Verräterei. Gleichwohl brachte Coriolan die Wartezeit nicht untätig hin, sondern fiel in das Land der römischen Bundesgenossen ein, verheerte es und eroberte sieben große und volkreiche Städte. Die Römer wagten aber nicht, ihnen Hilfe zu leisten; ihr Mut war ganz geknickt und darniedergeschlagen, und sie bezeigten wenig Neigung zum Krieg.

Als die bestimmte Zeit verflossen war und Coriolan wieder vor Rom erschien, schickte der Senat eine zweite Gesandtschaft ab und ließ ihn bitten, seinen Zorn zu mäßigen, die Volsker aus dem Lande wegzuführen und dann über das, was er beiden Teilen für zuträglich hielt, zu unterhandeln; denn die Römer würden in keinem Fall aus Furcht nachgeben. Wenn er aber glaube, die Volsker hätten begründete Ansprüche, so sollten ihnen diese zugestanden werden, sobald sie die Waffen niederlegten. Hierauf erwiderte Coriolan, als Feldherr der Volsker gebe er ihnen keine Antwort, aber als römischer Bürger wolle er sie ermahnen und ihnen raten, gegen seine gerechten Vorschläge mehr Mäßigung zu beweisen und binnen drei Tagen mit der Bewilligung seiner Forderungen zurückzukommen. Sollte aber etwas anderes beschlossen werden, könnte er ihnen keine Sicherheit gewähren, wenn sie wieder mit leeren Worten das Lager beträten.

Auf diesen Bericht nahm nun der Senat in der äußersten Bedrängnis des Staates seine Zuflucht zu dem letzten Mittel, das ihm noch übrig war. Er beschloß, daß alle Priester der Götter, die Hüter der Heiligtümer und die, welche die Weissagung aus dem Vogelfluge besorgten, in ihrer feierlichen Amtskleidung zu Coriolan gehen und ihn bewegen sollten, die Waffen niederzulegen und dann mit den Bürgern Roms wegen der Angelegenheit der Volsker zu unterhandeln. Coriolan erlaubte zwar diesen Männern, ins Lager zu kommen, aber er bewilligte ihnen nichts und erklärte ihnen kurz, die Römer müßten entweder auf die Bedingungen eingehen oder sich auf den Krieg gefaßt machen.

Nach der Rückkehr der Priester beschloß man, sich ruhig in der Stadt zu halten, die Mauern zu besetzen und den Angriff des Feindes abzuwarten.

In Rom flehten damals die Frauen in allen Tempeln der Götter, die meisten und vornehmsten aber am Altar des kapitolinischen Jupiter um Hilfe und Rettung. Unter ihnen befand sich auch Valeria, die in der Stadt große Ehre und Achtung genoß. Als sie flehend am Altar kniete, erschauerte sie, denn sie fühlte die Nähe eines Gottes. Und auf einmal wußte sie, was sie zur Rettung der Stadt tun sollte. Sie erhob sich, hieß alle andern Frauen ihr folgen und ging nach dem Hause der Volumnia, der Mutter des Coriolan.

Als sie ins Haus trat, fand sie Volumnia bei ihrer Schwiegertochter sitzen, die Kinder des Coriolan auf ihrem Schoß. Sie ließ nun ihre Begleiterinnen sich in einen Kreis stellen und begann folgende Rede: »Wir Frauen kommen zu euch, ohne daß es der Senat oder ein Konsul befohlen hat. Ein Gott, durch unser Flehen gerührt, hat mir, wie es scheint, den Gedanken eingegeben, wir sollten uns an euch wenden und um etwas bitten, das uns selbst und allen Bürgern Errettung, euch aber glänzenden Ruhm verschaffen kann. Wohlan denn, geht mit uns zu Coriolan und unterstützt unsere flehentliche Bitte für das Vaterland.« Volumnia antwortete und sprach: »Auch wir nehmen, teuerste Freundinnen, Anteil an der allgemeinen Not. Über diese hinaus lastet schwer auf uns, daß Ruhm und Tugend des Coriolan verblaßt und verloren sind. Doch kennen wir kein größeres Unglück, als die Macht des Vaterlandes so sehr geschwächt zu sehen, daß es seine letzte Hoffnung auf uns Frauen setzen muß. Ich weiß nicht, ob Coriolan auf uns Rücksicht nehmen wird, da er keine auf das Vaterland nimmt, das ihm bisher doch immer mehr gegolten hat als Mutter, Gemahlin und Kinder. Indes gehen wir zu ihm; wir werden, wenn wir auch sonst nichts vermögen, wenigstens über dem Flehen für das Vaterland unser Leben hingeben.«

Hierauf ließ Volumnia die Kinder und Vergilia aufstehen, und alle begaben sich gemeinsam ins Lager der Volsker. Der Anblick ihrer Trauer gebot selbst den Feinden Ehrfurcht und Stillschweigen. Coriolan saß mit den vornehmsten Offizieren auf der Richtertribüne und hielt Rat. Der herankommende Zug der Frauen ließ ihn stutzen, und da er an der Spitze des Zuges seine Mutter und seine Gemahlin erblickte, nahm er sich vor, an seinem Entschluß unerbittlich festzuhalten. Aber er unterlag rasch seinen Empfindungen. Von dem Anblick der Frauen war er so sehr erschüttert, daß er nicht den Mut hatte sitzen zu bleiben, während die Mutter ihm entgegenging. Schnell stieg er herab und eilte auf sie zu. Herzlich umarmte er seine Mutter, dann auch seine Gemahlin und die Kinder. Er schämte sich nicht der Tränen und Zärtlichkeitsbezeugungen, sondern überließ sich ganz dem Strom seiner Empfindungen.

Als er bemerkte, daß seine Mutter anfangen wollte zu reden, ließ er die Häupter der Volsker um sich herumtreten und hörte der Volumnia zu, welche nun also begann: »Du siehst, mein Sohn, schon aus unserer Trauerkleidung und traurigen Gestalt, zu welchem stillen, eingezogenen Leben uns deine Verbannung genötigt hat. Bedenke nun, daß wir als die unglücklichsten unter allen Weibern hier erscheinen. Das Schicksal hat uns den frohen Anblick des Wiedersehens zum schrecklichsten gemacht, da ich meinen Sohn und Vergilia und die Kinder ihren Gemahl und Vater vor den Mauern der Vaterstadt im Lager der Feinde sehen müssen. Selbst das Flehen zu den Göttern bringt uns in bange Verlegenheit. Denn es ist nicht möglich, die Götter zu gleicher Zeit für das Vaterland um Sieg und für dich um Erhaltung zu bitten. Deine Gemahlin und Kinder sind genötigt, entweder auf das Vaterland oder auf dich zu verzichten. Ich aber werde den Ausgang dieses Krieges nicht überleben. – Nein, wenn ich dich nicht bewegen kann, diesen Streit in Frieden und Freundschaft zu verwandeln und lieber ein Wohltäter beider Völker als ein Verderber des einen zu werden, so mache dich darauf gefaßt, daß du deine Vaterstadt nicht eher wirst bestürmen können, bis du über den Leichnam derjenigen hinweggegangen bist, die dich gebar. Denn ich will den Tag nicht erwarten, an welchem ich entweder Rom über meinen Sohn oder meinen Sohn über Rom triumphieren sehen muß. Ja, wenn ich dir zumuten würde, die Befreiung deines Vaterlandes durch das Verderben der Volsker zu bewirken, könnte eine solche Wahl für dich allerdings schwer und bedenklich sein. Denn seine Mitbürger zugrunde zu richten ist wenig rühmlich; ebenso unrühmlich ist, die zu verraten, die ihr Vertrauen auf uns gesetzt haben. Aber wir fordern nichts Ungerechtes, nur Versöhnung, die für beide Völker heilsam und für die Volsker rühmlich ist; denn man wird sagen, mitten im Lauf des Sieges hätten sie Frieden und Freundschaft gewählt. Gelingt dir die Einigung, so wird man sie dir vor allem verdanken; wenn nicht, so wird alle Schuld auf dir lasten. Der Ausgang des Krieges ist ungewiß. Doch soviel ist sicher: wenn du siegst, wirst du ein Zerstörer des Vaterlandes heißen; wenn du unterliegst, kommst du in den Ruf, deinen Freunden und Wohltätern durch deinen Zorn das größte Unglück zugezogen zu haben.« Als sie geendet hatte, verharrte Coriolan lange in Schweigen versunken. Nach einigem Zögern begann die Mutter aufs neue: »Warum schweigst du, mein Sohn? Ist es rühmlich, dem Zorn und der Rache freien Lauf zu lassen, unehrenhaft aber, den Bitten einer Mutter in solch wichtigen Dingen zu willfahren? Oder ist das etwa Heldengröße, erlittene Beleidigung immer im Andenken zu behalten? Wahrlich, Dankbarkeit zu beweisen, käme niemandem mehr zu als dir, der du den Undank mit solcher Strenge ahndest. Aber da ich dich nicht bewegen kann, was zögere ich, die letzte Hoffnung zu ergreifen?«

Mit diesen Worten warf sie sich vor ihm nieder, und auch seine Gemahlin und seine Kinder. Da schrie Coriolan laut auf: »Mutter, wie verfährst du mit mir!« hob sie auf und drückte ihr heftig die Hand. »Du hast«, sagte er sich überwindend, »einen für das Vaterland glücklichen, für mich aber verderblichen Sieg gewonnen. Von dir allein besiegt, ziehe ich von Rom ab.«

Hierauf besprach er sich vertraulich mit seiner Mutter und mit seiner Gemahlin und schickte sie dann in die Stadt zurück.

Gleich am folgenden Morgen brach er mit den Volskern auf und verließ das römische Gebiet. Nicht alle hatten darüber ein und dieselbe Gesinnung. Einige schalten den Mann sowohl als die Handlung, andere, die den Frieden und das Ende des Krieges wünschten, waren zufrieden. Aber ohne den geringsten Widerspruch folgten ihm alle, mehr aus Achtung vor seiner Selbstüberwindung als vor seiner Gewalt.

Das römische Volk atmete auf, da es von dem Krieg befreit war. Kaum sahen die Wachen auf den Mauern die Volsker abziehen, als sogleich alle Tempel in der Stadt geöffnet wurden und die Bürger, wie bei einem Sieg, mit Kränzen geschmückt hineinströmten, um den Göttern Opfer zu bringen. Am hellsten aber leuchtete die Freude der Stadt in der Verehrung und Liebe, die vom Senat und dem ganzen Volk den Frauen erwiesen wurde. Alle gestanden laut, daß man ihnen allein die Rettung der Stadt zu verdanken habe. Ja, der Senat beschloß, daß die Konsuln ihnen alles bewilligen sollten, was sie für sich zur Ehre oder zum Dank begehrten. Aber die Frauen forderten weiter nichts, als der Göttin des Glückes, Fortuna, einen Tempel erbauen zu dürfen. Die Kosten wollten sie aus ihren Mitteln zusammenlegen, der Staat aber sollte den Aufwand für die Opfer und den Gottesdienst auf sich nehmen. Der Senat lobte sie wegen ihrer Großmut und ließ den Tempel und die Bildsäule auf öffentliche Kosten errichten. Der Tempel wurde an eben dem Ort errichtet, wo die Mutter den Starrsinn des Sohnes durch Bitten erweicht hatte. Valeria, als Urheberin dieser Rettung, wurde zur ersten Priesterin geweiht.

Gleich nach Coriolans Einzug in Antium faßte Tullus, der ihm aus Furcht und Neid gram und aufsässig geworden war, den Entschluß, ihn aus dem Weg zu räumen. Er wiegelte daher eine Menge Leute gegen ihn auf und forderte öffentlich von ihm, daß er den Volskern über seine Amtsverwaltung Rechenschaft ablegen solle. Coriolan erklärte, er werde sein Amt in die Hände der Volsker zurückgeben, wenn sie es verlangten, denn nur auf ihren Befehl hätte er es übernommen; indessen weigere er sich keineswegs, allen, die es forderten, Rede und Antwort zu geben.

Es wurde deshalb eine Volksversammlung gehalten, bei der die bestellten Volksführer durch ihre Reden das Volk aufhetzten. Als Coriolan auftrat, ließ aus Ehrfurcht gegen ihn das heftige Getümmel nach, so daß er getrost reden konnte. Auch gaben die Angesehensten unter den Antiaten, die sich des Friedens am meisten freuten, deutlich genug zu erkennen, daß sie ihn wohlwollend anhören und mit Gerechtigkeit richten würden. Es war daher dem Tullus vor seiner Anklagerede nicht wenig bange; denn Coriolan war auch einer der größten Redner, und seine Verdienste machten auf die Gemüter einen stärkeren Eindruck als die Schuld durch sein Nachgeben. Die Anklage wurde aber zu einem Zeugnis für die Größe des ihm gebührenden Dankes. Denn die Volsker wären nie auf den Gedanken gekommen, ein Unrecht darin zu sehen, daß ihnen die Eroberung Roms nicht geglückt war, wenn sie nicht durch Coriolan der Bezwingung der Stadt so nahe gekommen wären.

Tullus glaubte daher, daß er nicht länger zögern noch erst das Volk zu gewinnen suchen dürfe. Auf ein Zeichen schrien die kühnsten unter den Verschworenen laut, man solle den Verräter nicht weiter anhören, auch nicht zugeben, daß er die Volsker tyrannisiere und gar sich weigere, die Feldherrenwürde niederzulegen. Dann fielen sie plötzlich in dichten Haufen über Coriolan her und erschlugen ihn. Keiner von den Anwesenden wagte, ihm beizustehen.

Doch zeigte sich bald, daß der größte Teil des Volkes diese Handlung verabscheute. Denn aus allen Städten strömten die Leute herbei, um den Toten auf eine ehrenvolle Art zu bestatten. Mit einer Menge erbeuteter Waffen schmückten sie das Grab eines so tapferen Kriegers und Feldherrn.

Als in Rom die Kunde seines Todes sich verbreitete, hörte man weder ein Wort der Achtung noch des Unwillens. Den Frauen gestattete man auf ihre Bitte, ihn zehn Monate lang zu betrauern, so wie es seit König Numa Sitte war, wenn ein Vater, Sohn oder Bruder gestorben war.

Bei den Volskern aber traten bald Umstände ein, welche den Coriolan sehr vermissen ließen. Bald nach seiner Ermordung erlitten sie gegen die Römer eine schwere Niederlage. Tullus fiel, und der Kern ihres Heeres wurde vernichtet. Deshalb mußten sie die schimpflichsten Friedensbedingungen annehmen: Anerkennung der Herrschaft Roms und Unterwerfung unter seine Befehle.

Der Zug der Gallier nach Rom

Nach der Überlieferung der Sage sollen die Gallier von der Fruchtbarkeit des Landes und dem Reichtum der Bewohner nach Italien gelockt worden sein. Sie überstiegen mit Roß und Troß die Alpen und fielen in die Gebiete ein, die von den Etruskern bebaut wurden.
Die Etrusker riefen in ihrer Bedrängnis die Römer zu Hilfe. Der Senat schickte eine Gesandtschaft, um mit den Galliern über ihren Abzug zu verhandeln. Es kam zu keiner Einigung; mit dem Schwert wollten die Gallier ihr angemaßtes Recht erzwingen. Die Erbitterung war groß, selbst die römischen Gesandten griffen zu den Waffen und kämpften, dem Völkerrecht zuwider, mit. Die Gallier beschwerten sich darob durch Gesandte in Rom und verlangten die Auslieferung der Schuldigen. Statt dessen wählte das römische Volk diese zu Kriegstribunen, worauf die Gallier, zu flammendem Zorn gereizt, von Etrurien abließen und gegen die Stadt Rom zogen.
Eben der Staat, der so manches Mal in den Kriegen gegen benachbarte Völker mit Aufbietung der äußersten Mittel einen Diktator ernannt hatte, sah sich jetzt, da vom Ozean und den entlegensten Küsten der Erde ein nie gesehener, nie genannter Feind heranzog, auch nicht im geringsten nach einem außerordentlichen Befehlshaber um. So sehr blendet das Schicksal die Menschen, wenn es seine hereinbrechende Allgewalt nicht hemmen lassen will. Die Kriegstribunen, deren Unbesonnenheit den Krieg nach Rom gezogen hatte, erhielten durch Volksbeschluß den Oberbefehl. Sie wandten auf die Werbung nicht mehr Sorgfalt als bei mittelmäßigen Kriegen; ja, sie setzten diesen Krieg verächtlich noch unter das herab, was ihm als Ruf vorausging.
Auf die Nachricht, daß man den Frevlern am Völkerrecht noch Ehre erwiesen und so ihre Gesandtschaft gehöhnt, rissen die Gallier, glühend vor Zorn, den dies Volk nicht zu beherrschen weiß, sogleich ihre Fahnen aus der Erde und machten sich im Eilmarsch auf den Weg. Als

durch das Getümmel ihres im Fluge vorüberziehenden Heeres geschreckt, die Städte zu den Waffen eilten und die Landleute flüchteten, gaben sie mit lautem Geschrei zu verstehen, sie zögen auf Rom; und wohin sie kamen, bedeckten sie mit Roß und Mann in einem lang und breit sich dehnenden Zug eine gewaltige Fläche. In Rom, wohin ihnen erst das Gerücht, dann die Berichte der Clusiner und der übrigen der Reihe nach folgenden Völker voraneilten, verbreitete den meisten Schrecken die Geschwindigkeit der Feinde. Obgleich man sich mit einem eilig zusammengestellten Heer schleunig aufmachte, konnte man doch kaum noch den elften Meilenstein erreichen, da wo der Fluß Allia, nicht weit unterhalb der Heerstraße, mit dem Tiberstrom sich vereinigt, und schon hatte man überall vor sich und auf beiden Seiten Feinde. Bei der diesem Volke eigenen Vorliebe für leeres Getöse erfüllten sie durch wilden Gesang und mannigfaltiges Geschrei alles umher mit fürchterlichen Tönen.

Ohne vorher einen Platz zum Lager zu wählen oder eine Verschanzung anzulegen, in die sie sich zurückziehen könnten, und selbst ohne der Götter zu gedenken – denn sie befragten weder die Vögel noch die Opfer um ihre Zustimmung –, stellten nun die Kriegstribunen ihre Linie so auf, daß sie die Flügel ausdehnten, um nicht von der Menge der Feinde umzingelt zu werden. Zur Rechten war eine kleine Anhöhe; man beschloß, sie mit einem Hinterhalt zu besetzen. Gerade diese Vorkehrung gab den ersten Anlaß zur Unordnung und Flucht. Denn Brennus, der Fürst der Gallier, befürchtete durch die geringe Anzahl der Feinde eine List. Voraussetzend, daß die Höhe nur besetzt sei, um seine Gallier, sobald sich ihre vordere Linie mit den Legionen eingelassen habe, von hinten und in der Seite anzugreifen, wandte er sich gleich am Anfang gegen diesen Hinterhalt. Wenn er diesen überwunden hatte, durfte er seiner überlegenen Menge in der Ebene einen leichten Sieg versprechen. So stand nicht allein das Glück, sondern auch richtige Berechnung auf der Seite der Gallier. Auf der Linie gegenüber sah es gar nicht römisch aus, weder bei den Feldherren noch bei den Soldaten. Bestürzung und Fluchtgedanken hatten die Gemüter erfaßt, und eine solche Blindheit befiel sie, daß ein weit größerer Teil nach Veji flüchtete, von wo sie doch der Tiber trennte, als geradewegs nach Rom zu ihren Weibern und Kindern. Das war so gekommen: Brennus richtete also seinen Angriff zuerst auf diesen Hinterhalt. Dies blieb den übrigen Römern verborgen, weil die Anhöhe dazwischen lag. Sobald aber die, welche dem Hügel zunächst standen, das Kampfgeschrei im Rücken hörten, nahmen sie, ohne den Kampf nur zu versuchen, ja ohne das Geschrei zu beantworten, mit heiler Haut und unangegriffen reißaus. Es kam gar nicht zu einem Gefecht. Am Ufer des Tibers aber, wo sich der linke römische Flügel, die Waffen wegwerfend, staute, gab es ein großes Gemetzel. Viele, die nicht schwimmen konnten oder, vom Panzer und der übrigen Rüstung beschwert, ermatteten, verschlang der Tiber. Doch rettete sich der größte Teil wohlbehalten nach Veji, sandte aber von da keine Unterstützung, nicht einmal die Anzeige ihrer Niederlage nach Rom. Vom rechten Flügel, welcher weiter ab vom Fluß gestanden hatte, liefen alle nach Rom und flüchteten, sogar ohne die Stadttore zu schließen, auf die Burg.

Auch die Gallier fühlten sich vom Wunder dieses plötzlichen Sieges ergriffen. Bestürzung auch auf ihrer Seite ließ sie anfangs wie festgebannt stillstehen, als wüßten sie nicht, was vorgefallen sei: dann fürchteten sie einen Hinterhalt. Endlich, als sich nirgendwo etwas Feindliches zeigte, machten sie sich auf den Weg und kamen nicht lange vor Sonnenuntergang vor der Stadt Rom an. Als ihnen hier die vorausgeschickten Reiter meldeten, kein Tor sei geschlossen, kein Posten stehe vor den Toren auf Wache, kein Bewaffneter sei auf den Mauern zu sehen, standen sie vor diesem neuen, dem vorigen ähnlichen Wunder abermals still. Und weil sie es bedenklich fanden, sich bei Nacht an eine Stadt zu wagen, deren Lage sie nicht kannten, ließen sie sich zwischen Rom und dem Anio nieder und schickten Kundschafter an die Mauern und an mehrere Tore, um sich über die Maßnahmen der Feinde in ihrer traurigen Lage zu unterrichten.

Weil sich der größere Teil der römischen Krieger aus der Schlacht nach Veji gewandt hatte und in Rom niemand glaubte, daß außer denen, die in die Stadt zurückgeflüchtet waren, noch jemand übrig sei, erfüllte die Wehklage um die Toten die ganze Stadt mit Jammertönen. Dann aber, als man die Ankunft des Feindes erfuhr, betäubte der Schrecken der allgemeinen Not die Trauer der einzelnen. Gleich darauf hörte man auch, da die Wilden scharenweise die Mauern umschwärmten, die Mißtöne ihres Geheuls und Gesanges. Die ganze folgende Zeit lebten die

Bürger in einer solchen Ungewißheit, daß sie mit jedem Augenblick den Einbruch des Feindes in die Stadt erwarteten.

Dennoch hatten die Römer in dieser Nacht und am folgenden Tag durchaus nicht mehr die geringste Ähnlichkeit mit denen, die an der Allia so bestürzt geflohen waren. Da es sich nicht denken ließ, mit den wenigen noch übrigen Kriegern die Stadt zu verteidigen, beschloß man, die wehrhafte Mannschaft und die Rüstigsten des Senats sollten sich auf die Burg und das Kapitol begeben, sich mit Waffen und Lebensmitteln versehen und von dieser Feste herab die Götter, die Bürger und den Namen Roms verteidigen. Der Oberpriester hingegen und die vestalischen Priesterinnen sollten die Heiligtümer des Staats vor Mord und Brand in Sicherheit bringen und mit der Verehrung der Götter nicht eher aufhören, als bis keiner mehr da sei, der sie verehren könne. Wenn aus der bevorstehenden Zertrümmerung der Stadt nur die Burg und das Kapitol, diese Wohnsitze der Götter, dann der Senat als Haupt der Staatsregierung und die dienstfähige Jugend gerettet würden, so sei der Verlust der in der Stadt zurückgelassenen, ohnehin dem Tode nahen Greise leichter zu verschmerzen. Damit sich die Menge vom Bürgerstand gelassener in ihr Geschick ergeben möchte, erklärten die Greise, die Triumphe gefeiert und Konsulate verwaltet hatten, sie wollten mit dem Volk sterben und, da sie keine Waffen mehr tragen und kein Vaterland verteidigen könnten, den Waffenfähigen nicht zur Last fallen.

Dies waren die Trostgründe, welche die zum Tod bestimmten Greise einander selbst vorsagten. Dann richteten sie ihre Ermahnungen an den Zug der Jünglinge, den sie zum Kapitol und zur Burg begleiteten und empfahlen ihrer Tapferkeit und Jugendkraft das Schicksal der Stadt. Als nun die, welche alle Hoffnung und Hilfe mit sich nahmen, von denen schieden, die beschlossen hatten, den Untergang der eroberten Stadt nicht zu überleben, war der Anblick dieses Elendes jammervoll genug: allein das Weinen der Weiber, ihr ängstliches Hin- und Herlaufen, indem sie sich bald an diese, bald an jene anschlossen und unaufhörlich ihre Männer und ihre Söhne fragten, welchem Schicksal denn sie überlassen seien, überstieg jedes Maß menschlicher Leiden. Doch zog ein großer Teil von ihnen mit den Ihrigen in die Burg, ohne zurückgewiesen, ohne gerufen zu sein: denn was für die Belagerten zur Verminderung der waffenlosen Menge heilsam gewesen wäre, vertrug sich nicht mit der Menschlichkeit. Ein anderer Schwarm, hauptsächlich vom niederen Stande, den der Burghügel weder fassen noch bei dem großen Mangel an Lebensmitteln nähren konnte, strömte in einem Zug hinaus nach dem äußeren Brückentor. Von da verliefen sie sich teils auf das Land, teils zogen sie in benachbarte Orte, ohne Führer, ohne Verabredung, jeder seiner eigenen Hoffnung, seinem eigenen Entschlusse nach, weil sie ihren Stand im Staat für verloren ansahen.

Unterdes erwarteten zu Rom, wo man zur Verteidigung der Burg die gehörigen Vorkehrungen getroffen hatte, die sämtlichen Greise, auf ihren Tod gefaßt, die Ankunft der Feinde. Diejenigen, welche höhere Stellen bekleidet hatten, saßen, um in den Ehrenzeichen ihres ehemaligen Glücks, ihrer Ämter und Tapferkeit zu sterben, so feierlich gekleidet auf elfenbeinernen Thronsesseln im Vorhofe ihrer Häuser, als ob sie einen Aufzug der Götterwagen oder des Triumphes erwarteten. Einige erzählen, sie hätten sich für das Vaterland die Todesweihe geben lassen, wobei ihnen der Hohepriester Marcus Fabius die Formel vorgebetet habe.

Die Gallier, bei denen in der Zwischenzeit der Nacht die Spannung des Kampfes nachgelassen hatte, zogen am folgenden Tag ohne alle Erbitterung und Wut in das offene collinische Tor und rückten bis auf den Markt vor, wo sie ihre Blicke rund umher auf die Tempel der Götter warfen, und auf die Burg, die allein ein kriegerisches Aussehen hatte. Von hier verteilten sie sich, eine kleine Schar zurücklassend, um nicht in ihrer Zerstreuung von der Burg aus überfallen zu werden, durch die menschenleeren Straßen zum Plündern. Teils stürzten sie scharenweise in die nächstgelegenen Häuser, teils rannten sie zu den entfernteren, als ob nur diese noch unbesucht und voll Beute wären. Von dort kehrten sie, durch die Öde geschreckt und einen feindlichen Hinterhalt fürchtend, in gedrängten Haufen auf den Markt zurück. Und hier, wo sie die Bürgerhäuser verriegelt, die Vorhöfe der Großen aber offen sahen, betrachteten sie, nicht ohne Ehrfurcht, die in den Vorhöfen sitzenden Männer, denen ihr Schmuck und die Hoheit und der Ernst, die aus ihren Zügen sprachen, das Ansehen von Göttern gab. Indem sie so dastanden und zu ihnen wie zu Standbildern aufblickten, erzürnte einer derselben einen Gallier, der ihm den Bart strich, dadurch, daß er ihn mit seinem elfenbeinernen Stab auf den Kopf schlug. Und da mit Schlag und Gegenschlag der Anfang gemacht war, wurden auch die übrigen auf ihren Stühlen umgebracht. Nach der Ermordung der Großen wurde kein Mensch weiter geschont; die Häuser wurden geplündert, und wenn sie leer waren, angezündet.

Die Römer, die von der Burg herab die Stadt voll Feinde sahen, die auf allen Straßen umherliefen, konnten, weil sich bald in dieser, bald in jener Gegend ein neues Unglück zeigte, zu keiner Besinnung kommen. Sie trauten ihren eigenen Augen und Ohren nicht mehr. Wohin das Geschrei der Feinde, das Geheul der Weiber und Kinder, das Prasseln der Flammen und das Krachen der stürzenden Häuser sie rief, dahin wandten sie Aufmerksamkeit, Antlitz und Auge, als hätte sie das Schicksal hierher gestellt, bei dem Untergang ihrer Vaterstadt Zuschauer zu sein.

Unter der Last so vieler Leiden gaben sie den Mut dennoch nicht auf, sollten sie auch alles durch Flammen und Zertrümmerung dem Boden gleichgemacht sehen. Den Hügel, den sie behaupteten, so arm und klein er war, wollten sie als den einzigen Zufluchtsort der Freiheit tapfer verteidigen. Auch waren sie, da es täglich dieselben Auftritte gab, der Übel gleichsam schon gewohnt und für alle Empfindung ihrer Not abgestumpft. Sie blickten nur auf ihre Waffen und auf das Schwert in ihrer Rechten, als die einzigen Überbleibsel ihrer Hoffnung.

Die Gallier, die mehrere Tage nacheinander nur gegen die Häuser der Stadt einen Krieg ohne Erfolg geführt hatten, sahen in der Höhe über den Brandstätten und Trümmern der eroberten Stadt die bewaffneten Feinde vor sich, die sie vergeblich durch so vielerlei Unglück in Schrecken versetzen wollten und die sich nur durch Gewalt gezwungen zur Übergabe verstehen würden. Daher beschlossen sie jetzt das Äußerste, einen Angriff auf die Burg zu wagen. Mit frühem Morgen stellten sie sich auf ein Zeichen hin auf dem Markt in Schlachtordnung, und mit Geschrei rückten sie unter erhobenen Schilden bergan.

Die Römer, besonnen und kaltblütig, verstärkten an allen Zugängen die Posten, stellten da, wo sie den Feind andringen sahen, den Kern ihrer Männer ihm entgegen, und ließen die Gallier herankommen, weil sie sie, je höher sie sich den schroffen Felsen hinaufwagen würden, desto leichter am Abhang zurückzuwerfen hofften. Als die Gallier etwa in der Mitte waren, stürzten ihnen die Römer von der Höhe entgegen.

Durch die Wucht ihres Angriffs verloren die Gallier ihren Stand; es häuften sich unter den Schwertstreichen und durch den Herabsturz vom Berg Leichen auf Leichen, so daß sie nie wieder diese Art des Gefechtes versuchten.

Da sie also die Hoffnung, durch Sturm und Waffen hinaufzukommen, aufgegeben hatten, schickten sie sich zur Belagerung an. Weil aber das Getreide bei der Einäscherung der Häuser mit verbrannt war, beschlossen sie, mit einem Teil des Heeres die Burg eingeschlossen zu halten, mit dem andern bei den benachbarten Völkern zu rauben und zu plündern, um den Belagerern Getreide zuzuführen.

Die von der Stadt aufbrechenden Gallier leitete das Schicksal selbst, um ihnen von der römischen Tapferkeit eine Probe zu geben, nach Ardea, wo Camillus als freiwillig Verbannter lebte. Die Lage des Staates machte ihn betrübter als seine eigene, er härmte sich unter Klagen über Götter und Menschen ab. Er fand es ebenso ärgerlich wie unbegreiflich, daß jene Männer verschwunden sein sollten, die mit ihm einst Veji und andere Städte erobert hatten, für die in den Kriegen die Tapferkeit immer mehr getan habe als das Glück. Als er aber hörte, daß ein Heer von Galliern anrückte und daß die Ardeaten voll Bestürzung hierüber zu Rate gingen, war es nicht anders, als hätte ihn der Odem der Gottheit angeweht; er begab sich mitten in die Versammlung und sprach: »Euch, ihr Ardeaten, bietet sich jetzt das Glück, teils dem römischen Volk seine großen vormaligen Wohltaten zu vergelten, teils eurer Stadt die glänzende Ehre des Sieges über den gemeinschaftlichen Feind zu erwerben. Die Herankommenden sind ein Volk, dem die Natur mehr große als feste Körper mit Mut verleiht: darum treten sie im Kampf mehr furchterregend als kraftvoll auf. Den Beweis mag uns Roms Unglück geben. Die offene Stadt konnten sie erobern: auf der Burg und dem Kapitol widersteht man ihnen mit einer Handvoll Leuten. Dem Überdruß der Belagerung erliegend, ziehen sie ab und streifen schwärmend auf dem Land umher. Mit hastig verschlungenen Speisen, von Wein trunken, werfen sie sich, wenn die Nacht hereinbricht, ohne Verschanzung, ohne Posten und Wachen, wie das Vieh ohne alle Ordnung an den Wasserbächen nieder und sind jetzt im Glück noch weniger auf ihrer Hut als gewöhnlich. Ist es euer Wille, eure Mauern zu schützen und nicht alles den Galliern zu überlassen, so greift um die erste Nachtwache zahlreich genug zu den Waffen; folgt mir zum Überfall, nicht zum Gefechte. Liefere ich sie euch nicht, vom Schlaf gefesselt, wie das Vieh zur Schlachtbank, so lasse ich mir zu Ardea dieselbe Wendung meines Schicksals gefallen, die es zu Rom nahm.«

Freunde und Feinde waren darin eins, daß das gegenwärtige Zeitalter nirgendwo einen so großen Feldherrn aufzuweisen habe. Nach dieser Versammlung genossen sie der Ruhe und pflegten sich, waren aber aufmerksam, wann das Zeichen gegeben werden möchte. Es erfolgte, und in der Stille der einbrechenden Nacht stellten sie sich an den Toren bei Camillus ein. Sie rückten aus. Nicht weit von der Stadt überfielen sie mit Geschrei das Lager der Gallier, das sie, wie er vorhergesagt hatte, ungeschützt und von allen Seiten vernachlässigt fanden. Nirgends gab es Kampf; unbewehrt, vom Schlaf verwirrt und abgespannt, wurden die Gallier niedergehauen. Die am äußersten Ende Liegenden trieb der Schrecken, ohne zu wissen, von wem und von welcher Seite der Überfall komme, in die Flucht, und sie gerieten blindlings mitten unter die Feinde: denn ein großer Teil, der auf das Gebiet von Antium geriet, wurde durch einen Angriff aus jener Stadt überwunden.

Unterdes zog sich die Belagerung Roms meistens schläfrig hin. Von beiden Seiten verhielt man sich ruhig, weil die Gallier nur darauf aufmerksam waren, daß von den Feinden keiner zwischen ihren Posten durchschlüpfen möchte. Aber unerwartet zog ein junger Römer die Bewunderung seiner Mitbürger und der Feinde auf sich. Das Geschlecht der Fabier hatte auf dem quirinalischen Hügel ein festgesetztes Opfer zu verrichten. Um dies zu bringen, stieg Gajus Fabius Dorso in priesterlicher Umhüllung, die Opfergeräte in den Händen, vom Kapitol herab, schritt mitten durch die feindlichen Posten, ohne auf Anruf oder Drohung zu achten, erreichte den quirinalischen Hügel und opferte. Nachdem er alles vorschriftsmäßig vollzogen hatte, ging er auf demselben Weg mit eben dem festen Blick und Schritt auf das Kapitol zu den Seinigen zurück, im Vertrauen auf den vollen Schutz der Götter, deren Verehrung er, selbst von der Furcht vor dem Tod bedroht, nicht unterlassen hatte. Unbehelligt ließen ihn die Gallier ziehen, sei es nun, daß sie durch dies Wunder der Kühnheit betroffen waren oder daß die Ehrfurcht für das Heilige auf sie wirkte, für welches dieses Volk nicht fühllos ist.

Zu Veji aber vergrößerte sich indes mit jedem Tag nicht nur der Mut, sondern auch die Macht, weil sich hier nicht bloß Römer aus dem Lande zusammenfanden, die nach der verlorenen Schlacht und dem Unglück der Eroberung Roms umhergeirrt waren, sondern auch Freiwillige aus Latium herbeiströmten. Die Zeit schien da zu sein, die Vaterstadt wieder zu erobern und sie den Händen der Feinde zu entreißen; aber dem kraftvollen Körper fehlte es noch an einem Haupt. Da erinnerte sie der Ort selbst an Camillus, den einstigen Besieger der Stadt.

Allgemein wurde beschlossen, Camillus aus Ardea zu holen, zuvor aber den Senat in Rom hierüber zu befragen: so waltete damals in allen Dingen noch eine ehrfürchtige Rücksicht, und in dem fast vernichteten Staat anerkannte man doch noch jedes Recht. Der Weg mußte durch die feindlichen Wachen genommen werden, nicht ohne große Gefahr. Ein unternehmender Jüngling, Pontius Comminius, erbot sich hierzu. Er legte sich auf ein Stück Kork und schwamm den Tiber hinab zur Stadt. Von hier stieg er, so nahe es ihm vom Ufer aus möglich war, an dem steilen und deswegen von der feindlichen Wache nicht beachteten Felsen zum Kapitol hinan, wurde den Obrigkeiten vorgestellt und entledigte sich der Aufträge des Heeres.

Nachdem er den Senatsbeschluß empfangen hatte, stieg er auf demselben Weg wieder herab und gelangte mit seiner Botschaft glücklich nach Veji. Sogleich wurden Gesandte nach Ardea zu Camillus geschickt, die ihn nach Veji herüberführten. Hier wurde er mit Zustimmung des Senats von Rom zum Diktator erwählt.

Indes man sich zu Veji hiermit beschäftigte, waren die Burg zu Rom und das Kapitol in großer Gefahr. Denn die Gallier, die entweder da, wo der Bote von Veji hinaufgekommen war, eine Menschenspur entdeckt oder auch ohnedies bemerkt hatten, daß bei dem Tempel der Carmentis der Felsen leichter zu ersteigen sei, kletterten in einer sternhellen Nacht, indem sie zuerst einen Unbewaffneten vorangehen ließen, dann ihm ihre Waffen zureichten, einer nach dem andern in solcher Stille zum Gipfel hinan, daß sie nicht allein der Wache unbemerkt blieben, sondern sogar die Hunde nicht weckten, obwohl diese Tiere sonst jedes nächtliche Geräusch erregt. Nur den Gänsen entgingen sie nicht, an denen man sich auch in der größten Hungersnot nicht vergriffen hatte, weil sie der Juno heilig waren. Und dies rettete Rom. Von ihrem

Geschnatter und Flügelschlagen geweckt, ergriff Marcus Manlius, ein im Krieg ausgezeichneter Mann, die Waffen, rief die übrigen zum Beistand auf und rannte im letzten Augenblick zum Felsen; und während jene sich waffneten, warf er den schon obenstehenden Gallier durch einen Stoß mit dem Schild hinunter. Als der Sturz des Gefallenen die nächsten umstieß, erlegte Manlius einige andere, die in ihrer Bestürzung die Waffen wegwerfend, an den Klippen sich festklammerten; und schon gesellten sich mehrere Römer zu ihm und trieben den Feind mit Pfeilen, Speeren und Wurfsteinen hinab, so daß die ganze Schar, einer den andern mitreißend, Hals über Kopf die Felsen hinabstürzte.

Als sich der Aufruhr gelegt hatte, überließen sich die Römer, soweit es der Schrecken erlaubte, für den übrigen Teil der Nacht dem Schlaf. Mit Anbruch des Tages berief ein Trompetenstoß die Soldaten zur Versammlung vor den Kriegstribunen, um dem Verdienst sowohl als der Pflichtvergessenheit ihren Lohn zu erteilen. Zuerst wurden dem Manlius für seine Tapferkeit Lob und Geschenke zuerkannt, nicht bloß von den Kriegstribunen, sondern auch einmütig von den Soldaten: denn sie brachten ihm jeder ein halbes Pfund Speltkorn und ein Viertelmaß Wein in sein Haus auf der Burg: ein kleines Geschenk, das aber der große Mangel zu einer ehrenvollen Gabe und einem auffallenden Beweis der Liebe machte. Darauf wurden die Wachen vorgefordert, die den heransteigenden Feind unbeachtet gelassen hatten. Der seiner Schuld überführte Wächter wurde zur Sühne über den tarpejischen Felsen hinabgestürzt.

Aber mehr als alle Leiden der Belagerung und des Krieges drückte beide Heere die Hungersnot, ja die Gallier auch eine Seuche. Deshalb schlossen sie mit den Römern Waffenstillstand, und mit Bewilligung der Feldherren traf man sich zu Unterredungen. Da die Gallier den Römern mehrmals vorhielten, der Hunger zwinge sie, sich auf die Übergabe einzulassen, warf man, wie erzählt wird, um diesen Verdacht von sich abzuwenden, an mehreren Orten vom Kapitol Brot unter die feindlichen Posten.

Schließlich aber ließ sich die Hungersnot ebensowenig länger verheimlichen wie ertragen. Während der Diktator in Ardea die Werbung durch eigenen Einfluß leitete und alle Verfügungen und Vorkehrungen traf, um dem Feind beim Angriff gewachsen zu sein, schaute das kapitolinische Heer, das vom Postenstehen und Wachen erschöpft dennoch allen menschlichen Leiden Trotz bot, dem aber die Natur selbst die Besiegung des Hungers versagte, von einem Tag zum anderen danach aus, ob sich nicht endlich Hilfe vom Diktator zeigen wolle. Aber vergebens. Da endlich mit den Lebensmitteln auch die Hoffnung schwand und bei dem beständigen Postenstehen schon fast die Waffen allein den entkräfteten Körper zu Boden drückten, verlangte das Heer Übergabe oder Loskauf unter jeder Bedingung; denn die Gallier hatten verlauten lassen, sie würden sich für einen nicht hohen Preis zur Aufhebung der Belagerung geneigt finden. Der Senat wurde berufen und den Kriegstribunen der Auftrag gegeben, einen Vergleich einzugehen. Der Kriegstribun Quintus Sulpicius und der Fürst der Gallier, Brennus, brachten die Sache in einer Unterredung zum Abschluß. Der Preis des Volkes, welches demnächst die Welt beherrschen sollte, wurde zu tausend Pfund Gold bestimmt. Die Schande wurde noch durch eine Unwürdigkeit erhöht. Die Gallier brachten falsche Gewichtsstücke her, und da sie der Tribun nicht gelten lassen wollte, warf der übermütige Gallier noch sein Schwert zu den Gewichten, und ließ den einem römischen Ohr unerträglichen Ausruf hören: »Besiegte müssen leiden!«

Doch Götter und Menschen verhinderten es, daß die Römer als Erkaufte leben sollten. Es fügte sich, ehe noch der schändliche Kauf beendet werden konnte, daß zu aller Überraschung der Diktator mit Heeresmacht erschien, das Gold auf die Seite zu tun gebot und die Gallier wegwies. Als diese sich sträubten und den Vertrag vorschützten, sagte er, der Vergleich sei ungültig, denn er sei nach seiner Ernennung zum Diktator ohne sein Geheiß oder seine Einwilligung von einer untergeordneten Obrigkeit geschlossen worden. Ohne Verzug forderte er die Gallier auf, sich zum Treffen bereitzuhalten. Seine Krieger aber hieß er ihr Gepäck auf einen Haufen werfen, die Waffen anlegen und das Vaterland mit dem Schwert, nicht mit Gold wieder zu erwerben. Sie hätten jetzt die Heiligtümer der Götter, ihre Gattinnen und Kinder und den durch die Leiden des Krieges verunstalteten Boden ihrer Vaterstadt vor Augen, Dinge, deren Verteidigung und Wiedereroberung die Pflicht gebiete. Darauf stellte er sein Heer, so gut es die Beschaffenheit des Platzes gestattete, auf dem Boden der halbzerstörten Stadt auf. Und was durch Kriegskunst zum Vorteil für die Seinigen gewählt und vorbereitet werden konnte, das alles beachtete er. Die Gallier, über den unerwarteten Auftritt bestürzt, griffen zu den Waffen und rannten mehr mit Leidenschaft als Überlegung auf die Römer los.

Aber das Glück hatte sich gewandt: der Beistand der Götter, verbunden mit menschlicher Umsicht, begünstigte die Sache Roms. Und so wurden die überraschten Gallier im ersten Zusammentreffen ebenso leicht geworfen, wie sie an der Allia gesiegt hatten. Sie flüchteten, aber schon am nächsten Tag wurden sie von den Römern eingeholt und abermals geschlagen. Hier war ihre Niederlage allgemein; das Lager wurde erobert, und nicht einmal ein Bote ihres Unglücks entrann.

Der Diktator, der sein Vaterland den Feinden abgewonnen hatte, zog darauf triumphierend in die Stadt. Die Soldaten nannten ihn in den Freudenliedern, die sie in rauhen Versen ertönen ließen, mit nicht unverdientem Lob einen Romulus, einen Vater des Vaterlandes und zweiten Stifter der Stadt.

Titus Manlius –
Der Todesritt des Konsuls Decius Mus

Die Latiner hatten sich gegen Rom erhoben. Die beiden Konsuln, Titus Manlius Torquatus und Decius Mus, die mit zwei neuen Heeren gegen die abtrünnigen Bundesgenossen auszogen, schlugen ihr Lager bei Capua auf, wo die Latiner mit ihren Freunden schon versammelt waren. Hier hatte jeder Konsul im Traum dieselbe Erscheinung: sie sahen einen Mann von übermenschlicher Größe und Erhabenheit, der ihnen sagte: »Aus der einen Schlachtordnung muß der Feldherr, aus der anderen das Heer den Göttern der Toten und der Mutter Erde dargebracht werden: welches Heeres Feldherr sich und die Legionen der Feinde dem Tode weiht, dessen Volk ist der Sieg beschieden.«

Als sich die Konsuln ihre Traumbilder mitteilten, beschlossen sie zur Abwendung des göttlichen Zorns, Schlachtopfer zu bringen; wenn die Eingeweide dieselbe Bestimmung anzeigten, die ihnen im Traum offenbart worden sei, so solle der eine Konsul dem Gebot des Schicksals Folge leisten. Da nun die Antworten der Opferschauer mit der Ahnung ihres Herzens übereinstimmte, machten sie den Unterfeldherren und Obersten den Befehl der Götter bekannt, damit nicht der freiwillige Tod eines Konsuls das Heer mitten in der Schlacht in Schrecken setzen möchte. Sie verabredeten miteinander, daß derjenige Konsul, dessen Heeresflügel zuerst weiche, sich für das römische Volk dem Tode weihen sollte.

Auch besprach man sich darüber, daß man die Kriegszucht vor allem wieder auf die alte Sitte und Strenge zurückführen müsse. Diese Vorsorge war um so nötiger, weil die Feinde, die man jetzt vor sich hatte, Latiner waren, in Sprache, Sitten, Art der Waffen, und – was das Wichtigste war – in der ganzen Kriegsverfassung den Römern gleich: Ihre Soldaten hatten mit römischen Soldaten, Hauptleute mit Hauptleuten als Waffenbrüdern und Nebenmännern in einer Kohorte, oft in derselben Rotte gestanden. Um also die Soldaten vor jeder Verwechslung zu

94

sichern, gaben die Konsuln den Befehl, daß sich niemand einzeln auf ein Gefecht einlassen solle.

Es traf sich, daß von mehreren Reiterführern, die nach allen Seiten auf Kundschaft ausgeschickt waren, Titus Manlius, der Sohn des Konsuls, mit seiner Abteilung gegen das feindliche Lager hinaussprengte, so daß er kaum auf Pfeilschußweite vom nächsten Posten entfernt war. Hier standen die latinischen Ritter; ihr Führer war Geminus, durch Abkunft und Taten unter den Seinen in hohem Ansehen. Als dieser die römischen Reiter und den unter ihnen auffallenden Sohn des Konsuls an ihrer Spitze sah, rief er: »Wie, mit den paar Reitern wollt ihr Römer den Krieg gegen die Latiner und ihre Verbündeten führen? Was machen die Konsuln inzwischen mit den zwei konsularischen Heeren?« »Sie werden, wenn es Zeit ist, da sein«, versetzte Manlius, »und mit ihnen wird Jupiter selbst kommen, als Zeuge der von euch gebrochenen Bündnisse. Haben wir früher so mit euch gefochten, daß ihr genug bekamt, so wollen wir es hoffentlich auch jetzt dahin bringen, daß euch nach Heergefechten und Schlachten mit uns nicht weiter verlangen soll.« Da erwiderte Geminus, indem er ein wenig vor die Seinen herausritt: »Willst du nicht schon, ehe jener Tag kommt, an dem ihr mit so großem Aufheben eure Heere in Bewegung setzen werdet, einen Zweikampf mit mir wagen, damit gleich jetzt aus dem Erfolg des Kampfs zwischen uns beiden das große Übergewicht hervorgehe, das der latinische Ritter über den römischen hat?«

War es Zorn oder Scham, den Kampf abzulehnen, was den feurigen Mut des Jünglings bestimmte, oder die unwiderstehliche Gewalt des Schicksals? Ohne an die konsularische Bekanntmachung zu denken, nahm er die Herausforderung an. Nachdem die übrigen Ritter, wie zu einem Schauspiel, sich auf die Seiten gestellt hatten, sprengten die beiden in dem freien Zwischenraum des Feldes mit ihren Pferden gegeneinander, und als sie mit eingelegter Lanze zusammentrafen, stieß Manlius mit der seinen über den Helm des Feindes ins Leere. Rasch wendeten sie die Rosse. Manlius, der zuerst wieder zu neuem Stoß ausholte, bohrte dem Pferd seines Gegners die Lanze zwischen die Ohren. Das Tier, das vor Schmerz sich bäumte, warf seinen Reiter ab. Ehe er sich, auf Speer und Schild gestützt, vom schweren Fall erheben konnte, erstach ihn Manlius. Mit der erbeuteten Rüstung ritt er zu den Seinigen zurück, eilte, begleitet von seiner freudig jauchzenden Schar, dem Lager zu und geradewegs in das Hauptzelt zu seinem Vater, ohne zu ahnen, was seiner wartete. »Vater«, sprach er, »damit mich die Welt mit Recht für einen Sprößling deines Blutes erkenne, bringe ich dir diese ritterliche Beute, die ich, zum Kampf herausgefordert, dem erlegten Feinde abnahm.«

Als der Konsul dies vernahm, wies er seinen Sohn mit Strenge von sich und ließ durch die Trompete zur Versammlung rufen. Als sich das Heer zahlreich eingefunden hatte, sprach er: »Weil du, Titus Manlius, ohne Achtung für konsularischen Befehl und väterlichen Ehrenrang, trotz unserer Bekanntmachung, außer der Reihe gegen den Feind gefochten, also die Kriegszucht, durch die sich Rom bis auf den heutigen Tag erhielt, vernichtet und mich gezwungen hast, entweder den Staat oder mich und die Meinigen zu vergessen, so möge die Strafe für dein Verbrechen lieber uns selbst treffen, als daß der Staat durch uns geschädigt und geschwächt werde. Wir werden ein trauriges, aber für die Zukunft der Jugend heilsames Beispiel sein. Zwar läßt mich die natürliche Liebe zu meinen Kindern und gerade diese Probe deiner Tapferkeit nicht ohne Rührung. Da wir aber entweder durch deinen Tod die Befehle der Konsuln bestätigen müssen, oder sie durch deine Straffreiheit auf ewig untergraben, so denke ich, du selbst, wenn in dir noch ein Tropfen meines Blutes fließt, werdest dich nicht weigern, die durch deine Schuld verletzte Kriegszucht durch deine Bestrafung wiederherzustellen. Geh, Liktor, binde ihn an den Pfahl!«

Gelähmt durch den schrecklichen Befehl, und nicht anders, als sähe jeder das Beil gegen sich selbst geschwungen, schwiegen alle mehr aus Furcht als aus Gehorsam. Sobald aber das Haupt des Jünglings gefallen war, brachen die Zuschauer, welche in Erstarrung verstummt dagestanden hatten, in lautes Klagen aus und enthielten sich ebensowenig des Jammerns als der Flüche. Nach einem Leichenbegängnis so würdig und feierlich wie es den Soldaten möglich war, verbrannten sie den Leichnam des Jünglings mit der von ihm erfochtenen Beute auf einem hochaufgeführten Scheiterhaufen vor dem Lager.

Ehe die römischen Konsuln nun zum Kampf ausrückten, ließen sie Opfertiere schlachten. Da soll der Opferschauer dem Decius mitgeteilt haben, daß auf derjenigen Seite der Leber, welche die Römer anging, ein Teil, der in der Opfersprache mit dem Namen Haupt bezeichnet wird, wie abgehauen fehle. Sonst aber nähmen die Götter das Opfer gnädig an, und Manlius habe sehr erwünscht geopfert. »So steht alles gut«, sprach Decius, »wenn nur mein Amtsgenosse glücklich geopfert hat.«

In der vorbesprochenen Stellung traten sie sodann in Linien auf. Manlius führte den rechten, Decius den linken Flügel. Im Anfang des Gefechts waren auf beiden Seiten gleiche Kräfte, gleiches Feuer des Muts; dann aber zog sich auf dem linken römischen Flügel die erste Schlachtreihe, die den vordringenden Latinern nicht widerstehen konnte, auf die zweite zurück. Sogleich rief der Konsul Decius dem Marcus Valerius mit lauter Stimme zu: »Valerius, hier müssen die Götter helfen! Auf! Sage du mir als Oberpriester des römischen Volks die Gebetsformel vor, nach der ich mich für die Legionen darbringen muß.« Der Oberpriester hieß ihn einen verbrämten Friedensrock anlegen und mit verhülltem Haupt also sprechen: »Janus, Jupiter, Mars, Quirinus, ihr altheimischen Götter, in deren Macht wir und die Feinde stehen, und ihr Götter der Toten: zu euch bete ich und flehe, daß ihr dem römischen Volk Übermacht und Sieg angedeihen und über die Feinde des römischen Volkes Schrecken, Entsetzen und Tod kommen lassen wollet. So wie wir euch versprochen, so weihe ich für den Staat der Quiriten, für ihre Legionen und Hilfsvölker jetzt die Legionen und Hilfsvölker der Feinde und mich selbst den Göttern der Toten und der Erde zum Opfer.« Nach diesem Gebet hieß er seine Liktoren sich zu Titus Manlius begeben und seinem Amtsgenossen eiligst melden, daß er sich für das Heer dem Tod geweiht habe. Dann schwang er sich in der priesterlichen Umhüllung bewaffnet auf sein Pferd und stürzte sich mitten unter die Feinde. Beide Heere blickten auf ihn, denn er erschien ihnen als eine über alles Menschliche erhabene Gestalt. Sie erkannten in ihm den, der sich als Sühnopfer den Himmlischen und der Erde geweiht und der alles Verderben von den Seinigen auf die Feinde hinübertrug: und sichtbar brach sogleich Schrecken und Entsetzen mit ihm herein. Die nächsten Reihen der Latiner gerieten in Verwirrung, und Angst und Entsetzen verbreitete sich mit Windeseile über ihr ganzes Heer. Überall, wo Decius zu Pferd vordrang, verzagten sie, wie vom

Hauch eines pestbringenden Gestirnes angeweht. Da, wo er endlich durchbohrt von Pfeilen niedersank, ergriffen die Kohorten der Latiner mit Entsetzen die Flucht. Sogleich erhoben sich auch die Römer, von der Furcht vor den Mächten des Himmels befreit, als wäre ihnen erst jetzt das Zeichen gegeben, und fingen die Schlacht von neuem an. Bald gerieten die feindlichen Linien überall ins Wanken und lösten sich in einer allgemeinen Flucht auf. Kaum der vierte Teil der aufständischen Bundesvölker vermochte sich zu retten.

Hannibal und Hanno

Hamilcar Barcas, der Vater Hannibals, benahm sich in den neun Jahren bei der Erweiterung der punischen Oberherrschaft in Spanien offensichtlich so, daß man sah, er denke an einen wichtigeren Krieg, als der war, der ihn jetzt beschäftigte. Die Punier würden, wenn er länger gelebt hätte, den Angriff auf Italien, den sie dann unter Hannibals Führung unternahmen, schon unter Hamilcar unternommen haben. Doch Hamilcars früher Tod und Hannibals Jugend verschoben den Krieg. Zwischen Vater und Sohn hatte beinahe acht Jahre lang Hasdrubal, Hamilcars Schwiegersohn, den Heeresbefehl. Er hatte ihn sich als Schwiegersohn und durch den Einfluß der barcinischen Partei, der bei Heer und Volk überwiegend war, gegen den Willen der Großen von Karthago erworben. Als ein Mann, der öfter den Weg der Klugheit als den der Gewalt einschlug, verschaffte er der Sache Karthagos größere Vorteile durch seine freundschaftlichen Beziehungen zu den Fürsten, womit er immer neue Völker gewann, als durch Krieg und Waffen. Und dennoch schützte ihn der Friede nicht; ein Spanier ermordete ihn aus Rache. Mit diesem Hasdrubal, einem Meister in der Kunst, die Völker anzulocken und sie an seine Oberherrschaft zu fesseln, hatten die Römer das Bündnis mit der Bestimmung erneuert, daß der Fluß Ebro die Grenze zwischen den beiden Gebieten sei und den zwischen beiden Völkern wohnenden Saguntinern die Freiheit gelassen werden solle.

Nach Hasdrubals Tod trugen die Soldaten den jungen Hannibal sogleich in das Feldherrenzelt und riefen ihn unter einstimmigem Geschrei und Beifall zum Feldherrn aus. Darum bestand kein Zweifel, daß auch die Genehmigung des Volkes von Karthago folgen würde. Hasdrubal hatte Hannibal schon als Jüngling zu sich ins Heer gerufen. Die Sache war damals auch im Senat von Karthago zur Sprache gekommen. Die Barciner suchten zu bewirken, daß Hannibal sich als Soldat anlernen und den ganzen Einfluß seines Vaters erben möchte. Hanno, das Haupt der Gegenpartei, sagte: »Hasdrubal scheint etwas sehr Billiges zu fordern, und dennoch bin ich der Meinung, man dürfe ihm seinen Wunsch nicht gewähren.« Da alle vor Verwunderung über eine so rätselhafte Erklärung die Augen auf ihn wandten, sprach er: »Fürchtet ihr etwa, daß einem Sohne Hamilcars die unbeschränkten Befehlshaberstellen und das Bild der väterlichen Macht zu spät vor Augen stehen werden, daß wir dem Sohn jenes ungekrönten Königs, dessen Schwiegersohn unsere Heere bereits erblich hinterlassen wurden, nicht früh genug dienstbar sein werden? Ich gebe meine Stimme dahin ab, daß man den jungen Menschen zu Hause behalte und ihn unter Gesetzen und Beamten mit andern auf gleichem Fuß leben lehre, damit nicht früher oder später dieser kleine Brand zu einer großen Flamme aufschlage.«

Nur wenige, vor allem die rechtlich Gesinnten, stimmten Hanno bei; und wie gewöhnlich siegte die größere Partei über die bessere. Hannibal wurde nach Spanien geschickt und zog gleich bei seiner Ankunft die Blicke des ganzen Heeres auf sich. Die alten Soldaten glaubten, Hamilcar in seinen Jugendjahren sei ihnen wiedergegeben: sie sahen in ihm dieselbe Lebhaftigkeit des Blickes, eben das Feuer in den Augen, die gleiche Gesichtsbildung. Bald aber brachte Hannibal es dahin, daß sein Vater nur die kleinste Empfehlung für ihn war. Nie fügte sich ein und derselbe Kopf besser in zwei solch entgegengesetzte Dinge wie Gehorchen und Befehlen. Darum war es schwer zu entscheiden, ob er dem Feldherrn oder dem Heer lieber war. Und so wie Hasdrubal, wenn eine Unternehmung Mut und Pünktlichkeit forderte, die Leitung keinem andern lieber gab als Hannibal, so hatte auch der Soldat unter keinem andern Führer mehr Zutrauen oder Mut. Er zeigte vor Gefahren die höchste Kühnheit, während der Gefahren selbst höchste Besonnenheit. Durch keine Strapazen ward sein Körper erschöpft, sein Mut besiegt. Gegen Hitze und Kälte war seine Ausdauer gleich: das Maß seiner Speisen und Getränke wurde vom Bedürfnis der Natur, nicht vom Vergnügen bestimmt. Wachen und Schlafen wurde nicht durch Tag und Nacht geregelt. Was ihm die Geschäfte übrig ließen, ward der Ruhe gegönnt; aber auch den Schlaf suchte er nicht auf weichem Lager, vielmehr haben ihn viele, oft nur mit einem Soldatenmantel zugedeckt, zwischen den Wachen und Posten der Soldaten liegen sehen. Seine Kleidung war nie hervorstechend, nur seine Waffen und Rosse zeichneten sich aus. Er war bei weitem sowohl der beste Soldat zu Pferd als zu Fuß. In den Kampf zog er voran; aus dem Kampf schied er als der letzte. – Diesen großen Tugenden hielten übergroße Fehler das Gleichgewicht: eine unmenschliche Grausamkeit, eine Treulosigkeit, die die sprichwörtliche der Punier noch übertraf; Wahrheit war ihm fremd, nichts ihm heilig. Ihn band keine Furcht vor Göttern, kein Eid, kein Gewissen. Mit dieser Ausstattung von Tugenden und Fehlern diente er drei Jahre unter Hasdrubals Oberbefehl, ohne das mindeste, was ein künftiger Feldherr von Bedeutung tun oder sehen muß, außer acht zu lassen.

Von dem Tag an aber, da er zum Feldherrn erklärt war, beschloß er, – gleich als wäre ihm zum Ort seiner Bestimmung Italien angewiesen und der Krieg gegen Rom schon aufgetragen – die Stadt Sagunt zu bekriegen. Er erlaubte sich keinen Aufschub, denn er befürchtete, es könnte ihn ein Unstern vorzeitig abrufen wie seinen Vater Hamilcar, wie nachher Hasdrubal. Da nun ein Angriff auf Sagunt unfehlbar Rom zum Krieg auffordern mußte, rückte er mit seinem Heer zuvor in das Gebiet der Olcaden. Dies Volk wohnte auf jener Seite des Ebro, die den Karthagern zwar noch nicht unterwürfig, aber doch überlassen war. Dies tat er zum Schein, als habe er es nicht auf die Saguntiner abgesehen, sondern sei durch den weiteren Lauf der Dinge in diesen Krieg hineingezogen.

Noch hatte Hannibal mit den Saguntinern keinen Krieg; indessen wurden schon, um einen Grund dazu zu finden, allerlei Streitigkeiten zwischen ihnen und ihren Nachbarn eingeleitet. Da nun diese gerade bei Hannibal, der den Streit insgeheim veranlaßt hatte, Unterstützung fanden und aus allem hervorging, daß es nicht auf rechtliche Verhandlung, sondern auf Gewalt angelegt sei, schickten die Saguntiner Gesandte nach Rom, um für einen Krieg, der offenbar schon im Anzug sei, Beistand zu erbitten.

Daraufhin entschieden die Konsuln und die Väter, Gesandte nach Spanien abgehen zu lassen, um die Lage der Bundesgenossen zu untersuchen, und wenn sie gegründete Ursachen fänden, Hannibal zu warnen, sich nicht an den Saguntinern als Roms Bundesgenossen zu vergreifen. Die Nachricht aber von der Belagerung Sagunts machte alle Hoffnungen hinfällig. Nun wurde die Sache im Senat von neuem zur

Sprache gebracht. Schließlich behielten die Oberhand die, welche den Rat gaben, sich auf eine Sache von dieser Wichtigkeit nicht so geradezu einzulassen. Und so ließ man eilig zwei neue Gesandte zu Hannibal nach Sagunt abgehen. Falls er den Krieg nicht beende, sollten sie unverzüglich nach Karthago fahren, um dort als Genugtuung für den Vertragsbruch die Auslieferung des Feldherrn selbst zu verlangen.

Während dieser Vorbereitungen und Verhandlungen in Rom wurde Sagunt schon auf das heftigste bestürmt. Der Streit blieb lange unentschieden. Den Saguntinern, die über alle Erwartung Widerstand leisteten, wuchs der Mut, den Puniern hingegen, eben weil sie nicht gesiegt hatten, schwand er. Da erhoben die Belagerten plötzlich ein Geschrei und wagten einen Ausfall. Sie trieben Hannibal über die Trümmer der Mauer hinaus und jagten ihn endlich als völlig Geschlagenen in sein Lager zurück. Indes wurde die Ankunft römischer Gesandter gemeldet. Hannibal schickte ihnen an das Meer entgegen und ließ ihnen sagen, es würde für sie nicht ohne Gefahr sein, wenn sie sich unter den drohenden Waffen so vieler erbitterter Völker bis zu ihm wagen wollten; auch habe er jetzt im Augenblick der wichtigsten Entscheidung nicht die Zeit, Gesandtschaften zu hören. Er sah voraus, daß die Abgewiesenen geradewegs nach Karthago abgehen würden. Also schrieb er den Häuptern der barcinischen Partei durch vorauseilende Boten, sie möchten ihre Freunde vorbereiten, damit nicht etwa die Gegenpartei sich den Römern gefällig erweise.

Folglich war auch die Gesandtschaft in Karthago vergeblich und ohne Erfolg. Hanno als einziger nahm unter allgemeiner Stille der Zuhörer, die er aber seinem Ansehen, nicht ihrer Zustimmung verdankte, gegen die im Senat herrschende Stimmung das Bündnis in Schutz. Bei den Göttern, den Richtern und Zeugen der Bündnisse, habe er sie aufgefordert und früh genug gewarnt, keinen von Hamilcars Nachgelassenen zum Heere zu senden. »Erinnert euch, hat nicht Hamilcar den neunjährigen Knaben ewigen Haß gegen Rom über der Opferflamme schwören lassen?« Der Geist des Mannes so wenig wie der seiner Nachkommen könnte Ruhe halten, und die Verträge mit Rom würden nie unangefochten bleiben, solange von barcinischem Blut und Namen noch jemand übrig sei. »Einen Jüngling, der vor Begierde nach Alleinherrschaft brennt und den einzigen Weg, sie zu erreichen, darin sieht, daß er durch Anzettelung eines Krieges nach dem andern immer unter Waffen und Legionen lebt, den habt ihr, als wolltet ihr dem Feuer Stoff geben, zu den Heeren gesandt. Karthagische Heere umlagern jetzt Sagunt, dessen Boden zu betreten ihnen der Vertrag untersagt; bald werden römische Legionen Karthago umlagern, von den Göttern herangeführt, die, wie im vorigen Kriege, des Vertragsbruches Rächer sind. Verkennt ihr etwa den Feind oder euch selbst oder beider Völker Glück? Gesandte, die von Bundesgenossen und für Bundesgenossen kamen, ließ euer sauberer Feldherr nicht in sein Lager; er mißachtete das Völkerrecht. Und sie – dort weggewiesen, wo man selbst feindlichen Gesandten den Zutritt nicht wehrt – wenden sich an euch und verlangen dem Vertrag gemäß Genugtuung. Dem karthagischen Staat wollen sie keine böse Absicht beimessen; nur den Urheber des Frevels, ihn, den der Vorwurf trifft, wollen sie ausgeliefert haben. Je schonender sie zu Werke gehen, je zögernder sie beginnen, desto beharrlicher, fürchte ich, wird, wenn sie einmal angefangen haben, ihre Erbitterung sein. Stellt euch vor Augen, was ihr zu Land und zu Wasser in vergangenen Jahren gelitten habt. Da war nicht dieser Knabe Feldherr, sondern der Vater selbst, Hamilcar, ein zweiter Mars, wie gewisse Leute behaupten. Auch damals hatten wir uns, dem Vertrag zuwider, an Tarent, also an Italien vergriffen, so wie wir uns jetzt an Sagunt vergreifen. Folglich wurden wir von Göttern und Menschen besiegt. Und fehlte es gleich nicht an Wortstreit darüber, welches von beiden Völkern den Bund gebrochen habe, so gab doch der Ausgang des Krieges, gleich einem gerechten Richter, demjenigen den Sieg, auf dessen Seite das Recht stand. An Karthagos Mauern rückt Hannibal jetzt mit seinen Belagerungstürmen; gegen Karthagos Mauern schwingt er die Stöße mit dem Sturmbock. Sagunts Trümmer – möchte ich ein falscher Prophet sein! – werden auf unsere Häupter fallen, und den mit den Saguntinern angefangenen Krieg werden wir mit den Römern auszufechten haben. Also sollten wir den Hannibal ausliefern? möchte jemand sagen. Ich weiß, daß meine Stimme, wegen meiner Feindschaft mit seinem Vater, wenig Gewicht haben mag. Allein, so wie ich mich freute, daß Hamilcar umkam, weil wir mit den Römern schon längst Krieg hätten, wenn er weiter gelebt, so hasse und verabscheue ich diesen jungen Menschen als die Furie und Fackel des neuen Krieges. Ich meine, man müsse diesen Sündenträger des Vertragsbruchs nicht bloß ausliefern, sondern selbst wenn ihn niemand verlangte, an die entlegensten Enden des Meeres und der Erde führen und an einen Ort schaffen, von welchem sein Name und sein Ruf weder zu uns gelangen noch den Staat in seiner Ruhe stören kann. Ich gebe meine Stimme dahin ab, daß man sogleich Gesandte nach Rom abgehen lasse, um dem Senat genug zu tun, eine zweite Gesandtschaft, den Hannibal anzuweisen, daß er sein Heer vor Sagunt abführe, und den Hannibal selbst den Römern auszuliefern, eine dritte Gesandtschaft schlage ich vor, den Saguntinern Ersatz zuzugestehen.«

Als Hannos Vortrag beendet war, hatte auch nicht ein einziger nötig, sich in einer Gegenrede mit ihm einzulassen, so sehr war fast der ganze Senat auf Hannibals Seite. Sie beschuldigten Hanno, er habe feindseliger geredet als der römische Gesandte. Darauf erteilte man den Römern die Antwort: Der Krieg sei von den Saguntinern veranlaßt, nicht von Hannibal. Das römische Volk tue Unrecht, wenn es den Saguntinern vor dem uralten Bund mit den Karthagern den Vorzug geben wolle.

Indes die Römer mit Absenden von Gesandtschaften die Zeit verloren, gab Hannibal seinen durch Gefechte und Arbeiten ermüdeten Soldaten einige Tage zum Ausruhen. Während dieser befeuerte er ihren Mut dadurch, daß er bald ihre Erbitterung gegen den Feind spornte, bald sie Belohnung hoffen ließ. Und als er gar die Beute aus der eroberten Stadt zum Eigentum der Soldaten erklärte, wurden alle für den Kampf so begeistert, daß ihnen nichts zu widerstehen vermochte.

Nach einigen Schriftstellern wurde Sagunt im achten Monat der Belagerung erobert. Danach zog sich Hannibal nach Neukarthago in die Winterquartiere zurück.

Hannibal übersteigt die Alpen

Sobald Hannibal seinen Entschluß, weiterzuziehen und sich nach Italien zu wenden, unerschütterlich gefaßt hatte, ließ er das Heer zur Versammlung rufen und regte den Mut der Soldaten auf mancherlei Weise durch Beschämung und Ermunterung zugleich an.

»Ich begreife nicht«, sagte er, »was für ein plötzlicher Schrecken eure sonst immer furchtlose Brust befallen hat. Seit so vielen Jahren dient ihr als siegreiche Krieger und habt Spanien nicht eher verlassen, als bis sämtliche Nationen und Länder, die von den beiden einander gegenüberliegenden Meeren umschlossen werden, Karthago gehörten. Dann führte ich euch mit eurer Zustimmung über den Ebro, um den römischen Namen auszulöschen und die Welt zu befreien. Da schien keinem der Feldzug lange, als ihr vom Untergang der Sonne ihrem Aufgang entgegenzoget. Jetzt da bei weitem der größere Teil des Marsches zurückgelegt ist, da ihr die Rhône, einen so reißenden Fluß, gegen den Widerstand der Gallier überquert habt und die Alpen vor Augen seht, deren andere Seite Italien zugehört, – jetzt gleichsam an den Toren des feindlichen Landes bleibt ihr erschöpft stehen, vielleicht in der Meinung, die Alpen wären etwas anderes als Berghöhen. Gesetzt, diese wären höher als die Berge der Pyrenäen, so reicht doch nirgendwo der Erdboden an den Himmel, und sie sind dem menschlichen Geschlecht nicht unersteiglich. Die Alpen werden sogar bewohnt, ja beackert und bebaut und nähren viele lebende Geschöpfe. Menschen in nicht geringer Anzahl ziehen ständig hinüber und herüber, und sie sind selbst für Heere nicht unwegsam. Auch die Vorfahren der hier wohnenden Gallier waren keine Eingeborenen, sondern sind als Fremdlinge über dieses Gebirge, oft in großen Zügen mit Weib und Kind, nach der Art wandernder Völker ohne alle Gefahr herübergekommen. Und gar einem bewaffneten Krieger, der nichts als die Kriegsausrüstung mit sich führt, darf nichts unwegsam oder unübersteiglich sein. Wie viele Gefahren, wie viele Beschwerden habt ihr acht Monate lang erduldet, um Sagunt zu erobern? Und im Zug gegen Rom, die Hauptstadt der Welt, findet ihr irgend etwas so rauh und steil, daß es euch in eurer Unternehmung aufhalten kann? Gallier haben einst die Gebiete sogar erobert, die jetzt die Punier nicht zu betreten wagen. So müßt ihr also entweder dem Volk, das ihr in diesen Tagen so oft besiegt habt, den Preis des Muts und der Tapferkeit zuerkennen oder das Ziel eures Marsches vor Roms Mauern sehen.«

Als er sie durch diese Rede aufgemuntert hatte, hieß er sie sich pflegen und zum Marsch bereitmachen. Den folgenden Tag zog er, am Ufer der Rhône aufwärts, tiefer nach Gallien hinein, nicht etwa, weil dies ein kürzerer Weg zu den Alpen gewesen wäre, sondern weil er um so weniger auf die Römer zu stoßen hoffte, je weiter er sich vom Meer entfernte. Denn er hatte beschlossen, sich mit ihnen vor seiner Ankunft in Italien nicht einzulassen.

Hannibal war jetzt durch ebenes Gebiet bis an die Alpen gekommen, ohne von den Bewohnern dieser Gegend gehindert zu werden. Hatten sich die Soldaten von den Bergen schon eine Vorstellung gemacht, wie das Gerücht sie bildet, das unbekannte Dinge gern über die Wahrheit hebt, so erregte doch die Höhe der Gebirge, als sie sie jetzt in der Nähe sahen, ihr Entsetzen von neuem: die sich fast bis zum Himmel auftürmenden Schneemassen; die elenden, auf Klippen gebauten Hütten; die Herden und das Zugvieh, vor Kälte zusammengeschrumpft; die Menschen bärtig, ungepflegt und verwildert; die ganze lebendige und leblose Natur vor Frost erstarrt, und alle übrigen Erscheinungen, deren Anblick nun noch gräßlicher war als die Schilderung davon – das forderte aufs neue Hannibals große Überredungskunst heraus, um die Truppen zum Weitermarsch zu bewegen. Als der Zug zu den vorderen Hügeln hinanstieg, wurden sie gewahr, daß die Bergbewohner die Höhen besetzt hielten. Hätten diese in versteckten Tälern gelauert, so würden sie durch einen plötzlichen Angriff eine allgemeine Flucht und Niederlage bewirkt haben. Hannibal ließ haltmachen. Durch Gallier, die er zur Erkundung der Gegend vorausgeschickt hatte, erfuhr er, daß hier kein Durchgang möglich sei. Darum ließ er in einem möglichst ausgedehnten Tal zwischen lauter Felsen und Klippen ein Lager errichten. Die Kundschafter, in Sprache und Sitten von den Bergbewohnern wenig unterschieden, hatten deren Gespräche belauscht. Sie erfuhren, daß der Paß nur bei Tage besetzt sei und daß sich die Krieger sämtlich des Nachts in ihre Wohnungen zurückzögen; deshalb rückte er beim Morgenlicht an den Fuß der Hügel, als ob er vor ihren Augen bei hellem Tage sich den Übergang erzwingen wolle. An der Stelle, wo die Punier nun stehenblieben, brachten sie mit Verschanzung eines Lagers, einer Scheinbeschäftigung, die ganz etwas anderes bezweckte, den Tag hin. Als Hannibal sah, daß die Eingeborenen am Abend von den Höhen herabgestiegen waren und nur vereinzelte Posten standen, drang er, Gepäck, Reiterei und den größten Teil des Fußvolkes zurücklassend, an der Spitze seiner unbelasteten Kerntruppen eiligst auf den Paß und nahm seine Stellung auf denselben Höhen, welche die Feinde besetzt gehabt hatten.

Mit frühem Morgen brach das Hauptlager auf und bewegte sich zur Paßhöhe hinan. Schon wollten sich die Bergbewohner auf das gewohnte Zeichen an ihren Posten sammeln, als sie unerwartet einen Teil der Feinde schon über ihren Häuptern stehen, die andern durch die Straße nachziehen sahen. Darüber blieben sie anfangs mit stierem Blick und starr vor Staunen stehen. Als sie aber das Gedränge im Paß und den Zug – hauptsächlich durch die scheuwerdenden Pferde – in Verwirrung sahen, erkannten sie, daß dem Feind selbst der kleinste Zuwachs an Bestürzung verderblich werden müsse. Sie kannten die Unwege ebenso wie die Umwege und kamen nach kurzer Zeit von allen Seiten von den Klippen herabgerannt. Da sahen sich die Punier zugleich dem Kampf mit den Feinden und mit der nachteiligen Gegend ausgesetzt; und da jeder nur danach strebte, der Gefahr am geschwindesten zu entkommen, hatten sie mehr Streit untereinander selbst als mit den Feinden. Vor allem machten die Pferde den Zug unsicher. Geschreckt durch das mißtönende Geschrei, das durch den Widerhall von den Felsen und aus den Tälern noch verstärkt wurde, sprangen sie ständig hoch und wurden so wild, wenn sie einen Schlag oder eine Wunde bekamen, daß sie eine Menge Menschen und Gepäck zu Boden stießen. Viele Pferde, Packtiere, ja sogar Soldaten wurden durch das Gedränge in den Abgrund hinuntergeworfen, da der Weg auf der einen Seite steil und abschüssig war. So gräßlich dies anzusehen war, trieb Hannibal dennoch seine vordersten Leute zum Weitermarsch an. Als er aber sah, daß der Zug Gefahr lief, geteilt zu werden, und seine Truppe, wenn auch ungeschlagen, doch ohne das notwendigste Gepäck über den Paß hinüberkäme, eilte er mit einem Haufen Bewaffneter von der Höhe herab und zerstreute die Feinde. Sobald durch die Flucht der Bergbewohner der Weg frei geworden war, erfolgte der Durchzug in aller Ruhe. Darauf eroberte er eine Schanze, die Hauptfestung jener Gegend und einige umherliegende kleine Orte und erhielt drei Tage lang sein Heer von den erbeuteten Speisevorräten und Herden. Da er nun weder durch die Bergbewohner, die noch unter dem Schrecken standen, noch durch die Gegend sonderlich aufgehalten wurde, legte er in diesen drei Tagen eine nicht unbedeutende Strecke des Weges zurück.

Nun kam er zu einer andern Völkerschaft, die für eine Gebirgsgegend verhältnismäßig viele Ackerbauern hatte. Hier lief er Gefahr, nicht in offenem Krieg, sondern durch seine eigenen Künste, nämlich durch Täuschung und Nachstellung, überwältigt zu werden. Die Oberhäupter der kleinen Festungen, Männer von hohem Alter, fanden sich als Gesandte bei dem punischen Feldherrn ein und sagten: Das Unglück anderer habe sie gelehrt, lieber die Freundschaft als die Übermacht der Punier kennenzulernen. Also würden sie gehorsam alle seine Befehle vollziehen. Er möge Lebensmittel, des Weges kundige Führer und für die Sicherheit ihrer Versprechungen Geiseln annehmen. Hannibal – ohne ihnen gerade zu glauben und ohne sie abzuweisen, damit sie nicht offene Feinde würden – erteilte ihnen eine freundliche Antwort. Er nahm die Geiseln, die sie ihm gaben, und die Lebensmittel, die sie ihm selbst auf die Straße brachten, an und folgte ihren Führern mit kampfbereitem Heere, gar nicht wie in Freundesland. Die Elefanten und die Reiterei waren die ersten des Zuges; er selbst folgte mit dem Kern seines Fußvolkes, nach allen Seiten achtsam und auf der Hut. Kaum war er in einen unübersichtlichen, schmaleren Weg gekommen, der an einer zur Seite aufragenden Anhöhe entlang führte, brachen die Barbaren allenthalben von vorn und von hinten aus dem Hinterhalt hervor und griffen aus der Nähe und selbst aus der Ferne an; sie wälzten große Steine den Hügel hinunter auf den Zug hinab, und ihr stärkster Haufen warf sich auf Hannibals Nachhut. Jetzt sahen die Punier sich in der äußersten Gefahr und am Rand des Verderbens. Und während Hannibal begann, mit seinem Heeresteil in den Paß hineinzurücken, setzten sich die von der Seite heranstürmenden Bergbewohner, den Zug in der Mitte trennend, auf dem Weg selbst fest, und Hannibal war eine Nacht ohne Reiterei und Gepäck. Am folgenden Tag stieß seine Nachhut, weil die Barbaren schon nicht mehr so hitzig zum Kampf drängten, wieder mit dem Hauptteil zusammen, und sie überschritten glücklich den Paß; der Verlust an Lasttieren war größer als der an Menschen Danach überfielen die Bergbewohner nur noch in kleineren Haufen, mehr nach Räuber- als nach Kriegsart, bald die Vorhut, bald die Nachhut, wenn ihnen die Gegend einen Vorteil gab oder wenn der Zug durch sein Vorrücken oder Zurückbleiben Gelegenheit bot. Obwohl es viel Zeit brauchte, die Elefanten über die engen steilen Wege zu führen, gewährten sie doch dem Zuge Sicherheit vor den Feinden, weil diese, ihrer ungewohnt, zu furchtsam waren, sich ihnen zu nähern.

Am neunten Tag kam man auf den Gipfel der Alpen, auf vielen Umwegen und Irrgängen, weil sie entweder von den Führern absichtlich irregeleitet wurden, oder weil sie selbst, wenn sie diesen nicht trauten, sich auf gut Glück in Täler hineinwagten, wo sie einen Weg vermuteten und oft umkehren mußten. Zwei Tage hatten sie auf der Höhe ihr Standlager; so lange wurde den von Beschwerden und Gefechten ermüdeten Soldaten Ruhe gegönnt. In dieser Zeit fanden auch mehrere Lasttiere, die auf den Felswegen gestürzt und der Spur des Zuges nachgegangen waren, wieder in das Lager zurück. Von ihrem so mannigfaltigen Ungemach bis zum Überdruß erschöpft, sahen sie sich zu ihrem großen Schrecken über Nacht von neu gefallenem Schnee überrascht – denn schon hörte das Siebengestirn auf, sichtbar zu sein. Als das Heer, das beim ersten Morgenlichte aufbrach, durch den hohen Schnee verdrossen weiterzog – Unlust und Verzweiflung sprach aus allen Blicken –, ritt Hannibal an die Spitze des Zuges und ließ die Soldaten auf einem vorspringenden Felsplateau, wo man weit und breit eine Aussicht hatte, haltmachen. Er zeigte ihnen die am Fuß der Alpengebirge weit sich hindehnenden Ebenen, durch welche der Po silbern floß, und versicherte ihnen, daß sie jetzt die Mauern nicht nur Italiens, sondern sogar der Stadt Rom überstiegen. Von nun an gehe der Weg bergab, ja sogar durch Ebenen. Nach einem, höchstens zwei Treffen, würden sie über die Burg und Hauptstadt Italiens als über ihr Eigentum gebieten. Durch diese Aussicht ermuntert, rückte der Zug weiter, ohne Störungen durch Feinde, kleine gelegentliche Belästigungen abgerechnet. Indes war der Weg hier weit beschwerlicher, als er im Hinansteigen gewesen war, weil die Alpen auf der italienischen Seite zwar meist weniger hoch, aber desto steiler sind. Fast der ganze Weg war abschüssig, eng und schlüpfrig, so daß sie, wenn sie einmal ins Wanken kamen, weder den Fall vermeiden, noch, wenn sie zu Boden gefallen waren, schnell genug sich aufrichten konnten. Oft auch stürzten Menschen und Vieh übereinander hin.

Nun ging der Weg über eine Felsklippe, die so schmal war, daß kaum ein unbewaffneter Soldat, wenn er sich mit den Händen an den Felsen und Büschen festhielt, sich herablassen konnte. An dieser Stelle, schon vorher von Natur eng und steil, waren vor kurzem Felsen und Erdmassen zu einer Tiefe von beinahe tausend Fuß hinabgestürzt. Als Hannibal sich wunderte, was hier den Zug aufhielte, meldete man ihm, auf dieser Klippe sei kein Durchkommen möglich. Er ging selbst hin, den Ort in Augenschein zu nehmen. Er glaubte, das Heer auf einem Umweg, und wäre er auch noch so lang, durch ungebahnte, nie betretene Gegenden um das Hindernis herumführen zu müssen. Aber der Versuch zeigte, daß dies vollends unmöglich war. Denn solange der unberührte, weiche Neuschnee in mäßiger Höhe über dem alten lag, konnten sie beim Darauftreten leicht Fuß fassen. Als er aber nach dem Durchzug so vieler Menschen und Tiere zertreten war, gingen sie auf dem darunterliegenden, nackten Eis und im Matsch des geschmolzenen Schnees, dessen abschüssige Fläche den Fuß noch leichter gleiten ließ. Die Lasttiere brachen zudem öfter durch, und wenn sie, um sich vom Fall emporzustemmen, stärker mit den Hufen aufschlugen, sanken sie vollends ein, so daß die meisten in dem starren und hoch aufgetürmten Eise wie in einem Fangeisen stecken blieben.

Endlich, als sich Tiere und Menschen bis zur Erschöpfung vergeblich angestrengt hatten, wurde auf einer mühsam erreichten Höhe ein Lager aufgeschlagen. Den Platz reinigte man nur mit größter Mühe: so viel Schnee hatte man loszugraben und wegzubringen. Nun mußten die Soldaten herbei, um die Felsklippe, die einzige Stelle, über die der Übergang möglich war, gangbar zu machen. Da der Fels gesprengt werden mußte, türmten sie die in der Nähe gefällten und gekappten Bäume zu einem gewaltigen Holzstoß auf: diesen setzten sie in Brand.

Ein heftiger Wind, der aufkam, beförderte die Glut. Das glühendheiß gewordene Gestein machten sie mürbe, indem sie Essig drauf gossen. Den auf diese Art spröde gewordenen Felsen brachen sie nun mit Werkzeugen auf und verbreiterten den Durchgang, so daß nicht allein die Packpferde, sondern auch die Elefanten hinabgeführt werden konnten. Vier Tage wurde das Heer durch dieses Hindernis aufgehalten. Die Pferde und Lasttiere kamen vor Hunger beinahe um. Nach kurzem, wenn auch steilem Abstieg kam das Heer endlich am Fuß der Berge an. Da gibt es grüne Täler und manchen sonnigen Hügel, auch Bäche an den Waldungen und Plätze, die es schon eher verdienen, von Menschen bebaut zu werden. Hier schickte man die Lasttiere auf die Weide, und Hannibal gewährte den von den Strapazen und dem Anlegen der Straße ermüdeten Menschen eine dreitägige Ruhe. Von da ging es in die Ebene hinab, wo die Gegend und die Sitten ihrer Bewohner milder waren.

Auf diese Art gelangten sie nach Italien, nachdem sie die Alpen in fünfzehn Tagen überstiegen hatten.

Fabius Maximus

Unter den vielen großen Männern, die das Haus der Fabier hervorgebracht hat, war Rullus der größte; dieser erhielt deswegen von den Römern den Beinamen Maximus, und von ihm stammte Fabius Maximus im vierten Gliede ab. In seiner Kindheit wurde er wegen seines sanftmütigen und schwerfälligen Wesens gewöhnlich Ovicula, das Schäfchen, genannt. Denn seine Stille, sein beständiges Schweigen, seine Schüchternheit bei kindlichen Vergnügungen, sein langsames, viele Anstrengungen erforderndes Lernen, sowie seine Willfährigkeit und Folgsamkeit gegen Freunde galten bei denen, die ihn nicht näher kannten, für Anzeichen von Blödsinn und Einfalt. Es waren nur wenige, die die tief verborgene Festigkeit, die Seelengröße und den Löwenmut in seinem Charakter entdeckten.

In der Folge, da seine Kräfte durch Verwaltung öffentlicher Ämter sich entwickelt hatten, machte er es selbst dem einfachen Mann erkennbar, daß das, was man sonst für Trägheit gehalten hatte, gelassene Ruhe war; daß das schüchterne Wesen vorsichtige Bedachtsamkeit und seine Art, in keinem Falle rasch oder mit Hitze zu Werke zu gehen, die größte Festigkeit und Beharrlichkeit bedeutete. Da er den großen Umfang der Verwaltung Roms und die Menge der Kriege voraussah, übte er nicht nur den Körper, als die von der Natur ihm verliehene Waffe, für die Strapazen des Krieges, sondern bildete auch seine Redekunst, das zur Leitung des Volkes erforderliche Werkzeug. Er sprach ohne allen Schmuck, ohne jene nichtssagenden Künsteleien, mit denen man sonst dem Volk zu gefallen sucht; dagegen hatte seine Rede tiefen Sinn und wegen der eingestreuten Sinnsprüche und Sprichwörter besondere Stärke und Nachdruck.

Als Hannibal in Italien einfiel und nach seinem ersten Sieg am Flusse Trebbia durch Etrurien weiter vordrang, sengend und brennend das ganze Land verheerte und Rom selbst in Furcht und Bestürzung versetzte, ereigneten sich außer den gewöhnlichen Vorzeichen durch Blitze noch viele andere höchst sonderbare und unerhörte Dinge. Aber alles dies machte nicht den geringsten Eindruck auf den Konsul Cajus Flaminius. Er war ein Mann, der bei der ihm eigenen Hitze und Ehrbegierde noch stolz war auf sein großes Glück, das er nicht lange vorher wider alle Erwartung gehabt hatte. Denn ungeachtet, daß ihn der Senat zurückgerufen hatte und sein Amtskollege sich ihm widersetzte, hatte er die Gallier zu einem Kampf herausgefordert und sie gänzlich besiegt.

Auch Fabius ließ sich durch diese Vorzeichen, deren Bedeutungslosigkeit er einsah, nicht anfechten, so sehr auch das Volk durch sie beunruhigt wurde. Da er hörte, daß die feindliche Armee nur schwach und ohne Geld wäre, gab er den Römern den Rat, sie sollten sich nur zurückhalten und sich ja nicht mit einem Manne in ein Gefecht einlassen, der sein Heer durch eine Menge von Schlachten erzogen und geübt hätte; statt dessen sollten sie den Bundesgenossen Hilfe schicken, deren Städte in Gehorsam erhalten und so Hannibal sich selbst verzehren lassen, wie eine helle Flamme, die zu wenig Nahrung hätte.

Allein Flaminius ließ sich nicht dreinreden. Er erklärte, er werde nie zugeben, daß der Krieg bis an Rom herankomme, er wolle nicht, wie einst Camillus, die Stadt in der Stadt selbst verteidigen. So gab er den Obersten der Legionen Befehl, mit der Armee auszuziehen, und schwang sich selbst aufs Pferd. Das aber wurde unvermutet, ohne eine sichtbare Ursache scheu und furchtsam, so daß er herabfiel und auf den Kopf stürzte. Trotz dieses schlimmen Vorzeichens änderte er seinen Vorsatz nicht, sondern wie er von Anfang an entschlossen war, dem Hannibal entgegenzugehen, so stellte er nun am See Trasimenus in Etrurien sein Heer gegen ihn in Schlachtordnung auf.

Gerade zu der Zeit, da die Soldaten zum Handgemenge kamen, ereignete sich ein Erdbeben, durch das Häuser und Städtemauern umgeworfen, Flüsse aus ihrem Lauf gebracht und Felsengebirge zerrissen wurden; aber so schrecklich auch die Wirkungen waren, merkte doch keiner von den Streitenden das geringste davon. In diesem Kampf fiel Flaminius selbst, nachdem er viele Beweise von Mut und Tapferkeit gegeben hatte, und um ihn herum der Kern seines Heeres. Von den übrigen, die die Flucht ergriffen, wurden fünfzehntausend erschlagen und ebenso viele gefangengenommen.

Als der Prätor Pomponius in Rom von dieser zweiten Niederlage Nachricht erhielt, ließ er gleich das Volk zusammenkommen und sagte ihm ohne Umschweife:»Römer, wir sind in einer großen Schlacht besiegt worden, die ganze Armee ist aufgerieben und der Konsul Flaminius gefallen! Seid also auf eure Sicherheit und Rettung bedacht.« Durch diese Rede setzte er das Volk, wie ein Sturmwind das Meer, in die größte Unruhe und erschütterte die ganze Stadt. In solcher Bestürzung konnte man sich nicht gleich fassen oder zu einem festen Entschluß kommen. Endlich aber waren alle einstimmig der Meinung, die gegenwärtigen Umstände machten die unbeschränkte Regierung eines einzigen, die man Diktatur nennt, notwendig, und dies erfordere einen Mann, der sie mit Kraft und Unerschrockenheit zu führen wüßte; ein solcher aber wäre allein Fabius Maximus. Sein hoher Geist und die Würde des Charakters entsprächen diesem Amt. Er stehe jetzt in dem Alter, in welchem die Stärke des Körpers den Entschlüssen der Seele noch ganz angemessen sei, die Kühnheit aber durch Klugheit gemäßigt werde.

Nachdem dies genehmigt worden war, ernannte man den Fabius zum Diktator. Er selbst machte den Marcus Minucius zum Oberst der Reiterei. Indes war Fabius doch auch daran gelegen, gleich anfangs die ganze Größe und Majestät seines Amtes sehen zu lassen, um sich des Gehorsams und der Folgsamkeit der Bürger desto mehr zu versichern. Daher erschien er öffentlich nie anders als in Begleitung von vierundzwanzig Liktoren. Als ihm der andere Konsul, der die Schlacht überlebt hatte, entgegenkam, schickte er ihm einen Diener mit dem Befehl, seine Liktoren zu entlassen, die Zeichen seiner Würde abzulegen und als bloßer Privatmann vor ihm zu erscheinen.

Seine Tätigkeit begann er mit dem Anrufen der Götter. Er belehrte das Volk, daß es sein Unglück nur der vom vorigen Feldherrn gegen die Gottheit bewiesenen Geringschätzung und Verachtung, nicht aber dem schlechten Verhalten der Streiter zuschreiben müsse, und ermahnte es, sich nicht vor den Feinden zu fürchten, sondern die Götter zu versöhnen und sich ihrer Gnade zu versichern. Auf solche Weise stärkte er, ohne den Aberglauben zu befördern, die Tapferkeit durch Frömmigkeit und wußte durch die Hoffnung auf göttlichen Beistand alle Furcht vor den Feinden zu zerstreuen.

114

Bei dieser Gelegenheit wurden auch viele der geheimen und den Römern so wertvollen Bücher, welche die sibyllinischen heißen, zu Rate gezogen. Man sagt, daß unter den darin enthaltenen Orakeln manche sich auf die jetzigen Umstände und Ereignisse bezogen hätten. Was daraus ersehen wurde, durfte freilich niemand erfahren. Doch trat nun der Diktator vor dem Volke auf und tat das Gelübde, in diesem Jahre allen Zuwachs an Ziegen, Schweinen, Schafen und Rindern, welchen die Berge, Ebenen, Flüsse und Auen Italiens hervorbringen würden, den Göttern zu opfern. Auch gelobte er, musikalische und theatralische Spiele abzuhalten.

Auf solche Weise lenkte Fabius die Gedanken des Volkes auf die Gottheit hin und eröffnete ihm frohere Aussichten für die Zukunft. Er für seine Person aber setzte alle Hoffnung zum Sieg auf sich selbst. Überzeugt, daß die Götter dem Tapferen und Klugen Glück verleihen, rückte er nun gegen Hannibal aus. Er hatte den festen Vorsatz, ihm kein Gefecht zu liefern, sondern dem Mangel den Überfluß entgegenzusetzen, sein Feuer durch die Länge der Zeit, und das schwache Heer durch zahlreiche Legionen zu bekämpfen und allmählich aufzureiben. In dieser Absicht lagerte er sich immer, um vor der feindlichen Reiterei sicher zu sein, in bergigen Gegenden und auf steilen Höhen. Wenn der Feind stille lag, ruhte er ebenfalls, brach jener auf, so zog er ihm auf den Anhöhen nach und blieb ihm beständig an der Seite in einer solchen Entfernung, daß er nicht wider seinen Willen zum Fechten gezwungen werden konnte. Durch sein Zaudern und Zögern aber bewirkte er, daß der Feind immer einen Angriff befürchten mußte.

Allein da er die Zeit so verbrachte, wurde er mehr und mehr verachtet und kam nicht nur in seinem Lager in üble Nachrede, sondern galt selbst bei den Feinden, Hannibal ausgenommen, als feiger und unbedeutender Feldherr. Hannibal allein durchschaute den sehr gescheiten Plan des Fabius und die Art, wie er den Krieg zu führen gedachte. Er sah wohl ein, daß er diesen Mann durch alle List und Gewalt zu einem Treffen bringen müßte oder daß es um die Karthager geschehen wäre. Denn das, was ihnen Überlegenheit gab, nämlich die Waffen, konnten sie nicht brauchen, hingegen büßten sie immer ein, worin sie den Römern nachstanden, nämlich Mannschaft und Geld. Daher ließ er keine Art von Kriegslist, keinen Kunstgriff unversucht, um seinem

Gegner irgend eine Blöße abzugewinnen; bald drang er auf ihn ein und beunruhigte ihn in seinem Lager, bald zog er ihn durch Märsche von einem Ort zum andern und suchte ihn auf alle Art von seinem Plan abzubringen.

Fabius war von der Nützlichkeit seines Vorgehens zu sehr überzeugt, als daß er nicht fest und unveränderlich dabei beharrt hätte. Indes machte ihm Minucius, der Befehlshaber der Reiterei, viel Verdruß, indem er durch seine voreilige Kühnheit und Begierde zum Streit die Armee aufwiegelte und sie mit Hitze und leeren Hoffnungen erfüllte. Die Soldaten höhnten und verachteten nun den Fabius und nannten ihn einen Hofmeister Hannibals, Minucius hingegen erklärten sie für einen großen Mann, für einen würdigen Feldherrn Roms. Dadurch wurde seine Überheblichkeit und Kühnheit so gesteigert, daß er nun selbst über das ständige Lagern auf Bergen spottete und sagte, der Diktator verschaffe ihnen doch immer einen schönen Schauplatz, um mit anzusehen, wie Italien verwüstet werde und in Flammen stehe. Ja, er stellte an Fabius' Freunde die Frage, ob der Feldherr vielleicht, weil er auf der Erde alles für verloren halte, die Armee in den Himmel erheben wolle oder ob er sich nur hinter Nebeln und Wolken verstecke, um den Feinden zu entwischen.

Da die Freunde des Fabius ihm dieses hinterbrachten und ihm zugleich rieten, solchen schimpflichen Vorwürfen durch eine Schlacht ein Ende zu machen, antwortete er: »Ja, dann würde ich in der Tat noch furchtsamer sein, als ich jetzt scheine, wenn ich aus Furcht vor Spöttereien und Lästerungen von meinen Grundsätzen abginge. Furcht für das Vaterland bringt keine Schande, aber Ängstlichkeit vor der Meinung der Menschen vor Tadel und übler Nachrede verrät einen Mann, der, anstatt eines solchen Kommandos würdig zu sein, ein Sklave der Leute ist, die er in Zucht halten sollte.«

Bald darauf beging Hannibal einen großen Fehler. Er wollte sich etwas weiter von Fabius entfernen und seine Armee in Ebenen führen, die reichlich Nahrung gewährten; daher befahl er seinen Führern, ihn gleich nach dem Abendessen in die Gegend von Casinum zu führen. Aber wegen seiner schlechten und undeutlichen Aussprache verstanden ihn diese nicht recht und brachten seine Armee an die Grenzen von Campanien zur Stadt Casilinum. Diese Gegend ist ringsherum von

Bergen umgeben, nur nach dem Meer hin öffnet sich ein enges Tal, das an einer der Brandung wegen gefährlichen Küste endet.

Als Hannibal in diese Gegend eingerückt war, umging ihn Fabius, der die Wege gut kannte, und besetzte den Talausgang mit viertausend Mann. Die übrige Armee postierte er sehr vorteilhaft auf den umliegenden Bergen und ließ dann durch die leichten Truppen die Nachhut des Feindes angreifen. Dadurch brachte er Hannibals ganze Armee in Unordnung. Hannibal wollte sich wieder zurückziehen. Aber jetzt sah er den Irrtum und seine gefährliche Lage ein. Er ließ die Führer kreuzigen und gab alle Hoffnung auf, die Feinde auf den von ihnen besetzten Bergen angreifen und sich durchschlagen zu können. Schon waren alle seine Soldaten darüber beängstigt und niedergeschlagen und glaubten, so völlig eingeschlossen zu sein, daß sie dem Untergang auf keine Weise entrinnen könnten. Da ersann Hannibal eine List, um den Feind zu hintergehen. Er befahl, man sollte von dem erbeuteten Vieh etwa zweitausend Rinder zusammenbringen, ihnen an jedem Horn eine Fackel oder ein dürres Reisigbündel befestigen, diese des Nachts auf ein gegebenes Zeichen anzünden und dann die Rinder nach den Anhöhen und den vom Feind besetzten Pässen hintreiben. Während diejenigen, denen dies aufgetragen war, die nötigen Vorbereitungen trafen, ließ er mit Anfang der Nacht die Armee aufbrechen und zog langsam fort. Solange das Feuer noch klein war und nur das Reisig brannte, gingen die Rinder ganz ruhig nach den Anhöhen, zu denen sie getrieben wurden. Die Hirten und Schäfer auf den Bergen wunderten sich nicht wenig, da sie die leuchtenden Flammen von ferne sahen. Sie glaubten, ein ganzes Heer mit Fackeln ziehe in schönster Ordnung heran. Aber als nun die Hörner bis auf die Wurzel abbrannten, blieben die Rinder nicht mehr in dem ordentlichen, ruhigen Gange, sondern rannten vor Schmerz wütend in vollem Lauf kreuz und quer durch die Gegend. Dies war nun für die Römer, die auf den Höhen Wache hielten, ein fürchterlicher Anblick; denn es sah aus, als wenn von überall her Menschen mit Fackeln in der Hand herangelaufen kämen. Es entstand unter ihnen auf einmal Schrecken und Verwirrung, weil sie meinten, daß die Feinde von allen Seiten auf sie eindrängen, um sie völlig einzuschließen. Daher getrauten sie sich nicht, auf ihren Posten zu bleiben; sie verließen eiligst den Paß und zogen sich nach dem Hauptlager zurück. Unterdessen kamen die leichten Truppen Hannibals heran und besetzten die Anhöhen; das übrige Heer zog dann ohne alle Gefahr über den Paß und schleppte eine ungeheure Beute mit sich fort.

Fabius durchschaute diese Kriegslist zwar noch in der Nacht, weil ihm einige von den umherlaufenden Rindern in die Hände fielen: aber er fürchtete sich in der Finsternis vor einem Hinterhalt und ließ seine Armee unter den Waffen ruhig stehen. Sobald es Tag wurde, setzte er dem Feind nach und holte dessen Nachzug ein; dabei kam es dann in der Enge zu mannigfaltigen Gefechten. Eine große Verwirrung entstand, bis endlich ein Haufe leichter, im Laufen und Bergsteigen geübter Spanier, die Hannibal von der Spitze des Zuges abgeschickte hatte, die Römer umging und plötzlich über deren schwer bewegliches Fußvolk herfiel, eine große Menge niedermachte und Fabius zum Rückzug nötigte.

Dadurch kam nun Fabius vollends in üblen Ruf und Verachtung. Denn er hatte freiwillig der kriegerischen Kühnheit entsagt, Hannibal nur durch Klugheit und Vorsicht bekämpfen zu wollen, und nun sah man, daß er auch darin besiegt und überlistet worden war. Um aber die Römer gegen ihn noch mehr zum Unwillen zu reizen, befahl Hannibal, als er zu Fabius' Landgütern gekommen war, die ganze Gegend mit Feuer und Schwert zu verheeren, und nur jene Güter zu verschonen; ja, er stellte sogar eine Wache dazu, damit niemand dort Schaden anrichten oder etwas entwenden sollte. Als die Nachricht davon nach Rom kam, geriet Fabius noch obendrein in den Verdacht der Treulosigkeit, und die Volkstribunen erhoben gegen ihn in den öffentlichen Versammlungen ein großes Geschrei, vorzüglich auf Anstiftung und Verhetzung des Metilius, der zwar kein erklärter Feind des Fabius war, aber doch als naher Verwandter von Minucius, dem Obersten der Reiterei, die Meinung hegte, daß die Verunglimpfung des Fabius dem Minucius Ruhm und Vorteil bringen müßte.

Außerdem hatte sich Fabius noch den Unwillen des Senats zugezogen. Er war besonders ungehalten über den Vergleich, den Fabius mit Hannibal wegen der Gefangenen geschlossen hatte. Beide Feldherren waren nämlich miteinander übereingekommen, die Gefangenen Mann für Mann auszuwechseln, und wenn der eine Teil Überzählige hätte, sollte der andere für jeden Kopf zweihundertfünfzig Drachmen hinlegen. Nach erfolgter Auswechslung fand es sich nun, daß Hannibal zweihundertundvierzig Römer übrig blieben. Der Senat weigerte sich, für diese das Lösegeld zu übersenden. Dabei machte er dem Fabius noch Vorwürfe, daß er ganz gegen die Würde und den Vorteil des Staats Leute, die durch ihre Feigheit eine Beute des Feindes geworden wären, auslösen wolle. Fabius, der bald davon unterrichtet wurde, ertrug den Unwillen seiner Mitbürger mit Gelassenheit. Da er aber jetzt kein Geld hatte und sich doch schämte, Hannibal nicht Wort zu halten und die Bürger im Stich zu lassen, schickte er seinen Sohn nach Rom mit dem Auftrag, seine Landgüter zu verkaufen und ihm das Geld sogleich ins Lager zu bringen. Der junge Mann kehrte nach dem Verkauf der Güter unverzüglich zurück. Fabius schickte nun das Lösegeld dem Hannibal zu, wofür ihm die Gefangenen ausgeliefert wurden. Viele von ihnen wollten ihm nachmals das Geld wieder erstatten, aber er nahm es nicht an, sondern erließ es allen.

Bald darauf mußte Fabius, da er von den Priestern eines Opfers wegen nach Rom gerufen wurde, dem Minucius die Armee übergeben. Er befahl ihm nicht nur als Diktator, sondern bat und ermahnte ihn auch als Freund herzlich, sich auf keine Weise mit dem Feind in ein Gefecht einzulassen. Allein Minucius achtete nicht darauf und fing sogleich an, den Feind zu beunruhigen; ja, einmal nahm er die Gelegenheit wahr, da Hannibal den größten Teil seines Heeres auf Futtersuche ausgeschickt hatte, und griff die Zurückgebliebenen mit so gutem Erfolg an, daß er sie mit großem Verlust hinter ihre Verschanzungen zurücktrieb und alle wegen eines möglichen Angriffs auf das Lager in größte Furcht versetzte. Auch nachdem Hannibal seine ganze Macht wieder vereinigt hatte, konnte sich Minucius in völliger Sicherheit zurückziehen. Dieser Vorfall machte nicht nur ihn selbst äußerst aufgeblasen, sondern erfüllte auch die Soldaten mit Mut und Dreistigkeit.

Die Nachricht davon verbreitete sich bald mit viel Übertreibung bis nach Rom. Fabius sagte, als er davon erfuhr, er sei nun wegen des Glücks des Minucius noch weit mehr besorgt. Aber das Volk war ganz ausgelassen und lief voller Freude auf dem Markt zusammen. Der Tribun Metilius bestieg die Rednerbühne und hielt eine Rede, worin er Minucius bis an den Himmel erhob, Fabius hingegen nicht allein wegen Untätigkeit und Feigheit, sondern wegen Landesverräterei anklagte.

Fabius trat nun ebenfalls auf. Er hielt es aber nicht der Mühe wert, sich gegen den Volkstribun zu verteidigen, sondern sagte bloß, man sollte sogleich das Opfer und die heiligen Zeremonien vornehmen, damit er desto eher wieder zu der Armee käme, wo er den Minucius bestrafen müsse, weil er gegen seinen ausdrücklichen Befehl sich mit dem Feind geschlagen hätte. Darüber erhob sich ein großer Lärm unter dem Volk, das den Minucius in Lebensgefahr zu sehen glaubte; denn der Diktator kann ohne weiteres Verhör ins Gefängnis werfen und sogar hinrichten lassen. Man bildete sich ein, daß der nach so vieler Geduld ausgebrochene Zorn des Fabius heftig und unerbittlich sein werde. Daher gerieten alle in Furcht und schwiegen stille; nur Metilius, dem das Amt eines Tribuns alle Sicherheit gewährte, bat das Volk auf das dringendste, den Minucius ja nicht preiszugeben und ihn nicht jener Behandlung auszusetzen, die sich einst Manlius Torquatus gegen seinen Sohn erlaubt hatte. Er drang darauf, man solle dem Fabius die diktatorische Gewalt nehmen und dem Minucius, der retten könnte und wollte, das Kommando übertragen.

So sehr nun auch das Volk durch dergleichen Reden empört wurde, wagte es doch nicht, Fabius zum Niederlegen der Diktatur zu zwingen, obgleich er in üblem Ruf stand. Man beschloß aber, daß Minucius das Kommando mit Fabius teilen und bei der Führung des Krieges mit dem Diktator gleiche Gewalt haben sollte.

Die Römer dachten nun, der Diktator müßte dadurch, daß sie ihm den Minucius gleichgesetzt hatten, äußerst gekränkt und gedemütigt sein. Aber sie beurteilten den Mann ganz irrig. Wie der weise Diogenes jemandem, der zu ihm sagte: Sieh, diese lachen dich aus – zur Antwort gab: Aber ich lasse mich nicht auslachen! – so trug auch Fabius das Geschehene, soweit es ihn betraf, gelassen und gleichmütig. Nur im Hinblick auf das allgemeine Wohl tat ihm die Unbesonnenheit des Volks sehr wehe, da es mitten im Krieg der ausschweifenden Ehrsucht eines Mannes freien Spielraum ließ. Weil er also besorgte, Minucius möchte etwa, von Stolz und eitlem Ruhm verblendet, in der Eile irgendein Unglück anrichten, verließ er die Stadt, ohne es jemanden wissen zu lassen.

Bei seiner Ankunft im Lager fand er bald, daß Minucius nicht mehr zurückzuhalten war, sondern voller Trotz und Eigendünkel verlangte, wechselweise mit ihm das Kommando über die Armee zu führen. Aber darein willigte Fabius nicht und teilte lieber die Armee mit ihm, weil er es für ratsamer hielt, daß jeder über einen Teil allein, als über das Ganze wechselweise zu befehlen hätte. Er behielt also die erste und dritte Legion für sich und überließ Minucius die zweite und vierte. Auch die Bundesgenossen wurden gleich geteilt. Da Minucius sich damit brüstete und eine große Freude äußerte, daß um seinetwillen die Majestät der höchsten, uneingeschränkten Gewalt geschmälert und herabgewürdigt worden wäre, gab ihm Fabius zu bedenken, er habe nicht gegen den Fabius, sondern, wenn er vernünftig dächte, gegen Hannibal zu kämpfen. Wolle er es aber mit seinem Kollegen im Kommando aufnehmen, so möchte er wenigstens dafür sorgen, daß die Bürger nicht Ursache fänden zu glauben, derjenige, der von ihnen so sehr erhoben und vorgezogen worden, sei auf ihre Sicherheit und Wohlfahrt weit weniger bedacht als der, den sie zurückgesetzt und beschimpft hätten.

Minucius hielt dies für Mißgunst und Spott eines alten Mannes und lagerte sich mit dem ihm zugeteilten Heer allein, von den andern abgesondert. Das blieb Hannibal, der auf alles lauerte, nicht verborgen. Zwischen ihm und den Römern lag ein Hügel, der leicht besetzt werden konnte, und wenn er besetzt war, dem Lager zur Deckung diente und die größten Vorteile gewährte. Die umliegende Gegend schien von ferne flach und, weil sie ohne Gehölz war, ganz offen zu sein, aber sie enthielt einige kleinere Gräben und andere Vertiefungen.

Hannibal hoffte nun, daß sich die Römer zu einem Kampf um diesen Hügel verleiten lassen würden. Als er sah, daß Minucius sich vom Fabius getrennt hatte, versteckte er bei Nachtzeit da und dort Soldaten in die Gräben und Vertiefungen, am Tag aber schickte er vor den Augen des Feindes einen kleinen Haufen zur Besetzung des Hügels ab, um den Minucius zu einem Gefecht zu verleiten; und dies gelang ihm auch. Minucius schickte zuerst die leichten Truppen, dann auch die Reiterei dahin, und als er sah, daß Hannibal denen, die auf dem Hügel standen, zu Hilfe eilte, rückte er mit seinem ganzen Heer in Schlachtordnung aus und fing mit dem von der Höhe herab angreifenden Feind ein hitziges Gefecht an. Sie stritten eine Zeitlang mit gleich günstigen Aussichten.

Als Hannibal glaubte, daß Minucius nun ganz in die ihm gelegte Schlinge gefallen sei, gab er das verabredete Zeichen. Sogleich brachen die Versteckten von allen Seiten hervor, fielen den Römern mit großem Geschrei in den Rücken und machten alles vor sich nieder, wodurch diese in eine unbeschreibliche Furcht und Bestürzung gerieten. Selbst dem Minucius war sein kühner Mut gänzlich entfallen, und er sah sich ängstlich bald nach diesem, bald nach jenem seiner Offiziere um. Aber keiner hatte das Herz, hier Stand zu halten, alle suchten die Flucht zu ergreifen, die ihnen keine Rettung gab, weil Hannibals Truppen auch in der Ebene schon überall herumsprengten und die zerstreuten Flüchtlinge niederhieben.

Doch diese Not, diese gefährliche Lage, in der die Römer sich befanden, blieb Fabius nicht verborgen. Ohne Zweifel hatte er die Folgen vorausgesehen und deswegen seine Truppen im Lager bereit gehalten. Auch war er darauf bedacht, von dem, was vorging, zeitig Nachricht zu erhalten, aber nicht durch Boten, sondern indem er vor seinem Lager selbst auskundschaftete. Wie er Minucius' Heer ganz umringt und in Unordnung gebracht sah und aus dem Geschrei schließen konnte, daß die Römer voller Furcht und Verwirrung die Flucht ergriffen, schlug er an seine Hüfte und sagte mit einem tiefen Seufzer zu den Umstehenden: »Beim Hercules! So ist denn Minucius früher noch, als ich befürchtete, aber später, als er selbst es wollte, ins Verderben gerannt.« In aller Eile ließ er nun die Fahnen aus dem Lager tragen und das Heer nachfolgen, indem er mit lauter Stimme rief: »Soldaten! denkt an Marcus Minucius und eilt. Er ist ein trefflicher Mann und meint es gut mit seinem Vaterland. Hat er aus allzugroßer Hitze, den Feind zu vertreiben, einen Fehltritt getan, so wollen wir ihn ein anderes Mal dafür zur Rede stellen.«

Gleich mit dem Eintritt in die Ebene verjagte und zerstreute Fabius die dort herumstreifenden Feinde. Dann wendete er sich gegen die, die den Römern in den Rücken gefallen waren, und machte alles nieder, was ihm in den Weg kam. Die übrigen ergriffen eiligst die Flucht, ehe sie abgeschnitten wurden und selbst in die Lage kamen, in welche sie die Römer versetzt hatten. Als Hannibal diese Veränderung bemerkte und sah, daß Fabius mit einer Lebhaftigkeit, die über seine Jahre ging, mitten durch die streitenden Haufen den Hügel hinauf zu Minucius vordrang, hörte er zu kämpfen auf, ließ zum Rückzug blasen und führte seine Karthager wieder ins Lager. Auch die Römer waren froh, daß sie sich wieder zurückziehen konnten. Beim Abzug soll Hannibal scherzweise über Fabius zu seinen Freunden gesagt haben: »Habe ich es euch nicht oft vorausgesagt, daß diese auf den Bergen liegende Wolke einmal mit Sturm und Ungewitter über uns losbrechen werde?«

Nach dem Treffen ließ Fabius den erschlagenen Feinden die Rüstung ausziehen und zog sich zurück, ohne sich ein einziges stolzes oder gehässiges Wort über seinen Kollegen entfallen zu lassen. Minucius aber berief seine Soldaten und sprach: »Kameraden, bei wichtigen Dingen keinen Fehler zu begehen, übersteigt die menschlichen Kräfte; aber aus den begangenen Fehlern für die Zukunft zu lernen, ist die Pflicht eines verständigen Mannes. Ich gestehe gern, daß ich nicht Anlaß habe, mit meinem Geschick unzufrieden zu sein; ich muß es vielmehr loben. Denn was ich die ganze Zeit her nicht gewußt habe, das lernte ich heute in wenigen Stunden. Ich sehe ein, daß ich andere nicht anführen kann, sondern selbst einen Anführer benötige und daß ich mit solchen Männern nicht um den Vorzug streiten darf, von denen übertroffen zu werden mir zu größerer Ehre gereicht. Künftig ist der Diktator in allen Stücken euer Anführer, aber im Aussprechen des ihm schuldigen Dankes will ich es selbst noch sein und mich zuerst gegen seine Befehle gehorsam und unterwürfig beweisen.«

Mit diesen Worten ließ er die Adler aufnehmen und zog mit dem ganzen Heere in Fabius' Lager. Er begab sich geradewegs zum Zelt des Feldherrn, so daß alle sich verwunderten und nicht wußten, was dies zu bedeuten hätte. Als Fabius herauskam, stellte er die Feldzeichen vor ihn hin und nannte ihn laut seinen Vater; seine Soldaten aber nannten die des Fabius Patrone, eine Benennung, welche Freigelassene gegen diejenigen brauchen, die ihnen die Freiheit geschenkt haben. Als Stille eingetreten war, sagte Minucius: »Am heutigen Tag, Diktator, hast du zwei Siege gewonnen, den einen durch Tapferkeit über die Feinde, den andern durch Klugheit und Güte über deinen Kollegen; durch jenen hast du uns gerettet, durch diesen aber belehrt. So schimpflich die vom Feind erlittene Niederlage für uns war, so nützlich und heilsam ist die, welche du uns beigebracht hast. Ich nenne dich meinen Vater, weil ich keine ehrenvollere Benennung kenne; wiewohl ich dir eine weit größere

Wohltat zu verdanken habe als meinem Vater. Denn von diesem bin ich bloß gezeugt worden, von dir aber wurde ich mit so vielen Bürgern vom Untergange errettet.« Nach dieser Anrede umarmte er Fabius und küßte ihn. Ein gleiches sah man auch die Soldaten tun, welche sich umarmten und sich wechselseitig küßten. Alle vergossen Freudentränen, und in dem ganzen Lager herrschte lauter Fröhlichkeit.

Bald darauf legte Fabius sein Amt nieder, und es wurden nun wieder Konsuln gewählt. Die ersten Konsuln blieben immer bei den Maßregeln, welche Fabius in der Führung des Krieges angewandt hatte; sie vermieden jede offene Feldschlacht mit Hannibal und begnügten sich damit, die Bundesgenossen zu schützen und den Abfall der Bundesstädte zu verhindern. Als nun aber Terentius Varro, ein Mann von niedriger Herkunft, der wegen seiner unbesonnenen Dreistigkeit und seines Strebens nach Volksgunst berüchtigt war, von der Masse zum Konsulat erhoben wurde, sah jeder Vernünftige gleich ein, daß er durch seine Unerfahrenheit und Kühnheit den Staat in die äußerste Gefahr stürzen würde. Er erklärte laut in allen Volksversammlungen, der Krieg würde solange fortdauern, als der Staat Fabier zu Feldherrn wähle, er aber wolle den Feind an dem nämlichen Tage schlagen, da er ihn zu Gesicht bekäme. Durch dergleichen Reden warb er bald eine so große Macht, wie sie die Römer noch nie gegen einen Feind gebraucht hatten; denn das aufgestellte Heer belief sich auf achtundachtzigtausend Mann.

Eben dieser Umstand aber versetzte Fabius wie alle einsichtsvollen Römer in desto größere Besorgnis, weil man sich vorstellte, daß der Staat, wenn er um eine solche Menge rüstiger Streiter käme, nie wieder sich erholen und zu Kräften kommen könne. Daher suchte Fabius den Kollegen des Terentius, Aemilius Paulus, der im Krieg große Erfahrung hatte, aber beim Volk nicht gut angeschrieben war, zu ermuntern und aufzurichten, daß er der Raserei jenes Mannes Einhalt gebiete. Er machte ihm klar, er müsse nicht so sehr gegen Hannibal als gegen Terentius für das Vaterland kämpfen; denn Varro würde zum Gefecht eilen, weil er seine Kräfte nicht kenne, Hannibal aber, weil er sich seiner Schwäche bewußt sei. »Mein lieber Paulus«, setzte er hinzu, »wegen Hannibals Lage verdiene ich mehr Glauben als Terentius, wenn ich versichere, daß er, sofern sich niemand in diesem Jahre mit ihm in ein Treffen einläßt, entweder – wenn er da bleibt – zugrunde gehen oder sich fliehend zurückziehen muß. Denn obwohl er dem Anschein nach jetzt noch die Oberhand hat, ist doch bisher keiner unserer Bundesgenossen zu ihm übergetreten, und von der Macht, die er von Hause mitgebracht hat, ist kaum der dritte Teil noch übrig.« Paulus soll ihm darauf geantwortet haben: »Wenn ich meine eigene Lage bedenke, Fabius, so ist es besser, in die Spieße der Feinde zu fallen, als mich dem Urteil des Volks zu unterwerfen. Wenn aber die Umstände so sind, wie du sagst, werde ich mich bemühen, daß ich mehr von dir als von all denen, die mich zum Gegenteil zwingen wollen, als geschickter Feldherr anerkannt werde.« Mit solchen Vorsätzen rückte Paulus gegen den Feind aus.

Terentius aber setzte es durch, daß sie das Kommando wechselweise einen Tag um den andern führten. Er lagerte sich dem Hannibal gegenüber an dem Flusse Aufidius bei einem Orte namens Cannae. Mit Anbruch des Tages hing er das Zeichen zur Schlacht aus. Dies war ein scharlachroter Mantel, der über dem Zelt des Feldherrn ausgebreitet wurde. Anfänglich waren die Karthager sehr bestürzt über die Kühnheit dieses Feldherrn und die Stärke des Heeres, welches das ihrige um mehr als die Hälfte überstieg. Hannibal befahl seinen Truppen, die Waffen anzulegen und ritt indes mit einem kleinen Gefolge auf einen Hügel, um die Feinde, die sich schon in Schlachtordnung gestellt hatten, zu beobachten. Einer von seinen Begleitern, namens Gisko, der ihm an Rang gleich war, sagte bei der Gelegenheit, die Zahl der Feinde komme ihm doch erstaunlich groß vor. Hannibal versetzte mit gerunzelter Stirne: »Aber, mein Gisko, du läßt einen andern Umstand, der noch wunderbarer ist, unbemerkt.« Da Gisko fragte, was das wäre, antwortete er: »Ei, daß unter allen diesen, so viel ihrer auch sind, kein einziger Gisko heißt.« Über diesen unerwarteten Scherz brachen alle in lautes Lachen aus. Lachend stiegen sie vom Hügel herab und erzählten den Einfall jedem, der ihnen begegnete, so daß das Gelächter sich allgemein verbreitete und Hannibals Begleiter sich kaum wieder erholen konnten. Die Karthager, die dies bemerkten, faßten nun wieder Mut; sie bedachten, ihr Feldherr müßte wohl eine sehr große Verachtung gegen die Römer haben, daß es ihm einfiel, selbst vor Beginn der Schlacht noch zu lachen und zu scherzen.

In diesem Treffen wandte Hannibal eine doppelte Kriegslist an. Die eine bestand darin, daß er die Armee im letzten Augenblick vor der Schlacht eine geschickte Wendung machen ließ, um den Wind in den Rücken zu bekommen. Dieser trieb gleich einem heißen Wirbelwind in den sandigen, offenen Ebenen einen mächtigen Staub empor und wehte ihn über das karthagische Heer hinweg den Römern ins Gesicht, so daß diese den Kopf wegwenden mußten und darüber in Unordnung gerieten. Die andere Kriegslist betraf die Schlachtordnung. Er stellte nämlich seine besten und tapfersten Soldaten zu beiden Seiten auf, die Mitte selbst aber füllte er mit den schwächsten Truppen aus und ließ sie in Keilform weit über die Schlachtordnung vorragen. Die beiden Flügel hatten Befehl, daß sie, wenn die Römer die Mitte durchbrochen hätten und die Weichenden verfolgten, plötzlich von beiden Seiten herumschwenken und die Römer nicht nur auf den Flanken angreifen, sondern auch hinten und vorn einschließen sollten. Diesem Umstand ist wahrscheinlich auch zuzuschreiben, daß alle, die sich der Einschließung nicht rechtzeitig entziehen konnten, in dem Kessel erschlagen wurden.

Auch der römischen Reiterei soll ein sonderbarer Zufall begegnet sein. Den Konsul Paulus hatte sein Pferd, vermutlich weil es verwundet war, abgeworfen, und der eine oder andere von denen, die zunächst um ihn waren, stiegen ab, um zu Fuß neben ihm zu fechten. Als das die übrigen sahen, stiegen sie in der Meinung, es sei ein allgemeiner Befehl, sämtlich von den Pferden ab und stritten zu Fuß gegen den Feind. Bei diesem Anblick rief Hannibal aus: »Wahrlich! das ist mir so lieb, als wenn sie mir gebunden übergeben würden.«

Was die Konsuln betrifft, so entkam Varro zu Pferd mit einigen wenigen dem Gemetzel; Paulus hingegen, in dessen Körper eine Menge Pfeile steckten und dessen Gemüt von dem tiefsten Kummer niedergedrückt war, setzte sich im Drang und Gewühl der Flucht auf einen Stein und erwartete dort den Tod von den Händen der Feinde. Er war an Kopf und Gesicht durch Blut so besudelt, daß ihn niemand erkannte. Selbst Freunde und Diener eilten an ihm vorüber, ohne sich um ihn zu kümmern. Nur Cornelius Lentulus, ein junger Patrizier, erkannte ihn, sprang, um ihn zu rettten, vom Pferd und führte es ihm vor mit der Bitte, sich dessen zu bedienen und sich seinen Mitbürgern zu erhalten, die jetzt mehr als jemals ein gutes Oberhaupt nötig hätten. Aber Paulus lehnte diese Bitte ab und hieß den weinenden Jüngling wieder auf sein Pferd zu steigen. Dann reichte er ihm die Hand, richtete sich mit seiner Hilfe auf und sprach: »Melde du, Lentulus, dem Fabius Maximus und bezeuge es selbst, daß Paulus Aemilius seine Ratschläge bis ans Ende befolgt und alle seine Versprechungen treulich erfüllt hat. Besiegt aber wurde er zuerst von Varro und dann von Hannibal.« Mit diesem Auftrag entließ er Lentulus, stürzte sich dann mitten in den tobenden Kampf und fand hier seinen Tod. In diesem Treffen sollen fünfzigtausend Römer geblieben und viertausend gefangen worden sein.

Nach diesem gewaltigen Sieg drängten die Freunde den Hannibal gar sehr, daß er doch sein Glück weiter verfolge und mit den flüchtenden Feinden zugleich in Rom eindringen solle; dann könne er in fünf Tagen auf dem Kapitol zu Abend speisen. Es läßt sich nicht angeben, welche Betrachtungen ihn davon zurückgehalten haben; doch scheint sein Zögern, seine furchtsame Bedenklichkeit, die er dabei zeigte, mehr das Werk eines Gottes oder eines Dämons gewesen zu sein, der sich ihm entgegenstellte. Daher soll auch Barcas, ein naher Verwandter, im Zorn zu ihm gesagt haben: »Du weißt wohl zu siegen, Hannibal, aber nicht den Sieg auszunützen.«

Dennoch brachte dieser Sieg eine außerordentliche Wendung in Hannibals Lage. Denn vor der Schlacht hatte er keine Stadt, keinen Handelsplatz, keinen Hafen in Italien in seiner Gewalt. Die Mittel für seine Armee mußte er immer mit größten Schwierigkeiten durch Plünderung herbeischaffen und konnte bei seinen Unternehmungen auf nichts Sicheres rechnen, sondern mußte mit seinem Lager wie mit einer großen Räuberbande von einer Gegend zur andern ziehen. Jetzt unterwarf sich ihm auf einmal beinahe ganz Italien. Die meisten und auch stärksten Völker traten freiwillig zu ihm über. Selbst Capua, die zweite Stadt nach Rom an Macht und Größe, öffnete ihm ohne Widerstand ihre Tore.

Was man Fabius zuvor als Furchtsamkeit und Zaudern vorgehalten hatte, das wurde nun nicht mehr als Resultat menschlicher Vernunft, sondern als göttliche und überirdische Weisheit betrachtet. Durch diese hätte er das Unglück so lange vorausgesehen, das selbst jetzt, wo es eingetroffen war, noch immer unglaublich erschien. Daher setzte Rom alle seine noch übrigen Hoffnungen auf Fabius und nahm seine Zuflucht zu dessen Klugheit und Einsicht, wie zu einem Altar oder Heiligtum. Rom hatte es den klugen Anordnungen des Fabius zu verdanken, daß die Einwohner dablieben und sich nicht wie vormals nach der von den Galliern erlittenen Niederlage zerstreuten. Denn vor der Schlacht, als noch gar keine Gefahr zu bestehen schien, hatte er Zaghaftigkeit und geringe Hoffnung erkennen lassen. Jetzt ging er allein mit ruhigem Schritt, mit heiterer Miene und gesprächiger Freundlichkeit in der Stadt herum, gebot dem Klagegeschrei der Weiber Einhalt und litt nicht, daß die Bürger, um gemeinschaftlich ihr Unglück zu beweinen, sich an öffentlichen Plätzen versammelten. Er brachte es dahin, daß der Senat wieder zusammenkam und ermunterte die Beamten, die nur auf ihn als ihre einzige Stütze und Hoffnung hinblickten.

Auch stellte er an alle Tore Wachen, die das Volk, welches die Stadt verlassen wollte, zurückhalten sollten. Er bestimmte Ort und Zeit für die Trauer, indem er verordnete, daß jeder nur zu Hause und nicht länger als dreißig Tage den Verlust der Seinigen beweinen dürfte. Nach dieser Zeit aber sollte die Trauer ganz aufhören und die Stadt durch die Totenopfer entsühnt werden.

Aber nichts verdient mehr Bewunderung als die Großmut und nachsichtsvolle Güte der Römer gegen den Konsul Varro. Denn als dieser nach der so schimpflichen und unglücklichen Niederlage von seiner Flucht beschämt und demütig eintraf, ging ihm der Senat und das ganze Volk bis ans Tor entgegen, um ihn zu bewillkommnen. Die Beamten und die ersten im Senat, unter denen auch Fabius war, lobten ihn, daß er bei einem solchen Unglücksfall nicht am Vaterland verzweifelte, sondern sich wieder einstellte, um die öffentlichen Geschäfte zu besorgen und sich der Gesetze und Bürger, die noch zu retten wären, anzunehmen.

Da jetzt die Nachricht einlief, daß Hannibal sich von Rom weg gegen das übrige Italien gewendet habe, lebte der Mut der Römer wieder auf, und sie ließen bald andere Heere und Feldherren ausrücken. Unter diesen waren Fabius Maximus und Claudius Marcellus die vornehmsten, die wegen ihrer fast entgegengesetzten Eigenschaften in gleichem Maße bewundert wurden. Marcellus besaß einen ungemein unternehmenden und stolzen Geist, und als ein Mann von tapferer Faust zeigte er gleich in den ersten Gefechten, die er lieferte, größte Verwegenheit und Unerschrockenheit. Er rückte dem kühnen Hannibal mit ebenso kühnem Mut zu Leibe. Fabius hingegen blieb fest bei seinem alten Plan und hoffte, daß Hannibal, wenn niemand sich mit ihm in ein Gefecht einließe oder ihn reizte, am Ende sich selbst schaden und seine Macht durch den Krieg verzehren sollte, so wie die Körper der Fechter durch allzu große Anstrengung und Überspannung der Kräfte zuletzt alle ihre Stärke verlieren.

Es wird erzählt, daß Fabius deswegen von den Römern ihr Schild und Marcellus ihr Schwert genannt worden sei, und daß die Festigkeit und Sicherheit des einen vereint mit der kühnen Tätigkeit des andern den Römern Rettung gebracht habe. Marcellus glich einem reißenden Strom, der Hannibal, so oft er ihm in den Weg kam, gewaltsam erschütterte und von seiner Macht ein Stück nach dem andern abriß; Fabius aber untergrub ihn allmählich wie ein still fließender Bach, der seine Ufer immerfort auswäscht, und rieb ihm unvermerkt seine besten Soldaten auf. Am Ende kam dann Hannibal durch die beiden in eine so mißliche Lage, daß er den Mut verlor, sich mit Marcellus zu schlagen, und vor Fabius, der sich nicht mit ihm schlug, in steter Furcht schwebte. Denn die meiste Zeit über hatte er sozusagen den Krieg nur gegen diese beiden Männer zu führen, indem sie bald zu Prätoren, bald zu Prokonsuln, bald zu Konsuln ernannt wurden. Jeder von ihnen verwaltete das Konsulat fünfmal. Hannibal lockte zwar zuletzt den Marcellus, als er zum fünftenmal Konsul war, in einen Hinterhalt und tötete ihn; aber gegen den Fabius konnte er nichts ausrichten; ein einziges Mal hätte er ihn beinahe überlistet und in eine Falle gelockt.

Hannibal schickte dem Fabius einen erdichteten Brief, der im Namen der ersten und angesehensten Bürger von Metapontum geschrieben war, des Inhalts, daß die Stadt ihm übergeben werden sollte, wenn er käme, und daß die, welche diese Sache betrieben, seine Ankunft vor der Stadt erwarteten. Fabius ließ sich durch diesen Brief bewegen und war schon willens, mit einem Teil seines Heeres in der folgenden Nacht dahin zu ziehen; weil aber die Auspizien nichts Gutes versprachen, verschob er die Sache. Gleich danach erfuhr er, daß der ihm überbrachte Brief von Hannibal erdichtet worden sei und daß dieser selbst bei der Stadt in einem Hinterhalt auf ihn lauere. So muß man dies wohl dem gnädigen Schutz der Götter zuschreiben, die Fabius retteten.

Im Hinblick auf das Abfallen der Städte und die Unruhe unter den Bundesgenossen war Fabius immer der Meinung, daß man dieser Gefahr lieber durch freundliche und nachsichtige Behandlung zuvorkommen und dergleichen Dinge in Güte beilegen müsse, ohne jeden Verdacht genau zu ergründen oder mit den Verdächtigen gleich streng zu verfahren.

Als er einst erfuhr, daß ein Mann, der unter den Bundesgenossen mit großer Tapferkeit kämpfte und dazu einer der vornehmsten war, mit einigen Soldaten im Lager vom Überlaufen zum Feind gesprochen hätte, wollte er, wie erzählt wird, diesen Mann nicht noch mehr erbittern, sondern gestand ihm ein, daß er wider sein Verdienst zurückgesetzt worden sei. »Jetzt gebe ich«, sagte er, »die Schuld den Offizieren, die die Ehrenstellen mehr nach Gunst als nach Verdienst vergeben; ein anderes Mal aber muß ich sie dir selbst beimessen, wenn du es mir nicht sagst oder dich nicht an mich wendest, sofern du dich über etwas zu beklagen hast.« Mit diesen Worten schenkte er dem Mann ein Streitroß und schmückte ihn mit den übrigen Ehrenzeichen, so daß er von nun an sicher auf dessen Treue und Ergebenheit rechnen konnte.

Einst berichteten ihm seine Hauptleute, daß ein Lukaner sich oft vom Lager entferne und seinen Posten verlasse. Er fragte sie, wie sie das Betragen des Mannes sonst gefunden hätten. Da nun alle ihm das Zeugnis gaben, daß nicht leicht ein anderer Soldat sich so gut aufführe, zugleich auch von seinem Wohlverhalten einige Beispiele erzählten, erforschte er den Grund seines Weggehens und erfuhr schließlich, daß der Mann mit einem Mädchen eine Liebschaft hätte und jedesmal unter Gefahren einen weiten Weg vom Lager zu ihr hinginge. Fabius ließ nun ohne sein Wissen das Mädchen durch einige Soldaten holen, versteckte es in seinem Zelt und nahm dann den Lukaner vor. »Ich weiß«, sagte er zu ihm, »daß du den römischen Kriegsgesetzen zuwider die Nacht oft außer dem Lager zubringst; aber ich weiß auch, daß du dich sonst immer gut aufführst. Deine Vergehen sollen dir also mit Rücksicht auf dein löbliches Betragen verziehen sein, aber für die Zukunft muß ich dich doch von einem anderen bewachen lassen.« Da der Soldat darüber betroffen war, führte Fabius das Mädchen vor und übergab sie ihm mit den Worten: »Diese bürgt mir dafür, daß du bei uns im Lager bleibst; allein du mußt nun durch die Tat beweisen, daß du das Lager nicht aus einer andern, bösen Absicht verlassen und die Liebe sowohl als dieses Mädchen zu einem bloßen Vorwande gebraucht hast.« Soviel von der Kunst, wie Fabius die Menschen zu behandeln verstand.

Die Stadt Tarent, die von den Feinden durch Verräterei erobert worden war, bekam er auf folgende Art wieder in seine Gewalt. Unter seinem Heer diente ein Jüngling von Tarent, der in dieser Stadt noch eine Schwester hatte, die ihm mit aller Treue und Zärtlichkeit zugetan war. In diese hatte sich ein Bruttier, ein Befehlshaber der von Hannibal in die Stadt gelegten Besatzung verliebt. Das gab dem Tarentiner Hoffnung, eine Unternehmung auszuführen. Er wurde daher mit Wissen des Fabius in die Stadt entlassen, und man streute über ihn aus, er sei zu seiner Schwester entwichen. In den ersten Tagen stellte der Bruttier seine Besuche bei der Schwester ein, weil sie glaubte, ihr Bruder wüßte nichts von der Sache. Darauf aber sagte der Jüngling zu ihr: »Im Lager ging das Gerücht, du lebtest mit einem großen und mächtigen Manne in vertrautem Umgang. Sage mir doch, wer er ist. Denn ist er nur sonst ein rechtschaffener Mann und von gutem Ruf, so bekümmert sich der Krieg, der alles untereinandermischt, am wenigsten um die Herkunft.« Nunmehr ließ das Mädchen den Bruttier kommen und stellte ihn ihrem Bruder vor. Dieser war den Liebenden behilflich, und so gewann er in kurzem das Vertrauen des Bruttiers. Mit leichter Mühe gelang es ihm, den verliebten Bruttier durch Hoffnung auf große Belohnungen, die er ihm in Fabius' Namen versprach, für seinen Plan zu gewinnen.

Während dieses vorging, suchte Fabius den Hannibal durch eine List aus dieser Gegend zu entfernen. Er schickte der Besatzung in Rhegium den Befehl, das Land der Bruttier zu verwüsten und Caulonia stürmend zu erobern. Die Angreifer waren achttausend Mann stark und bestanden größtenteils aus Überläufern und jenem schlechten, nichtsnutzigen Gesindel, das Marcellus aus Sizilien herübergebracht hatte, so daß ihr Verlust dem Staat nicht den geringsten Schaden bringen konnte. Fabius hoffte, durch Aufopferung dieser Leute Hannibal von Tarent wegzuziehen, was auch wirklich gelang. Denn Hannibal brach sogleich mit seiner ganzen Macht auf, um ihnen nachzuziehen.

Fabius hielt schon seit sechs Tagen Tarent eingeschlossen, als der Jüngling nach Verabredung mit dem Bruttier des Nachts an den Ort kam, wo dieser postiert war und die Römer beim Angriff wollte ein-

dringen lassen. Aber Fabius ließ diese Unternehmung nicht bloß auf
Verräterei beruhen. Er begab sich selbst zu dieser Stelle hin und wartete
dort ruhig, indes das übrige Heer unter großem Geschrei und Lärm die
Mauern sowohl vom Land als von der See her bestürmen mußte. End-
lich, als die meisten Tarentiner sich dorthin gewendet hatten, woher das
Geschrei ertönte, und mit den Stürmenden ins Handgemenge kamen,
gab der Bruttier dem Fabius das Zeichen, daß es Zeit wäre, worauf
Fabius die Mauer mit Leitern erstieg und sich der Stadt bemächtigte.
Bei der Gelegenheit ließ er sich, wie es scheint, von der Ruhmbegierde
zu sehr hinreißen, so daß er Befehl gab, den Bruttier und seine Genossen zuerst niederzumachen, damit es nicht bekannt würde, daß er die
Stadt durch Verräterei erobert hätte. Aber diese Hoffnung schlug ihm
fehl.

Hannibal, der eiligst, wenn auch zu spät zur Rettung heranrückte,
soll öffentlich gesagt haben: »So besitzen denn auch die Römer einen
Hannibal! Wir haben Tarent verloren, wie wir es gewonnen hatten.«
Aber gegen seine vertrauten Freunde soll er sich jetzt zum erstenmal
geäußert haben, er habe es schon längst für schwer gehalten, Italien zu
erobern, nun aber finde er es gar unmöglich.

Fabius feierte nach der Wiedergewinnung der Stadt seinen zweiten
Triumph, der weit glänzender war als der erste, da er wie ein gewandter
Ringer mit Hannibal gekämpft und jeden Versuch desselben, ihn zu
umschlingen, geschickt und mit leichter Mühe vereitelt hatte. Denn der
eine Teil von Hannibals Heer war durch Reichtum und Schwelgerei
entnervt, der andere aber durch die unaufhörlichen Gefechte abgestumpft und ermattet.

Marcus Livius, der die römische Besatzung in Tarent kommandierte,
als Hannibal sich der Stadt bemächtigte, hatte unentwegt die Festung
behauptet und sie mutig verteidigt, bis der Ort wieder in die Gewalt
der Römer kam. Diesen Mann schmerzte es sehr, daß dem Fabius so
viel Ehre erwiesen wurde. Durch Neid und Ehrsucht verleitet, sagte er
einst im Senat, nicht dem Fabius, sondern ihm habe man die Eroberung
von Tarent zu verdanken. Fabius versetzte ihm lächelnd: »Du hast freilich recht; denn wenn du die Stadt nicht verloren hättest, so hätte ich
sie nicht erobern können.«

Unter die vielen glänzenden Ehrenbezeigungen, die die Römer dem

Fabius erwiesen, gehörte auch diese, daß sie seinen Sohn zum Konsul erwählten. Als dieser das Kommando übernommen hatte und eben einige Anordnungen für den Feldzug machte, kam sein Vater, sei es aus Schwachheit des Alters oder um seinen Sohn auf die Probe zu stellen, zu Pferd herbei und wollte durch die Männer, die mit dem Konsul sprachen und um ihn herumstanden, zu ihm hinreiten. Aber der junge Mann, der ihn von ferne sah, duldete das nicht, sondern ließ durch einen Liktor dem Vater befehlen, vom Pferd zu steigen und zu Fuß zu kommen, wenn er mit dem Konsul zu sprechen hätte. Alle ärgerten sich über diesen Befehl und blickten stillschweigend auf Fabius, dessen Ehre und Ansehen dadurch sehr gekränkt schien. Allein der Vater sprang unverzüglich vom Pferd, eilte mit schnellen Schritten auf seinen Sohn zu, umarmte und küßte ihn und sprach: »Du denkst und handelst brav, mein Sohn, da du fühlst, über welches Volk du regierst und welche hohe Würde du erhalten hast. Auf solche Art haben auch wir und unsere Vorfahren Rom zu größerem Ansehen gebracht, da wir Eltern und Kinder immer dem Vaterland hintansetzten.«

Es fügte sich, daß Fabius bald darauf seinen Sohn durch den Tod verlor. Diesen Schicksalsschlag ertrug er als ein vernünftiger Mann und rechtschaffener Vater mit größter Gelassenheit. Die Gedächtnisrede, die bei der Beerdigung vornehmer Männer meist von einem nahen Verwandten gehalten wird, hielt er selbst auf dem Markt und machte sie in Abschriften öffentlich bekannt.

Nunmehr kam Cornelius Scipio, der bisher in Spanien kommandierte, nach Rom zurück. Er hatte nicht nur die Karthager in vielen Schlachten besiegt und aus dem Land vertrieben, sondern auch den Römern viele Völkerschaften, große Städte und unsägliche Reichtümer erworben. Daher stand er bald mehr als irgend ein anderer beim Volk in Gunst und Ansehen und wurde zum Konsul gewählt. Da er merkte, daß das Volk irgend eine große Unternehmung von ihm forderte und erwartete, entwarf er einen Plan, nicht mit Hannibal in Italien sich herumzuschlagen, sondern die Karthager in Afrika selbst unverzüglich anzugreifen, um den Krieg aus Italien dorthin zu ziehen.

Doch Fabius versetzte die Stadt auf alle Weise in Furcht und Besorgnis, daß sie durch diesen Plan eines jungen, unbesonnenen Mannes in die äußerste, größte Gefahr gestürzt würde, und sparte weder Worte noch Kunstgriffe, um die Bürger von diesem Vorhaben abzubringen. Er brachte auch wirklich den Senat auf seine Seite; das Volk hingegen hegte die Meinung, daß er nur aus Neid den Scipio in seiner glücklichen Laufbahn zu hemmen suche. Er befürchte, wenn dieser etwas Großes und Glänzendes ausführe und den Krieg endige oder ihn wenigstens aus Italien wegziehe, so würde er selbst als untätiger, verzagter Mann erscheinen, da er in so langer Zeit den Krieg nicht habe beenden können.

Bald nach Scipios Übergang nach Afrika trafen von dessen außerordentlichen Fortschritten und glänzenden Taten Nachrichten ein, und diese wurden durch die übersandte große Beute vollends bestätigt. Die Karthager baten jetzt Hannibal durch Abgeordnete dringend, seine nichtigen Hoffnungen fahren zu lassen und dem Vaterland zu Hilfe zu eilen. Als in Rom jedermann nur von den rühmlichen Taten des Scipio sprach, bestand Fabius darauf, man solle dem Scipio einen Mitfeldherrn nachschicken, ohne daß er einen andern Grund anführte als jene bekannte Behauptung, es sei gefährlich, solche wichtige Dinge dem Glück eines einzigen Mannes anzuvertrauen, weil sehr selten ein Mensch ununterbrochen glücklich handle. Dadurch verdarb er es endlich mit dem Volk. Man hielt ihn jetzt für einen grämlichen, mißgünstigen Mann oder doch für einen solchen, dem sein Alter Mut und Hoffnung genommen hätte und der sich vor Hannibal, mehr als nötig wäre, fürchtete. Aber auch da noch, als Hannibal schon mit seiner ganzen Macht von Italien abgesegelt war, ließ er die Freude und Zuversicht des Volkes nicht ungestört, sondern äußerte immer, jetzt wäre der Staat erst recht in größter Gefahr, denn Hannibal würde in Afrika, unter den Mauern von Karthago, mit noch größerer Wut über die Römer herfallen als in Italien.

Doch nicht lange hernach besiegte Scipio den Hannibal selbst in einer entscheidenden Schlacht, und schlug das stolze Karthago ganz zu Boden. Er gewährte durch diesen Sieg seinen Mitbürgern eine Freude, die alle Hoffnung überstieg, und befestigte aufs neue ihre Herrschaft, die durch einen heftigen Sturm erschüttert worden war. Fabius Maximus aber erlebte das Ende des Krieges nicht. Die Niederlage Hannibals erfuhr er nicht mehr, er wurde nicht Zeuge des großen festgegründeten Glücks seines Vaterlandes; denn er starb an einer Krankheit eben zu der Zeit, da Hannibal von Italien abzog.

Fabius wurde nicht auf Kosten des Staates begraben, sondern jeder Bürger trug zu seiner Beerdigung die kleinste Münze bei, nicht aus Armut, sondern um ihn wie einen Vater des Volks zu begraben. So genoß Fabius auch im Tod eine Ehre, die seinem rühmlichen Leben angemessen war.

Hannibal und Publius Cornelius Scipio

Gesandte von Karthago suchten Hannibal in seinem Heerlager in Süditalien auf, wohin er sich zurückgezogen hatte, und forderten ihn im Namen des Senats auf, nach Afrika zurückzukehren; denn der römische Konsul Scipio stand mit seinen Legionen dicht vor der Stadt und bedrohte sie.

Knirschend und klagend und kaum die Tränen zurückhaltend nahm er den Auftrag der Gesandten entgegen. Als sie ihm die Befehle kundgetan hatten, sprach er: »So rufen sie mich denn schon nicht mehr durch versteckte List, sondern offen zurück, sie, die mich durch Verweigerung von Truppen und Geldern schon lange zurückgezerrt haben! So wurden Sieger über Hannibal nicht die Römer, die er so oft schlug, sondern der Senat von Karthago durch den mir entgegenarbeitenden Parteihaß! Über meinen schimpflichen Abzug wird Scipio nicht lauter frohlocken und sich erheben als Hanno, der meine Familie, weil er es durch andere Mittel nicht konnte, unter Karthagos Trümmern begräbt.«

In der Ahnung, daß es so kommen möchte, hatte er die Schiffe schon in Bereitschaft gehalten. Nachdem er eine Schar untauglicher Truppen unter dem Vorwand, dort Besatzungen zu bilden, in die wenigen süditalischen Städte weggeschickt hatte, die mehr aus Furcht als Ergebenheit bei seiner Partei geblieben waren, setzte er mit dem Kern seines Heeres nach Afrika über. Man sagt, die Traurigkeit dessen, der als Verbannter aus seinem Vaterland scheide, könne nicht größer sein als die, mit der Hannibal das Land der Feinde räumte. Oft habe er unter Klagen über Götter und Menschen nach Italiens Küste zurückgeblickt und unter Verwünschungen seiner selbst und seines Lebens es sich vorgeworfen, daß er sein Heer, noch erhitzt vom Sieg bei Cannae, nicht vor Rom geführt habe. Scipio, der als Konsul keinen feindlichen Punier in Italien gesehen habe, erdreiste sich, vor Karthago zu rücken; und er, vor dem am trasimenischen See und bei Cannae Tausende mit ihren Waffen gefallen seien, habe sich bei Casilinum, Cumae und Nola mit langen Belagerungen vertan. Unter solchen Vorwürfen und Klagen schied er aus dem heiß umkämpften Italien.

Nach kurzer, stürmischer Überfahrt landete Hannibal in Afrika. Nachdem er seinen Truppen nur wenige Tage zur Wiederherstellung von der Seekrankheit gewährt hatte, eilte er, aufgeschreckt durch die ängstlichen Meldungen, daß um Karthago alles von Feinden besetzt sei, in großen Tagesmärschen nach Zama, das fünf Tagereisen von Karthago entfernt liegt; dort hatten die Römer ihr Hauptlager aufgeschlagen.

Hier forderte Hannibal eine Unterredung mit dem römischen Konsul. Da er den Krieg angefangen habe, fühle er sich auch mächtig, ihm ein Ende zu setzen.

Nachdem sie ihre Bewaffneten gleich weit zurückgeschickt hatten, trat jeder mit einem Dolmetscher begleitet vor, die größten Feldherren nicht allein ihrer Zeit, sondern auch jedem Heerführer der ganzen früheren Geschichte gleich. Eine Zeitlang schwiegen sie, einer den andern in gegenseitiger Bewunderung anblickend. Dann fing Hannibal an: »Wenn es mir vom Schicksal auferlegt ist, daß ich, der ich im Krieg gegen Rom der Angreifende war und so oft den Sieg beinahe schon in Händen hatte, zuerst mich einfinden mußte, um einen Frieden vorzuschlagen, so freue ich mich, ihn gerade bei dir suchen zu müssen. Und ebenso gehört auch für dich unter so manchen Auszeichnungen, die dir zuteil wurden, diese vielleicht nicht zu den letzten, daß eben der Hannibal, dem die Götter über so viele römische Feldherren den Sieg verliehen, um den Frieden bittet und daß du es bist, der diesem, früher durch eure als durch unsere Niederlagen sich auszeichnenden Krieg sein Ende setzest! Es mag ein Spiel des Zufalls sein, daß ich, der ich mit deinem Vater zuerst im Feld mich maß, nun waffenlos bei seinem Sohn mich einstelle, ihn um Frieden zu bitten. Am besten wäre es freilich gewesen, die Götter hätten unsern Völkern die Einsicht verliehen, daß ihr mit Italiens, wir mit Afrikas Beherrschung zufrieden gewesen wären; denn euch sind ja der Gewinn von Sizilien und Sardinien kein würdiger Ersatz für den Verlust so vieler Flotten, so vieler Heere und so manches ausgezeichneten Feldherren. Doch das Vergangene läßt sich eher tadeln als gutmachen. Aber wie hat sich alles gewendet: wie ihr vordem in Italien Krieg zu führen hattet und beinahe vor euren Toren und Mauern die Fahnen und Waffen der Feinde erblicktet, so vernehmen wir jetzt von Karthago aus das Getöse eines römischen Lagers. Folglich sind wir jetzt in einem Fall, der für uns so traurig wie möglich ist, euch aber höchst erwünscht sein muß, Friedensverhandlungen anzuknüpfen. Und es knüpfen sie zwei Männer, denen nicht nur selbst viel daran liegt, Frieden zu haben, sondern die auch sicher sind, daß ihre Staaten alle ihre Abschlüsse genehmigen werden. Was mich betrifft, so haben mich, der ich bejahrt in mein Vaterland zurückkehre, das ich als Knabe verließ, nicht nur mein Alter, sondern auch bald einmal Glück, bald einmal Unglück so in die Lehre genommen, daß ich mich lieber an die Vernunft als an das Glück zu halten wünsche. Nur deine Jugend und dein ununterbrochenes Glück, die dir beide mehr Mut einflößen, als sich mit dem Entschluß zum Frieden verträgt, machen mir bange. Wen das Glück nie hinterging, der läßt den unbestimmbaren Zufall unbeachtet. Was ich am trasimenischen See, was ich bei Cannae war, das bist du heute. Kaum zum Soldaten alt genug und schon mit der Feldherrenwürde bekleidet, unternahmst du alles mit höchster Kühnheit; und nirgends verließ dich das Glück. Du gewannest das verlorene Spanien wieder. Du wurdest Konsul; und da die andern Feldherrn nicht Mut hatten, Italien zu behaupten, rissest du mich durch deinen Übergang nach Afrika und deine Siege über zwei karthagische Heere aus dem Besitz Italiens, so fest ich ihn seit sechzehn Jahren behalten hatte. So kann dir ein Sieg wünschenswerter sein als ein Friedensschluß. Aber bedenke, auch mir lächelte einst ein solches Glück. Gäben uns die Götter im Glück auch die rechte Sinnesart, so würden wir nicht bloß zählen, was sich begeben hat, sondern auch erwägen, was sich begeben kann. Wenn du dich an keinen andern erinnertest, so bin ich selbst für jähen Glückswechsel dir Beispiel genug. Als derselbe Mann, den ihr sein Lager zwischen dem Anio und eurem Rom nehmen und mit seinen Fahnen gegen Roms Mauern anrücken sahet, stehe ich vor dir und bitte dich vor den Mauern meiner beinahe eingeschlossenen Vaterstadt, diese vor dem zu verschonen, womit ich die deinige bedrohte. In deiner günstigeren Lage ist der Friede für dich glorreich und glänzend; für uns, die wir ihn suchen, ist er mehr notwendig als ehrenvoll. Besser ist ein sicherer Friede als ein

138

erhoffter Sieg. Jener steht in deiner, dieser aber in der Götter Hand. Setze nicht das Glück so vieler Jahre auf die Entscheidung einer einzigen Stunde. Nirgends trifft der Erfolg weniger zu als im Krieg. Beim Entschluß zum Frieden, Publius Cornelius, hängt alles von dir ab; willst du den Krieg, mußt du mit dem Schicksal vorlieb nehmen, das dir die Götter zumessen.

Freilich hat der, der den Frieden bewilligt, nicht der, der ihn sucht, die Bedingungen anzugeben. Wir weigern uns nicht, euch alles zu überlassen, worüber der Krieg entstand: Sizilien, Sardinien, Spanien und alle zwischen Afrika und Italien gelegenen Inseln. Wir Karthager wollen, auf Afrikas Ufer beschränkt, weil es so der Götter Wille war, zusehen, wie ihr zu Wasser und zu Land Beherrscher auswärtiger Staaten seid. Ich will es nicht leugnen, die punische Treue kann euch des vor kurzem nicht gar zu gewissenhaft eingehaltenen Waffenstillstandes wegen verdächtig sein. Allein, Scipio, für den redlichen Willen, den Frieden zu schließen, kommt viel darauf an, durch wen er gesucht wird. Siehe, ich selbst, Hannibal, bitte jetzt darum. So wie ich, der ich den Krieg eröffnet habe, es zu erreichen wußte, daß niemand in Karthago mit ihm unzufrieden war, bis die Götter selbst unsere Neider wurden, so werde ich auch dahin zu wirken suchen, daß niemand mit dem durch mich gestifteten Frieden unzufrieden sein soll.«

Die wortreiche Rede des Puniers machte auf Scipio keinen besonderen Eindruck. Mit kurzen Worten erwiderte der römische Feldherr hierauf ungefähr folgendes: »Es ist mir nicht entgangen, Hannibal, daß bloß die Hoffnung auf deine Ankunft die Karthager bewog, sowohl die ausdrückliche Zusage des Waffenstillstandes als die Hoffnung auf Frieden umzustoßen. Und was du selbst in deinen Friedensbedingungen uns anzubieten scheinst, ist nichts anderes, als was schon längst in unserer Gewalt ist. Weder unsere Väter haben über Sizilien noch wir über Spanien Krieg angefangen. Damals und diesmal geboten uns Treue und Pflicht, für unsere Bundesgenossen die Waffen zu ergreifen. Daß ihr selbst die Angreifenden gewesen seid, gestehst nicht du allein, sondern dafür sind auch die Götter Zeugen, die den Ausgang des Krieges um Sizilien so geleitet haben und den des jetzigen schon so leiten und noch leiten werden, wie menschliche und göttliche Rechte es fordern. Was mich anbetrifft, so denke ich gar wohl an die menschliche Unsicherheit und auch den Einfluß des Schicksals und weiß, daß alles, was wir unternehmen, tausend Zufällen unterworfen ist. Falls du vor meinem Übergang nach Afrika Italien freiwillig geräumt und dich von selbst eingefunden hättest, um einen Frieden anzutragen, müßte ich mich des Übermuts schuldig bekennen, wenn ich dich abwiese. Jetzt aber, nach all deinem Sperren und Ausweichen, bin ich dir zu keiner Verbindlichkeit verpflichtet. Darum sage ich kurz: Wenn ihr außer jenen Bedingungen, unter denen der Friede schon früher hätte zustande kommen können, für unsere Schiffe und ihre Ladungen, die während des Waffenstillstandes versenkt wurden, sowie für die Beleidigung unserer Gesandten noch eine Geldstrafe zahlt, so läßt sich die Sache vor einen Kriegsrat bringen. Scheinen euch aber diese Bedingungen zu hart, nun, so macht euch fertig zum Kampf, da ihr euch in den Frieden nicht habt finden können.«

Als sie, ohne Frieden geschlossen zu haben, zu den Ihrigen zurückkehrten, zeigten sie ihnen an, es sei bei vergeblichen Worten geblieben. Das Schwert müsse entscheiden, und man müsse das Schicksal nehmen, wie es die Götter zuteilen würden.

Sie kündigten beide ihren Truppen an: sie möchten sich mit Waffen und Mut zum letzten Kampf rüsten, nicht, um auf einen Tag, sondern um auf immer Sieger zu werden. Ob in Zukunft Rom oder Karthago den Völkern Gesetze geben solle, würden sie vor der morgigen Nacht erfahren. Denn nicht etwa Afrika oder Italien, sondern der Erdkreis werde der Preis des Sieges sein, aber auch diesem Preis angemessen die Gefahr derer, für welche die Schlacht unglücklich abliefe. Und wirklich, den Römern war in einem fremden, unbekannten Land jeder Weg zum Entfliehen genommen; ebenso sah Karthago, wenn es seine letzte Kraft verbraucht hatte, der nahen Zerstörung entgegen. Zu einer solchen Entscheidung traten am folgenden Tag die berühmtesten Feldherren zweier so mächtiger Staaten und die beiden tapfersten Heere auf, um ihren vielfachen, früher erworbenen Ruhm an diesem Tag entweder zu erhöhen oder zu vernichten.

Die Karthager unterlagen im Kampf. Als tributpflichtige Untertanen hatten sie sich fortan den Befehlen Roms zu fügen.

Marcus Cato, ein alter Römer

Marcus Cato stammte aus einer einfachen Familie aus Tusculum und lebte, ehe er zu Kriegs- und Staatsämtern gelangte, auf seinen väterlichen Landgütern im sabinischen Gebiet. Die Römer nannten diejenigen, die aus einem unberühmten Hause stammten und erst durch sich selbst bekannt zu werden anfingen, »neue« Leute. Als ein solcher galt auch Cato. Doch sagte er, hinsichtlich des Ruhms und der öffentlichen Ämter wäre er zwar neu, durch die Taten und Verdienste seiner Vorfahren aber von uraltem Geschlecht. Mit dem dritten Namen hieß er zuerst Priscus; in der Folge aber erhielt er wegen seiner tiefen Einsicht den Beinamen Cato, denn klug und einsichtsvoll heißt bei den Römern catus.

Da er von Kindheit auf an Handarbeit, nüchterne Lebensart und Kriegsdienste gewöhnt war, hatte er eine vortreffliche Leibesbeschaffenheit, die ihm sowohl Stärke als Gesundheit gewährte. Den mündlichen Vortrag suchte er wie eine zweite Natur, wie ein höchst notwendiges Werkzeug sorgfältig auszubilden, indem er in den umliegenden Flecken und Städtchen jedem, der ihn darum bat, vor Gericht beistand. Anfänglich galt er bloß für einen eifrigen Sachwalter, bald auch für einen trefflichen Redner, und in der Folge fanden die, welche mit ihm zu tun hatten, in seinem Charakter eine Festigkeit und Stärke und einen hohen Geist, der wichtigen Geschäften und selbst der Regierung eines mächtigen Staates gewachsen schien. Denn er zeigte sich nicht nur bei Prozessen und Rechtssachen frei von aller Gewinnsucht, sondern man sah auch deutlich, daß er sich aus dem Ruhm von dergleichen Geschäften nicht viel machte; weit mehr suchte er sich durch Kriegsdienste und in Schlachten gegen die Feinde hervorzutun, daher war seine Brust schon in den Jünglingsjahren mit Narben bedeckt.

Seinen ersten Feldzug machte er, wie er selbst sagt, im siebzehnten Jahre mit, um die Zeit, da Hannibal, vom Glück begünstigt, Italien verheerte. Im Gefecht bewies er sich als ein rüstiger Kämpfer von tapferer Faust, von festem, standhaftem Fuß und trotziger Miene. Dabei stieß er mit rauhem Ton gegen die Feinde fürchterliche Drohungen aus. Er dachte ganz richtig und lehrte, daß durch dergleichen die Feinde oft mehr als durch das Schwert in Schrecken gesetzt werden. Auf dem Marsch ging er zu Fuß und trug seine Waffen selbst. Er hatte nicht mehr als einen Diener bei sich, der ihm die Lebensmittel nachtragen mußte. Diesen schalt er nie aus Unzufriedenheit über das vorgesetzte Frühstück oder Abendessen, sondern half ihm oft, wenn er von Soldatendiensten frei war, bei der Zubereitung der Speisen. Im Feld trank er nichts als Wasser; nur wenn er brennenden Durst hatte, forderte er Essig, und bei Mangel an Kräften nahm er ein wenig Wein.

Sein Gutsnachbar in jungen Jahren war Manius Curius, der dreimal triumphiert hatte. Wenn Cato dessen kleines Anwesen, die schmucklose Hütte betrachtete, staunte er über den Mann, der höchste Ämter in Rom bekleidet und große Siege gefeiert hatte und dieses einfache Gut selbst bestellte. Wenn er dann sein eigenes Haus betrachtete, seine Ländereien und Dienerschaft, spannte er sich selbst noch mehr an zu anstrengender Arbeit und verzichtete auf jeden unnötigen Aufwand. Darin wurde er noch besonders bestärkt durch seinen Gastfreund Nearchos. Während der Belagerung von Tarent unter Fabius Maximus verkehrte er viel im Hause dieses Pythagoräers und nahm an seinen Unterhaltungen teil. Da erfuhr er die Mahnungen Platos, die Lust sei das schlimmste Lockmittel zum Bösen, der Körper das größte Hindernis für die Seele. Die Seele könne sich nur dadurch läutern und befreien, wenn sie stetig übe, sich von den Leidenschaften des Körpers freizumachen. Daraufhin wandte sich Cato noch eifriger der Einfachheit und Enthaltsamkeit zu.

Ein anderer Gutsnachbar war Valerius Flaccus, einer der vornehmsten und angesehensten Männer in Rom. Neben einer besonderen Geschicklichkeit, aufkeimende Talente zu bemerken, hatte er auch den guten Willen, sie zu fördern und emporzubringen. Durch seine Sklaven erhielt er Nachricht von der Arbeitsamkeit und strengen Lebensart Catos und hörte zu seiner Verwunderung erzählen, daß er schon in der Frühe auf den Markt gehe, um die, welche ihn darum baten, vor Gericht zu vertreten. Wenn er wieder nach Hause käme, arbeite er zu Winterszeiten in einer Jacke, im Sommer aber ohne Bedeckung mit seinen Knechten, äße mit ihnen an einem Tisch dasselbe Brot und tränke denselben Wein. Da man überdies von seiner Bescheidenheit und Mäßigung viel Rühmens machte, auch einige seiner sinnreichen Sprüche anführte, ließ Valerius ihn zu Gast laden und lernte im weiteren Umgang mit ihm bald seinen guten, gebildeten Charakter kennen. Er ermunterte ihn daher eifrig, sich in Rom den öffentlichen Geschäften zu widmen. Cato begab sich also nach Rom und erwarb sich in kurzem durch gerichtliche Verteidigungen eine Menge Gönner und Freunde; dabei verhalf ihm Valerius immer mehr zu Ehre und Ansehen. Auf solche Weise ward er zuerst Legionsoberster und dann Quästor. In der Folge aber gelangte er zu einem so glänzenden Ruhm, daß er sich mit Valerius selbst um die ersten Ehrenämter bewarb und nicht nur zum Konsul, sondern auch zum Zensor mit ihm ernannt wurde.

Cato gelangte durch seine Beredsamkeit zu immer größerem Ruhm. Man nannte ihn allgemein nur den römischen Demosthenes. Aber noch mehr Aufsehen und Bewunderung erregte seine Lebensart. Denn die Geschicklichkeit im Reden war für die jungen Römer bloß eine Sache des Fleißes und der Anstrengung, worin sie miteinander wetteiferten; ein Mann hingegen, der nach alter Sitte sein Feld mit eigener Hand bebaute, der sich mit einem schlechten Abendessen, mit kaltem Frühstück, mit schlichter Kleidung und einem einfachen Wohnhaus begnügte, der es höher schätzte, überflüssiger Dinge nicht zu bedürfen, als sie zu besitzen, ein solcher Mann war eine große Seltenheit. Denn schon damals galt im römischen Staat nicht mehr die alte Einfachheit und Reinheit der Sitten. Mit der Herrschaft über so viele Länder und Völker waren manche neuen Bräuche aufgekommen und allerlei fremde Lebensarten, die nun den Römern zum Muster dienten. Mit Recht bewunderten sie daher den Cato, da sie sahen, daß andere durch Strapazen entkräftet und durch Vergnügungen verzärtelt wurden; er hingegen hielt aus, von beiden unbesiegt, nicht nur so lange er jung und ruhmbegierig war, sondern auch noch im Alter mit grauen Haaren; ja selbst nach seinem Konsulat und Triumph beharrte er bei seiner gewählten Lebensordnung und blieb sich bis an seinen Tod immer gleich.

Er trug, wie er selbst sagte, niemals ein Kleid, das mehr kostete als hundert Drachmen, trank auch als Prätor und Konsul mit seinem

Gesinde einerlei Wein und ließ zu seinem Abendessen vom Markt nur für dreißig As Speisen holen. Dies tat er des Staates wegen, damit sein Körper die zum Kriegsdienst nötigen Kräfte behielt. Keines von seinen Landhäusern ließ er übertünchen; er kaufte nie einen Sklaven, der über fünfzehnhundert Drachmen kostete, weil er keine verweichlichten und schöngebildeten, sondern arbeitsame, handfeste Leute als Pferdeknechte und Ochsentreiber brauchte. Auch diese glaubte er, wenn sie alt würden, verkaufen und nicht unnützerweise füttern zu müssen. Deshalb war Cato bei vielen Römern wegen seines Geizes verschrieen. Andere wieder faßten sein Leben so auf, daß er sich selbst einschränkte, um andere durch sein Beispiel zu Einsicht und Umkehr zu bringen.

In andern Dingen jedoch verdient der Mann seiner Enthaltsamkeit und Sparsamkeit wegen die höchste Bewunderung. Das Pferd, das er als Prokonsul im spanischen Feldzug ritt, soll er dort zurückgelassen haben, um dem Staat die Frachtkosten zu ersparen. Als Prätor ließ er sich zum Beispiel für sich und sein Gefolge auf den Monat nicht mehr als drei attische Scheffel Weizen und für seine Lasttiere auf den Tag nicht einmal anderthalb Scheffel Gerste geben. Er bekam Sardinien zur Provinz. Alle Prätoren vor ihm hielten ihre Zelte, Betten und Kleidung auf Kosten des Landes und fielen überdies noch durch die Menge ihrer Diener und Freunde, durch eine kostbare Tafel und anderen großen Aufwand den Einwohnern zur Last. Er machte nun mit seiner Genügsamkeit einen auffallenden Unterschied. Denn er forderte von dem Land nicht das geringste zur Bestreitung seines Unterhalts und bereiste alle Städte seiner Provinz zu Fuß, nur in Begleitung eines einzigen Dieners, der ihm seine Kleider und eine Schale zum Opfern tragen mußte. Aber so nachsichtig und rücksichtsvoll er sich hierin auch gegenüber seinen Untergebenen erwies, so ließ er sie doch in andern Fällen seine ganze Würde und Autorität fühlen, indem er über das Recht mit unerbittlicher Strenge waltete und die Staatsverordnungen pünktlich und ohne alle Rücksicht vollzog. Aus diesem Grunde war den Sardiniern die römische Herrschaft noch nie so furchtbar, aber zugleich auch so lieb und angenehm gewesen.

Seine Art sich auszudrücken war gefällig und zugleich nachdrücklich, einnehmend und zurückschreckend, scherzhaft und bitter, sinnreich und doch sehr faßlich.

Als er eines Tages das römische Volk, das zur Unzeit eine Zuteilung an Getreide verlangte, davon abbringen wollte, fing er seine Rede folgendermaßen an: »Es ist eine schwere Sache, meine Mitbürger, zum Bauche zu reden, der keine Ohren hat.« Bei einer anderen Gelegenheit verglich er die Römer mit den Schafen. »So wie diese einzeln nicht leicht gehorchen, aber miteinander dem Hirten gern folgen, ebenso laßt ihr euch, wenn ihr an einem Platze versammelt seid, von Leuten, die ihr gewiß nicht in euren eigenen Angelegenheiten zu Rate ziehen würdet, willig leiten.« Vernünftige Leute – sagte er einmal – hätten mehr Nutzen von den Toren als umgekehrt; denn die Vernünftigen würden durch die Fehler der Toren klug, die Unvernünftigen kehrten sich aber nicht um die Erfolge der andern.

Von denen, die sich zu oft um Ehrenämter bewarben, sagte er, sie suchten wie Leute, die den Weg nicht wüßten, beständig mit Liktoren zu gehen, damit sie sich nicht verirrten.

Er pflegte zu sagen, er habe in seinem ganzen Leben nicht mehr als drei Dinge bereut: das erste, daß er seiner Frau ein Geheimnis anvertraut; das zweite, daß er nach einem Ort zur See gefahren wäre, wohin er auch zu Lande hätte kommen können; das dritte, daß er einen Tag ohne bestimmte Geschäfte hingebracht hätte. Zu einem Volkstribun, der der Giftmischerei beschuldigt wurde und ein nachteiliges Gesetz vorschlug, das er mit Gewalt durchzusetzen versuchte, sagte er: »Ich weiß nicht, junger Mann, ob es gefährlicher ist, das, was du mischst, zu trinken, oder das, was du vorschlägst, zu bestätigen.« Als er einst zu den Athenern sprach, erzählte er selbst, hätten sie sich gewundert, wie schnell und scharf er seine Gedanken in Worte habe fassen können. Denn was er kurz vortrug, habe der Dolmetscher weitläufig mit einem ganzen Wortschwall wiedergegeben. Überhaupt meinte er immer, daß den Griechen die Worte von den Lippen, den Römern aber aus dem Herzen kämen.

Nachdem Cato als Konsul in Spanien glücklich gekämpft hatte, feierte er seinen Triumph. Er machte es aber nicht so wie viele andere, denen es mehr um den Ruhm als die Tapferkeit geht; sobald sie die höchste Stufe der Ehre erreicht haben, zu Konsulaten und Triumphen gelangt sind, überlassen sie sich ganz dem Vergnügen und der Ruhe und treten von den öffentlichen Geschäften zurück. Anstatt die Laufbahn der Pflicht zu beenden, strengte er, gleich denen, die erst anfangen, dem Staate zu dienen, und nach Ehre und Ruhm dürsten, seine Kräfte von neuem an, erwies sich in allem gegen seine Freunde und Mitbürger dienstfertig und entzog sich den Aufgaben als Anwalt vor Gericht so wenig als kriegerischen Unternehmungen.

Was die Zivilgeschäfte betrifft, so betrachtete er die Anklage und gerichtliche Verfolgung der Bösewichte als den vorzüglichsten und wichtigsten Teil.

Bei alledem blieb er selbst als Staatsmann nicht unangetastet, sondern wurde, sooft er seinen Feinden irgendeine Blöße gab, vor Gericht gezogen und in Prozesse verwickelt. Er soll nicht viel weniger als fünfzigmal verklagt worden sein, das letzte Mal noch in seinem sechsundachtzigsten Jahre. Bei dieser Gelegenheit sprach er auch das so oft angeführte Wort aus: »Es hält schwer, sich vor andern Menschen als denen, mit welchen man gelebt hat, zu verteidigen.« Aber damit war er mit den Gerichtsstreitigkeiten noch nicht zu Ende, da er vier Jahre hernach, in seinem neunzigsten Jahre, den Servius Galba noch anklagte.

Zehn Jahre nach seinem Konsulat bewarb sich Cato um die Zensorwürde. Diese war der Gipfel aller Ehre und gewissermaßen die Vollendung seiner politischen Laufbahn. Es war mit diesem Amt, außer der großen Macht, auch eine strenge Aufsicht über den Lebenswandel und die Sitten der Bürger verbunden. Denn die Römer meinten, daß der Ehestand, die Erziehung der Kinder, das häusliche Leben und die Feste nicht jedem nach seinem Gutdünken und seinen Neigungen ohne weitere Aufsicht überlassen werden dürften. Weil sie also glaubten, daß man aus diesen Dingen weit besser als aus den öffentlichen und politischen Handlungen den Charakter eines Bürgers erkennen könne, wählten sie, damit niemand sich dem ungehemmten Genuß ergeben oder von der althergebrachten Lebensart abweichen sollte, zwei Männer zu Aufsehern, Sittenrichtern und Zuchtmeistern, von denen der eine immer ein Patrizier, der andere ein Plebejer sein mußte. Diese hießen Zensoren, und sie hatten die Gewalt, den, der liederlich und unordentlich lebte, aus dem Ritterstand oder aus dem Senat zu stoßen. Auch schätzten sie das Vermögen der Bürger und bestimmten nach der Schätzung deren Steuerklassen und Rechte. Außerdem hatte dieses Amt noch viele andere wichtige Vorzüge.

146

Eben deswegen aber widersetzten sich auch fast alle der vornehmsten und angesehensten Männer des Senats, als Cato sich um dieses Amt bewarb. Die Patrizier quälte der Neid, weil sie es für die äußerste Beschimpfung des Adels hielten, daß Leute von ganz niedriger und unbekannter Herkunft sich zu der höchsten Ehre und Macht empordrängten; andere, die sich einer schlechten Lebensart bewußt waren, fürchteten die Strenge des Mannes, daß er nun bei solcher Gewalt vollends hart und unerträglich sein würde. Daher vereinigten sie sich und stellten Cato sieben andere Männer zur Bewerbung entgegen. Die schmeichelten dem Volk mit mancherlei schönen Hoffnungen in der Meinung, daß es selbst nachsichtige und gefällige Zensoren verlange.

Cato seinerseits ließ sich nicht zu der geringsten Gefälligkeit herab; im Gegenteil, er drohte öffentlich von der Rednerbühne allen schlechten Bürgern, rief, der Staat bedürfe einer großen Reinigung, und beschwor das Volk, wenn es vernünftig dächte, nicht den gefälligsten, sondern den schärfsten Arzt zu wählen; ein solcher wäre er, und unter den Patriziern nur einer, Valerius Flaccus. Mit diesem allein getraute er sich gegen die Schwelgerei und Üppigkeit wie gegen eine zweite Hydra mit Schneiden und Brennen etwas Großes auszurichten. Von allen andern sähe er, daß sie sich zudrängten, um das Amt schlecht zu verwalten, weil sie sich vor denen fürchteten, die es gut verwalten würden. Das römische Volk zeigte sich hier auch wirklich groß und großer Ratgeber würdig. Weit entfernt, sich vor der Härte und Strenge des Mannes zu fürchten, setzte es die gefälligen Bewerber zurück, von denen sich in allen Stücken die größte Nachgiebigkeit erwarten ließ, und wählte Flaccus mit Cato, gleich als wenn es nicht die Bitten eines Bewerbers um die Zensur, sondern die Befehle eines bereits ernannten Zensors vernommen hätte.

Cato ernannte als Zensor nun seinen Kollegen und Freund, Lucius Valerius Flaccus zum ersten Mann im Senat und stieß dagegen viele aus, unter anderen Lucius Quintius, der sieben Jahre vorher Konsul gewesen war. Einen andern Mann namens Manilius, der nächstens Konsul zu werden hoffte, stieß Cato auch aus dem Senat, weil er seine Frau bei Tage vor den Augen seiner Tochter geküßt hatte. Er äußerte dabei, seine Frau dürfe ihn nur bei großen Gewittern umarmen, und fügte scherzweise hinzu: »Aber ich bin glücklich, wenn Jupiter donnert.«

147

Viele Vornehme beleidigte er durch Beschränkung des Prachtaufwandes. Diesen geradezu auszurotten, fand er ganz unmöglich, weil schon zu viele davon angesteckt und verdorben waren. Er wählte daher einen Umweg und verordnete, Kleidungsstücke, Wagen, weiblichen Schmuck und Hausgeräte, wenn das Stück den Preis von fünfzehnhundert Drachmen überstieg, bei der Schätzung zehnfach höher anzusetzen. Er beabsichtigte dadurch, daß die Besitzer nach der höhern Schätzung auch höhere Abgaben bezahlen sollten. Diese bestimmte er nun auf drei As von tausend, damit die Verschwender sich ärgerten, wenn sie sparsame einfache Bürger mit gleichem Vermögen geringere Steuern zahlen sähen, und so dem Luxus endlich entsagen möchten. Die Folge davon war, daß der eine Teil der Bürger, der um Pracht und Ansehen willen die Abgaben auf sich nahm, gegen ihn ebenso aufgebracht wurde wie der andere, welcher der Abgaben wegen auf den Luxus verzichtete.

Cato kümmerte sich aber keineswegs um das Murren der Bürger, ja er verfuhr nun mit noch größerer Strenge. Er schnitt alle Röhren ab, durch die man das Wasser aus den öffentlichen Kanälen in Privathäuser und Gärten leitete. Auch ließ er alle Gebäude niederreißen, die zu weit auf die Straße vorragten, setzte die bereits vergebenen öffentlichen Arbeiten auf einen geringeren Lohn und trieb dagegen die Pacht für die Zölle aufs höchste. Dies alles zog ihm großen Haß zu. Die Freunde des Titus Flaminius vereinigten sich gegen ihn und ließen im Senat die von Cato getroffenen Abmachungen über die Arbeit an Tempeln und öffentlichen Bauten aufheben, weil der schlechte Lohn dem Ansehen des Staates abträglich sei. Auch hetzten sie die skrupellosesten unter den Volkstribunen auf, daß sie ihn vor dem Volk verklagten und ihm eine Buße von zwei Talenten auferlegt wurde. Trotz alledem scheint doch das Volk mit seiner Verwaltung der Zensur sehr zufrieden gewesen zu sein. Denn es errichtete ihm eine Bildsäule im Tempel der Gesundheit mit einer Inschrift, die weder Catos Feldzüge noch des Triumphs gedenkt, sondern übersetzt etwa lautet: »Weil er als Zensor den römischen Staat, der seinem Verfall nahe war und sich zur Sittenverderbnis neigte, durch treffliche Anordnungen, durch weise Einrichtungen und Grundsätze wieder hergestellt und aufgerichtet.« Vorher spottete er freilich selbst über diejenigen, die dergleichen Ehrenbezeigungen hoch anschlugen, und pflegte zu sagen, sie bedächten nicht, daß sie sich bloß mit den Arbeiten der Bildgießer und Maler brüsteten, während die Bürger von ihm die schönsten Bildnisse im Herzen trügen.

Es war einer seiner Grundsätze, der gute Staatsbürger dürfe sich nur dann loben lassen, wenn es sich mit dem allgemeinen Besten vertrage. Und doch hat keiner sich mit soviel Selbstlob überhäuft wie Cato. Immer wieder erzählte er: wenn jemand wegen seines liederlichen Lebenswandels getadelt werde, entschuldige er sich mit den Worten: »Den Tadel verdiene ich nicht, ich bin eben kein Cato.« Weiter sagte er: auf ihn sähe der Senat in schwierigen Zeiten wie das Schiffsvolk auf den Steuermann. Ja, fehle er bei einer Sitzung, so würden oft auch die eiligsten Sachen aufgeschoben. All dies wird auch von andern bestätigt. Aber man verehrte ihn in der ganzen Stadt wegen seines vorbildlichen Lebenswandels, der Macht seines Wortes und schließlich wegen seines ehrwürdigen Alters.

Cato war aber auch ein guter Vater, ein liebevoller Ehemann, der das Hauswesen als eine wichtige Sache betrachtete und sich seiner mit größter Sorgfalt annahm. Er heiratete ein Frau, die mehr von edler Geburt als reich war, weil er glaubte, daß die vornehmen und reichen Frauen einen gewissen Stolz und Dünkel besäßen, die von edler Geburt sich aber vor schändlichen Dingen scheuten und sich daher von ihren Gatten weit leichter zum Guten leiten ließen. Für ihn war es ein größeres Lob, als guter Ehemann denn als ein geachteter Senator zu gelten.

Als ihm ein Sohn geboren worden war, kannte er kein dringenderes Geschäft, die öffentlichen ausgenommen, als selbst zugegen zu sein, wenn seine Frau das Kind badete und wickelte. Sie stillte es selbst und legte oft auch die Kinder der Sklaven an ihre Brust, um ihnen durch die gemeinschaftliche Nahrung eine Zuneigung zu ihrem Sohn einzuflößen. Sobald der Knabe zu Verstand kam, nahm ihn Cato zu sich und lehrte ihn lesen, obwohl er einen Sklaven hatte, der ein geschickter Lehrer war und viele Kinder unterrichtete. Aber er wollte nicht, wie er selbst sagte, daß sein Sohn, wenn er faul wäre, von einem Sklaven ausgeschimpft oder bei den Ohren gezupft würde. Daher machte er selbst den Sprachlehrer, den Hof- und Fechtmeister, indem er seinen Sohn nicht nur den Speer werfen, fechten und reiten lehrte, sondern ihn auch übte, mit geballter Faust zu kämpfen, Hitze und Kälte zu ertragen und über Strudel oder reißende Stellen im Tiber zu schwimmen. Er schrieb mit eigener Hand und mit großen Buchstaben mancherlei Geschichten seines Volkes zusammen, damit sein Sohn von Kindheit auf Gelegenheit hätte, sich mit den Taten und Sitten der Vorfahren bekannt zu machen. Es war für Cato eine schöne Aufgabe, seinen Sohn zu einem tüchtigen Menschen zu bilden, denn des Knaben Eifer war untadelig, und dank seinen vortrefflichen Anlagen folgte seine Seele der väterlichen Führung willig. Nur sein Körper schien sich an Strapazen nicht gewöhnen zu können. Cato erließ ihm daher allzu strenge körperliche Zucht. Dennoch stellte der junge Cato später im Feld seinen Mann und kämpfte tapfer.

Cato hielt eine große Menge Sklaven, die er aus der Schar der Kriegsgefangenen kaufte, am liebsten solche, die noch klein waren und sich wie junge Hunde oder Füllen nach seiner Art bilden und ziehen ließen. Keiner von ihnen durfte ein anderes Haus betreten, außer wenn ihn Cato selbst oder seine Gemahlin dahin schickte. Wurde einer gefragt, was Cato mache, so durfte er nur sagen, er wisse es nicht. Jeder Sklave mußte entweder notwendige Arbeiten verrichten oder schlafen. Cato war denen, die einen guten Schlaf hatten, besser gesinnt, weil er glaubte, daß sie gutmütiger wären und sich nach genossenem Schlaf zu jedem Geschäft besser brauchen ließen als die, welche weniger schlafen. Immer aber suchte er sein Gesinde in Zwist und Uneinigkeit gegeneinander zu erhalten; ihre Eintracht erregte ihm Furcht und Verdacht.

Als er anfing, an Bereicherung zu denken, fand er bald, daß der Landbau mehr ein Zeitvertreib sei, als daß er einen guten Ertrag gäbe. Er legte daher seine Kapitalien in solchen Dingen an, von denen er sich sichere Einkünfte versprechen konnte. Er kaufte Teiche, warme Quellen, freigelegene Grundstücke, die sich für Tuchmacher und andere solche Arbeiter eigneten, dazu Güter, die aus ertragreichen Weiden und Gehölzen bestanden. Von all diesen hatte er ansehnliche Einkünfte, denen selbst Jupiter nichts anhaben konnte, wie er zu sagen pflegte. Er erlaubte sich beim Seehandel den am meisten verrufenen Wucher auf folgende Art. Er hieß diejenigen, die bei ihm Geld aufnahmen, mit mehreren andern in Gesellschaft treten. Wenn ihrer fünfzig und ebensoviele Schiffe beisammen waren, nahm er selbst nur einen Anteil durch seinen Freigelassenen Quintio, der mit den Anleihern zugleich den Handel besorgte und die Seereise mitmachte. Auf diese Weise wagte er

150

nie das Ganze, sondern nur einen geringen Teil und hatte doch immer einen bedeutenden Gewinn dabei. Überdies streckte er auch seinen Sklaven, die es brauchten, Geld vor. Diese kauften dafür Knaben, die sie auf Kosten des Cato übten und unterrichteten und nach einem Jahre wieder verkauften. Viele behielt Cato auch selbst und ließ sich die höchste Summe, die ein anderer bot, dafür anrechnen.

Zu dem allen hielt er auch seinen Sohn an und sagte: »Die Verminderung des Vermögens ist wohl einer Witwe, aber nie einem Mann zu verzeihen.« Er nannte den einen bewunderswerten, wahrhaft weisen ruhmeswürdigen Mann, in dessen Rechnungen sich nach seinem Tod finde, daß er mehr erworben habe als geerbt.

Einst kamen zwei Griechen als Abgesandte von Athen nach Rom, um für die Athener in einer Rechtssache Fürsprache einzulegen. Gleich strömten die Gebildeten unter den jungen Römern zu ihnen und hörten ihnen voll Bewunderung und Begeisterung zu, so daß die Jünglinge von ihren früheren Beschäftigungen bald nichts mehr wissen wollten. Die Römer sahen es gern, wenn ihre Söhne im Umgang mit diesen Männern sich griechische Bildung aneigneten. Nur Cato war dagegen, daß das Studium der Wissenschaften in Rom Einlaß fand. Er fürchtete, die jungen Römer würden sich mit Eifer darauf stürzen und die Beredsamkeit höher stellen als ein Leben voll Arbeit in Haus und Feld. Er drängte daher im Senat darauf, daß man in der Sache der griechischen Gesandtschaft schleunigst einen Beschluß fasse, damit diese Leute nach Griechenland zurückkehrten und sich dort mit den jungen Griechen unterredeten, die jungen Römer aber wie zuvor auf ihre Gesetze und Beamten hörten.

Cato war ein Feind jeglicher Philosophie und betrachtete es als ehrenvoll, alle griechische Bildung und Erziehung zu verachten. So nannte er selbst Sokrates einen Schwätzer und Gewaltmenschen, der schuld sei an der Lockerung der Sitten und seine Mitbürger nur zum Widerstand gegen die Gesetze und zur Uneinigkeit verführt habe. Über einen griechischen Lehrer machte er sich lustig und sagte, seine Schüler würden in seiner Schule grau und kämen erst im Hades dazu, was sie gelernt hätten, anzuwenden und Prozesse zu führen. Auch seinen Sohn hielt er vom Griechischen zurück. Cato tat noch als alter Mann den Ausspruch, den er wie ein Seher verkündete: die Römer würden alle

Macht und Kraft verlieren, falls sie der griechischen Bildung Tor und Tür öffneten.

Er ermahnte seinen Sohn auch, sich vor allen Ärzten in acht zu nehmen. Er hatte sich, wie er selbst sagt, eine Sammlung von Rezepten gemacht, und nach diesen verordnete er die Kur und Diät für die Kranken seines Hauses. Vom Fasten hielt er gar nichts, sondern er gab ihnen Gemüse und ein wenig Fleisch von Enten, Tauben oder Hasen zu essen, denn diese Speisen hielt er für leicht und dem Kranken zuträglich, außer daß die, welche sie genießen, danach meistens viel träumen. Er versicherte auch, daß er durch diese Kur und Diät nicht nur sich selbst, sondern auch alle seine Angehörigen immer gesund erhalten habe. Dies jedoch trifft nicht ganz zu, denn er verlor durch Krankheit seine Gemahlin und seinen Sohn. Er selbst jedoch strotzte von Gesundheit und Kraft und vermochte dank seiner starken und festen Leibesbeschaffenheit am längsten auszuhalten.

Den Verlust seines Sohnes ertrug er mit Gelassenheit. Er ließ deshalb seinen Eifer für den Staat nicht erkalten. Ebensowenig ließ er sich durch den Neid, der sich seinem Ruhm entgegenstellte, beirren, so daß er sich zurückgezogen und sein übriges Leben einer untätigen Ruhe gewidmet hätte. Nein, er betrachtete die Staatsverwaltung als die rühmlichste Beschäftigung für das Alter. Wenn er Muße hatte, dienten ihm das Bücherschreiben oder der Ackerbau zur angenehmen Erholung. So viel ist gewiß, daß er eine Menge Werke über allerlei Gegenstände und auch über die Geschichte geschrieben hat. Die Landbestellung trieb er in jüngeren Jahren aus Not mit großem Eifer. Denn er sagte selbst, er habe nur zwei Arten des Erwerbs gehabt, Arbeit und Sparsamkeit. Späterhin aber pflegte er die Landarbeit bloß zum Zeitvertreib oder um Versuche anzustellen. Er hat ein ganzes Werk vom Ackerbau geschrieben, das sogar das Kuchenbacken und die Aufbewahrung des Obstes behandelt, weil er in allen Stücken etwas Eigenes haben und sich auszeichnen wollte.

Für die letzte seiner staatsmännischen Handlungen hält man die Zerstörung von Karthago. Durchgeführt hat sie zwar der jüngere Scipio, der Krieg selbst aber wurde hauptsächlich auf Catos Rat und Gutachten unternommen. Das kam so: Als die Karthager, die inzwischen als römische Bundesgenossen aufgenommen worden waren, mit dem König von Numidien Krieg führten, wurde Cato als Gesandter hingeschickt, die Sache zu untersuchen und beizulegen. Cato sah nun, daß Karthago keineswegs in Not und Elend geraten sei, wie die Römer glaubten; es hatte von seinem Reichtum nichts eingebüßt und strotzte von waffenfähigen Männern und Kriegsmaterial aller Art. Infolgedessen trug es den Kopf sehr hoch. Cato erkannte, es sei nicht allein Zeit, die Angelegenheit mit den Numidiern zu ordnen; wenn die Römer die von altersher erbittertste Feindin, die sich wieder zu ungeahnter Größe emporgeschwungen hatte, nicht endgültig vernichteten, würden sie keine Ruhe haben. Wichtig schien ihm, Rom erst von aller Furcht vor auswärtigen Feinden zu befreien, um freie Hand zu bekommen zur Ausbesserung der inneren Schäden. Er kehrte eilig nach Rom zurück und berichtete dem Senat, die früheren Niederlagen Karthagos hätten ihm nichts von seiner Macht genommen, es sei nur vorsichtiger und erfahrener in der Kriegsführung geworden. Die Händel mit den Numidiern betrachte es nur als Vorübung eines neuen Krieges gegen Rom. Es war auffallend, daß Cato von da an bis zu seinem Tode jedesmal, wenn er im Senat über eine Sache sein Gutachten erstattete, am Schluß diese Worte hinzufügte: »Und übrigens bin ich der Meinung, daß Karthago zerstört werden muß.«

Insofern wird Cato für den Urheber des letzten Krieges mit den Karthagern gehalten. Die Zerstörung der Stadt hat er nicht erlebt, denn er starb gleich im Anfang des Krieges, über 90 Jahre alt.

Tiberius Gracchus
nimmt sich der Not des Volkes an

Tiberius und Cajus Gracchus waren Söhne des Tiberius Gracchus, der
Zensor in Rom gewesen war, zweimal das Konsulat verwaltet und zwei
Triumphzüge abgehalten hatte, aber durch seine Tugenden und edlen
Eigenschaften ein noch weit glänzenderes Ansehen besaß. Daher wurde
er auch für wert befunden, Cornelia, die Tochter des Scipio, der den
Hannibal besiegt hatte, zur Gemahlin zu bekommen, wiewohl er kein
Freund, vielmehr ein Gegner Scipios gewesen war. Von dem Vater
Tiberius erzählt man folgende Geschichte: Einst fing er auf seinem Bett
ein Schlangenpaar. Die Wahrsager, die das Wunderzeichen untersuchen mußten, warnten ihn sehr, beide zusammen zu töten oder ent-
schlüpfen zu lassen. Er müsse sich für ein Tier entscheiden. Sie gaben
die Erklärung, das Männchen würde, wenn man es töte, dem Tiberius,
das Weibchen aber der Cornelia den Tod bringen. Tiberius, der seine
Gemahlin liebte und glaubte, daß er wegen seines höheren Alters eher
sterben werde als sie, die noch jung war, tötete das Männchen und ließ
das Weibchen laufen. Nicht lange danach starb er und hinterließ zwölf
Kinder, die ihm Cornelia geboren hatte.

Cornelia übernahm nun ganz allein die Sorge für alles. Sie bewies dabei viel Liebe zu den Kindern und Geistesgröße und Klugheit in der
Verwaltung des Hauses. Durch den Tod verlor sie alle ihre Kinder bis
auf eine Tochter, die mit dem jüngeren Scipio vermählt wurde, und
zwei Söhne, Tiberius und Cajus. Diese erzog sie mit soviel Sorgfalt, daß
man ihre hervorragenden Eigenschaften mehr der Erziehung als der natürlichen Anlage zuschrieb.

Wie an den Bildsäulen und Gemälden der Dioskuren bei aller
Gleichheit doch ein gewisser Unterschied zwischen dem Faustkämpfer
und dem Läufer sichtbar ist, so sind sich die Gracchen ähnlich in Tapferkeit und Selbstbeherrschung, in Edelmut, Beredsamkeit und Geistesgröße, zeigen aber nicht geringe Verschiedenheit in ihren politi-

154

schen Handlungen und Ansichten über den Staat. Tiberius war sanft in Miene und Blick und gesetzt in den äußeren Bewegungen, Cajus hingegen rasch und feurig. Tiberius blieb bei öffentlichen Reden ruhig auf einer Stelle stehen, Cajus aber war unter allen Römern der erste, der auf der Bühne hin- und herging und während der Rede die Toga von der Schulter herabzog. Überdies war der Vortrag des Cajus so, daß man sich fast fürchtete, und bis zur Übertreibung leidenschaftlich, der des Tiberius hingegen weit angenehmer und geschickter, die Zuhörer zu rühren; dabei war sein Ausdruck rein und sorgfältig ausgefeilt, der des Cajus aber eindringlich und bilderreich.

Derselbe Unterschied findet sich auch in ihrer Lebensart. Tiberius lebte sehr einfach und anspruchslos; Cajus war zwar im Vergleich mit andern mäßig und bescheiden, aber verglichen mit seinem Bruder hing er ziemlich an der Mode und liebte den Aufwand. So verschieden wie ihr Vortrag war auch ihr Charakter: der eine friedfertig und sanft, der andere heftig und jähzornig, so daß er oft im Reden, von Zorn hingerissen, die Stimme gar zu sehr erhob, in Schmähungen ausbrach und darüber alles verwirrte. Um diese Gefahr zu vermeiden, nahm Cajus den Licinnius, einen recht geschickten Sklaven, zu Hilfe, der mit einem Saiteninstrument hinter ihm stand, so oft Cajus redete. Sobald er nun merkte, daß sein Herr auffahren und vor Zorn losbrechen wollte, schlug er einen sanften Ton an, worauf jener sogleich die Heftigkeit der Stimme und Leidenschaft mäßigte und sich zu einem ruhigeren Sprechen umstimmen ließ.

So etwa unterschieden sich die beiden Brüder; aber an Tapferkeit gegen die Feinde, an Gerechtigkeit gegen ihre Untergebenen, an Diensteifer in ihren Ämtern und an Enthaltsamkeit in Vergnügungen waren sie einander vollkommen gleich. Tiberius war neun Jahre älter, und dieser Umstand bewirkte, daß ihr Dienst am Staat zeitlich gar zu weit auseinandergerückt wurde. Dies wirkte ungünstig auf ihre Unternehmungen, da sie nicht zugleich miteinander ihre Kraft entfalten und ihre Macht nicht vereinigen konnten, die in diesem Fall ungemein groß und unüberwindlich gewesen wäre.

Tiberius hatte kaum das Jünglingsalter erreicht, als er schon in einem solchen Ruf und Ansehen stand, daß er mehr um seiner großen und edlen Eigenschaften als um seiner Geburt willen für würdig gehalten wurde, in das Kollegium der Priester aufgenommen zu werden. Einen Beweis dafür, wie er geschätzt wurde, gibt die Geschichte mit Appius Claudius, der nicht nur Konsul und Zensor gewesen war, sondern seiner Würde wegen auch den Vorsitz im Senat führte und an hoher Denkungsart alle Römer seiner Zeit übertraf. Bei einem Gastmahl sprach er sehr freundschaftlich mit Tiberius und trug ihm endlich seine Tochter zur Heirat an. Da Tiberius den Vorschlag ohne Bedenken annahm, und die Verlobung sogleich erfolgte, ging Appius nach Hause, rief schon an der Tür seiner Gemahlin zu: »Höre, Antistia, ich habe unsere Claudia verlobt!« Jene versetzte voller Verwunderung: »Wozu diese Eile, wozu diese Geschwindigkeit, wenn du nicht den Tiberius Gracchus zum Bräutigam für sie gefunden hättest?«

Tiberius machte als Jüngling unter dem zweiten Scipio, der seine Schwester zur Gemahlin hatte, den Feldzug in Afrika mit, und da er hier mit dem Feldherrn in einem Zelt lebte, lernte er gar bald dessen Geist und Gesinnungsart kennen. Scipio bewirkte immer viel Großes und Rühmliches, wodurch andere zu eifrigem Streben nach Tugend und zur Nachahmung seiner Taten befeuert wurden. In kurzer Zeit tat es Tiberius allen jungen Römern an Ordnungsliebe, Mut und Tapferkeit zuvor. Auch genoß er bei der ganzen Armee, solange er zugegen war, Liebe und Zuneigung und wurde nach seiner Abreise von allen mit Bedauern vermißt. Ja, selbst unter den Feinden Roms genoß Tiberius Ansehen und Vertrauen.

Nachdem er verschiedene Ämter verwaltet hatte, wurde er durch die Verhältnisse in Rom zu der Aufgabe geführt, der er sein Leben widmete.

Wenn die Römer ihren Nachbarn im Krieg Land entrissen hatten, verkauften sie einen Teil, den andern machten sie zu Staatsländereien und überließen deren Benutzung den Armen und unbegüterten Bürgern, wofür diese einen geringen Pachtzins in die Schatzkammer entrichten mußten. Da aber die Reichen nach und nach anfingen, diesen Zins in die Höhe zu treiben und dadurch die Armen aus ihrem Besitz zu verdrängen, wurde ein Gesetz erlassen, daß niemand mehr als fünfhundert Morgen Landes besitzen dürfe. Diese Verordnung dämmte für eine kurze Zeit die Habsucht der Reichen ein und half den Armen. Sie zogen wieder aufs Land und bebauten den Anteil ihrer Güter, den jeder vom Anfang her gehabt hatte. Später aber, als die Reichen durch Strohmänner die ihrem Grundbesitz zunächst liegenden Pachtgüter an sich zu ziehen wußten, ja sie am Ende ganz offen für sich selbst behielten, zeigten die Armen, die überall verdrängt und ausgestoßen wurden, nicht die geringste Lust mehr zu Kriegsdiensten und kümmerten sich nicht weiter darum, dem Staat Kinder zu erziehen. In kurzer Zeit verspürte man in ganz Italien einen Mangel an freien Einwohnern. Die Kasernen mußten mit ausländischen, rohen Sklaven angefüllt werden. Wenn sie nicht zum Kriegsdienst gebraucht wurden, ließen die Reichen, nachdem die Bürger verdrängt waren, durch diese Sklaven ihre riesigen Ländereien bebauen.

Schon Cajus Laelius hatte versucht, diesem Übel abzuhelfen; da aber die Großen sich ihm hartnäckig widersetzten, ward ihm vor den Unruhen bange, die daraus zu entstehen drohten, und so ließ er von seinem Vorhaben ab. Daher bekam er den Beinamen der Weise. Als aber Tiberius zum Volkstribun erwählt worden war, entschloß er sich, diese Sache aufs neue vorzunehmen. Sein Bruder Cajus sagt in einer Schrift, Tiberius habe auf einer Reise durch Etrurien bemerkt, daß das Land sehr verödet, daß alle Ackerleute oder Hirten fremde, barbarische Sklaven waren, und habe sich hier zuerst jenes Vorhaben, das tausend Unglücksfälle über sie brachte, in den Kopf gesetzt. Am meisten mag aber wohl das Volk selbst seinen Eifer, seine Ehrbegierde dadurch befeuert haben, daß es ihn mit Zetteln, die überall in den Hallen, an den Wänden der Häuser, an öffentlichen Denkmälern angeheftet wurden, aufforderte, den armen Bürgern wieder zum Genuß der Staatsländereien zu verhelfen.

Tiberius entwarf den entsprechenden Gesetzesvorschlag nicht allein, sondern fragte einige Männer, die durch Ansehen und Tüchtigkeit sich auszeichneten, um Rat. Unter diesen befand sich Crassus, der Oberpriester, Mucius Scaevola, ein großer Rechtsgelehrter, der damals Konsul war, und Appius Claudius, sein Schwiegervater. Gegen eine solche schreiende Ungerechtigkeit, gegen eine solche Habsucht ist wohl nie ein sanfteres und milderes Gesetz gegeben worden. Denn es verlangte von denen, die eigentlich wegen der langen, widerrechtlichen Benutzung der Grundstücke hätten bestraft werden sollen, weiter nichts, als diese Ländereien abzutreten und den hilfsbedürftigen Bürgern zu überlassen. Für die abgetretenen Gebiete war sogar eine Entschädigung vorgesehen.

So maßvoll und milde nun auch dieses Gesetz war, das Volk vergaß das bisher Geschehene schnell und war damit zufrieden, daß es für die Zukunft von dergleichen Bedrückungen befreit sein würde. Allein die Reichen und Güterbesitzer haßten aus Habsucht nicht nur das Gesetz selbst, sondern hegten Zorn und Erbitterung auch gegen dessen Urheber. Sie gaben sich alle Mühe, das Volk aufzuwiegeln unter dem Vorwand, Tiberius' Absicht bei der vorgeschlagenen Landverteilung sei keine andere, als die bisherige Verfassung umzustürzen und eine allgemeine Revolution zu bewirken. Sie richteten jedoch damit nichts aus; denn Tiberius, der für eine so schöne und gerechte Sache mit einer edlen Beredsamkeit stritt, war ihnen zu sehr überlegen, ja unüberwindlich, wenn er, umringt vom Volk, auf der Rednerbühne stand und ausrief: »Die wilden Tiere, die in Italien hausen, haben ihre Gruben; jedes von ihnen kennt seine Lagerstätte, seinen Schlupfwinkel. Nur die, welche für Italien fechten und sterben, können auf weiter nichts als Luft und Licht rechnen; unstet, ohne Haus und Wohnsitz, müssen sie mit Weib und Kind im Land herumziehen. Die Feldherrn lügen, wenn sie in Schlachten die Soldaten ermuntern, ihre Grabmäler und Heiligtümer gegen die Feinde zu verteidigen; denn von so vielen Römern hat keiner einen väterlichen Herd, keiner eine Grabstätte seiner Vorfahren aufzuweisen. Nur für die Üppigkeit und den Reichtum anderer müssen sie ihr Blut vergießen und sterben. Sie heißen Herren der Welt, ohne nur eine einzige Erdscholle ihr Eigentum nennen zu können.«

Solche mit hohem Mut und dem innigsten Gefühl gehaltenen Reden, durch die das Volk begeistert und in die lebhafteste Bewegung versetzt wurde, wagte keiner seiner Gegner zu widerlegen. Sie verzichteten darauf und versuchten vielmehr, einen von den Volkstribunen für ihre Pläne zu gewinnen. Dieser, Marcus Octavius, war ein junger Mann von gesetztem, bescheidenem Charakter und mit Tiberius befreundet. Daher lehnte er zuerst aus Achtung vor diesem jedes Ansinnen ab; als aber so viele einflußreiche und vornehme Männer ihn mit Bitten bestürmten, wurde er endlich gleichsam mit Gewalt fortgerissen, so daß er sich dem Tiberius entgegenstellte und wegen des Gesetzes Einspruch erhob.

158

Unter den Volkstribunen hat immer der den größten Einfluß, der eine Sache zu verhindern sucht. Alle andern zusammen können einen Vorschlag nicht durchsetzen, sobald ein einziger sich dagegen erklärt. Tiberius war äußerst erbittert über diesen Streich. Er nahm das gelinde und menschenfreundliche Gesetz zurück, schlug aber sogleich ein anderes vor, das für das Volk noch weit vorteilhafter, für die Schuldigen hingegen desto härter und drückender war. Er forderte darin, daß jeder die Ländereien, die er den bestehenden Gesetzen zuwider in Besitz hatte, unverzüglich herausgeben sollte.

Von jetzt an hielt er fast täglich Reden gegen Octavius. Obgleich sie mit der größten Hartnäckigkeit gegeneinander stritten, soll keiner gegen den andern sich irgendeine Schmähung erlaubt haben, keinem in der Hitze ein ungeziemender Ausdruck entfallen sein. Indes bedachte Tiberius, daß Octavius selbst von dem Gesetz betroffen wurde, weil er auch einen großen Teil solcher Staatsländereien besaß. Er bat ihn daher, seinen Einspruch aufzugeben und versprach ihm, er wolle ihm den Wert der Grundstücke aus seinem eigenen Vermögen ersetzen, wiewohl dieses nicht das glänzendste war. Da Octavius auch dieses Anerbieten ausschlug, wußte Tiberius keinen andern Ausweg, als daß er durch ein Edikt allen höheren Beamten untersagte, ihre Amtsgeschäfte auszuüben, bis über das Gesetz abgestimmt worden sei. Er bestimmte sogar eine beträchtliche Strafe für die, die dem Edikt nicht Folge leisten würden, so daß alle in Furcht gerieten und die ihnen obliegenden Geschäfte und Pflichten liegen ließen. In dieser Lage zogen die reichen Grundbesitzer Trauerkleidung an und gingen niedergeschlagen auf dem Markt herum, um beim Volk Mitleid zu erwirken. Insgeheim aber schmiedeten sie böse Anschläge gegen Tiberius und warben Meuchelmörder, die ihn aus dem Weg räumen sollten. Deswegen legte sich Tiberius, ohne ein Geheimnis daraus zu machen, einen Dolon zu, das ist ein hohler Spazierstock, in dem ein Dolch versteckt ist.

Als der festgesetzte Tag kam und das Volk über das neue Gesetz des Tiberius abstimmen sollte, waren alle Urnen von den Reichen weggenommen. Darüber entstand eine große Verwirrung. Die Partei des Tiberius wäre zahlreich genug gewesen, um Gewalt anzuwenden, und schon rottete sie sich bedrohlich zusammen. Da warfen sich zwei einstige Konsuln vor Tiberius nieder, ergriffen seine Hände und baten ihn mit Tränen, von seinem Beginnen abzustehen. Tiberius traten auf einmal die dem Staat drohenden Gefahren in ihrer ganzen Größe vor Augen. Er fragte die beiden Männer, was sie ihm denn rieten? Sie baten ihn, die Sache dem Senat zu überlassen, wozu sie ihn endlich durch Flehen und Bitten überredeten.

Da jedoch der versammelte Senat der Reichen wegen, die einen großen Einfluß auf ihn hatten, nichts zustande brachte, schritt Tiberius zu einer Handlung, die weder gesetzmäßig noch sonst schicklich war. Er faßte den Entschluß, Octavius von seinem Amt abzusetzen. Ehe er den Antrag stellte, versuchte er es ein letztes Mal mit Güte: Er machte Octavius nochmals die freundschaftlichsten Vorstellungen, faßte ihn öffentlich bei den Händen und beschwor ihn, dem Volk zuliebe, das eine so gerechte Forderung stelle, nachzugeben. Als Octavius diese Bitte wieder abschlug, erklärte Tiberius, sie wären beide Volkstribunen und bei gleicher Macht über wichtige Gegenstände miteinander völlig uneinig; sie könnten also ohne offenen Krieg ihr Amt nicht durchführen. Er wüßte nur ein Mittel dagegen, nämlich, daß der eine von ihnen des Amtes enthoben würde. Sogleich ersuchte er Octavius, das Volk über ihn zuerst abstimmen zu lassen; er werde unverzüglich als Privatperson von der Rednerbühne herabsteigen, wenn es dem Volke gefiele. Auf die Weigerung des Octavius erklärte Tiberius, nun müsse er über Octavius abstimmen lassen, wenn er sich nicht noch eines besseren besänne.

Darüber ging für diesmal die Versammlung auseinander. Am folgenden Tag, als das Volk wieder zusammengekommen war, bestieg Tiberius die Rednerbühne und versuchte von neuem, Octavius zu bewegen. Als aber alles Zureden nichts fruchtete, stellte er in aller Form den Antrag auf dessen Absetzung und rief die Bürger auf, sogleich darüber abzustimmen. Schon hatten von den fünfunddreißig Tribus, in die das ganze Volk geteilt war, siebzehn ihre Stimme für den Antrag gegeben, und wenn nur eine einzige noch hinzukam, mußte Octavius sein Amt niederlegen. Tiberius ließ daher innehalten und wandte sich nochmals mit Bitten an Octavius. Er umarmte ihn vor den Augen des ganzen Volkes und beschwor ihn dringend, er möchte sich doch nicht selbst einer solchen Schmach aussetzen, noch ihm den Vorwurf einer so gehässigen und harten Maßnahme zuziehen.

Diese Bitten hörte Octavius, wie man sagt, im Innersten bewegt an. Tränen traten ihm in die Augen, und er stand eine geraume Zeit schweigend da. Als er jedoch auf die reichen Grundbesitzer hinblickte, die auf einem Platz zusammenstanden, beschloß er, vermutlich aus Scham und Furcht, bei diesen in Schande zu geraten, sich jeder Gefahr auszusetzen. Er rief Tiberius mutig zu, er möge tun, was ihm beliebe. Tiberius' Antrag wurde angenommen, und nun befahl er einem seiner Freigelassenen – denn die Tribunen brauchten ihre eigenen Freigelassenen als Gerichtsdiener – den Octavius mit Gewalt von der Rednerbühne wegzuführen. Dies gab einen noch ergreifenderen Anblick, als Octavius auf eine so schimpfliche Art fortgeschleppt wurde. Das Volk wollte sogleich über ihn herfallen, aber die Reichen liefen zusammen und schützten ihn, so daß er mit knapper Not der Wut des Pöbels entrissen wurde und sein Leben rettete. Ein treuer Sklave von ihm, der zu seinem Schutz sich vor ihn hinstellte, verlor dabei beide Augen. Alles dies geschah aber ganz wider Absicht und Wissen des Tiberius. Auf die Nachricht von dem Vorfall eilte er zu dem Getümmel, um Ruhe zu stiften.

Jetzt wurde das Ackergesetz durch Abstimmung angenommen, und man wählte zu der nötigen Untersuchung und Verteilung der Ländereien drei Männer, den Tiberius selbst, seinen Schwiegervater Appius Claudius und seinen Bruder Cajus Gracchus, der aber eben damals unter Scipio vor Numantia diente. Dies brachte Tiberius in aller Ruhe zustande, ohne den geringsten Widerspruch zu finden. Er ernannte auch an Stelle des abgesetzten Tribunen nicht einen Vornehmen, sondern Mutius, der sein Klient war. Über dies alles wurden die Reichen sehr aufgebracht. Aus Furcht vor seiner immer mehr zunehmenden Macht im Senat bereiteten sie ihm, wo sie nur konnten, alle nur erdenklichen Schwierigkeiten. So schlugen sie ihm sein Gesuch rundweg ab, als er der Gewohnheit nach ein Zelt auf öffentliche Kosten verlangte, um darin die Verteilung der Ländereien vorzunehmen, obgleich andere bei minder wichtigen Dienstleistungen dergleichen erhalten hatten. An Taggeld bewilligten sie ihm nicht mehr als neun Obolen. Alles dies geschah auf Anstiften des Publius Nasica, der Tiberius hemmungslos feindlich gesinnt war. Er besaß nämlich die meisten Staatsländereien, die er jetzt zu seinem großen Verdruß gezwungenermaßen herausgeben mußte.

Dies aber steigerte die allgemeine Erbitterung. Da jetzt einer von Tiberius' Freunden plötzlich starb und sich an dem Leichnam einige verdächtige Merkmale zeigten, schrien alle, der Mann sei vergiftet worden. Alles Volk versammelte sich bei der Totenfeier und nahm an der Verbrennung teil, wobei es die deutlichsten Spuren einer Vergiftung zu sehen glaubte. Diesen Vorfall benutzte Tiberius, um das Volk noch mehr gegen die Reichen aufzubringen. Er legte Trauerkleider an, führte seine Kinder auf den Markt und bat, sie nebst ihrer Mutter in Schutz zu nehmen, weil er jede Hoffnung auf Erhaltung seines Lebens aufgegeben habe.

Eben um diese Zeit starb Attalus, der letzte König von Pergamon. Einer seiner Vertrauten brachte das Testament nach Rom, worin die römischen Bürger vom König zum Erben eingesetzt worden war. Um nun das Volk gänzlich zu gewinnen, machte Tiberius den Vorschlag, daß die Schätze des Königs in die Stadt geführt und unter diejenigen Bürger verteilt werden sollten, die Ländereien erhalten hatten, damit sie das nötige Ackergerät anschaffen konnten. Über die Städte aber, die zu Attalus' Reich gehörten, käme es nicht dem Senat zu, Verfügungen zu treffen, sondern dem Volk, sagte Tiberius; er wolle ihm in dieser Sache selbst Vorschläge vorlegen.

Dadurch fügte er nun dem Senat die größte Beleidigung zu. Ein Senator trat auf und weckte Verdacht. Er erklärte, er wohne in der Nähe des Tiberius, und deswegen wisse er sehr gut, daß ihm der Bote aus Pergamon ein königliches Diadem und einen Purpurmantel überbracht habe; er werde sich in kurzem zum König von Rom machen wollen.

Da Tiberius aus allem Groll, der sich gegen ihn zusammenballte, bemerkte, daß unter allen seinen Staatshandlungen das Verfahren gegen Octavius nicht nur den Reichen, sondern selbst dem Volk sehr zu schaffen machte – denn die Würde der Volkstribunen, die bis auf diesen Tag unversehrt erhalten worden war, schien durch ihn tief herabgesetzt und beschimpft zu sein –, hielt er auf dem Forum eine lange Rede, in der er sein Vorgehen rechtfertigte.

»Der Tribun« sagte er, »ist eine heilige und unverletzliche Magistratsperson, weil er angestellt ist, das Volk zu beschützen. Wenn er nun seiner Bestimmung untreu wird, wenn er sich gegen das Volk vergeht, wenn er ihm gar seine Rechte raubt, so kann er nicht mehr Tribun

162

sein. Wäre es also nicht richtig, wenn das Volk das Recht haben sollte, dem Tribun seine Macht zu nehmen, sobald er sie gegen das Volk braucht, das sie ihm verliehen hat? Hat er das Tribunat rechtmäßig erhalten, weil die meisten ihm ihre Stimme gegeben haben, warum sollte es ihm nicht mit noch größerem Recht wieder genommen werden können, wenn das Volk einmütig ihn absetzt?« Dies waren ungefähr die Hauptpunkte in der Rechtfertigung des Tiberius.

Seine Freunde hielten es angesichts der vielen Drohungen der Gegenpartei für höchst notwendig, daß er sich um das Tribunat für das nächste Jahr bewerbe. Daher suchte er sich beim Volk durch neue Vorschläge wieder in Gunst zu setzen. So versprach er unter anderem, die Jahre des Kriegsdienstes zu vermindern, die Berufung von den Richtern an die Volksversammlung zu gestatten, ferner zu den Gerichten, die bisher aus lauter Senatoren bestanden, eine gleiche Anzahl von Rittern hinzuzufügen. Dies tat er, da er auf alle Art und Weise die Gewalt des Senats zu beschränken suchte, jetzt mehr aus Erbitterung und Streitsucht als mit Rücksicht auf die Gerechtigkeit und das allgemeine Beste.

Als nun über seine Wahl abgestimmt werden sollte und seine Freunde merkten, daß die Gegenpartei die Oberhand bekam, weil nicht das ganze Volk beisammen war, erlaubten sie sich, um die Zeit hinzubringen, allerhand Schmähungen gegen die anderen Tribunen, hoben dann die Versammlung auf und beriefen sie auf den folgenden Tag.

Mit Anbruch des Morgens erschien der Mann, der die zu den Augurien gebrauchten Hühner zu besorgen hatte und warf ihnen Futter vor. Aber sie kamen nicht aus ihrem Käfig, so sehr er ihn auch schüttelte, bis auf eine einzige Henne, und auch diese rührte das Futter nicht an, sondern hob den linken Flügel und lief in den Käfig zurück. Dieser Umstand erinnerte den Tiberius an ein anderes Zeichen, das er schon gehabt hatte. Er besaß einen prächtigen und schön geschmückten Helm, den er in Schlachten trug. In diesen waren Schlangen gekrochen, hatten unbemerkt Eier hineingelegt und auch ausgebrütet. Durch diese beiden Vorzeichen wurde nun Tiberius sehr beunruhigt.

Trotzdem ging er auf das Kapitol, weil er hörte, das Volk sei schon oben versammelt. Als er das Haus verließ, stieß er mit solcher Heftigkeit an die Türschwelle, daß der Nagel an der großen Zehe abgerissen wurde und das Blut zum Schuh herausdrang. Kaum war er ein paar

Schritte fortgegangen, als man linker Hand Raben auf dem Dach miteinander streiten sah. Und obgleich viele Menschen da vorübergingen, mußte doch ein Stein, der von einem der Raben heruntergestoßen wurde, gerade dem Tiberius vor die Füße fallen. Dieser Zufall machte auch die kühnsten und beherztesten seiner Freunde stutzig. Allein der Cumäer Blossius, der zugegen war, sagte, es wäre doch eine große Schande und zeuge von Kleinmut, wenn Tiberius, des Gracchus Sohn, der Enkel des Scipio Africanus, der Beschützer des römischen Volkes, aus Furcht vor einem Raben dem Ruf der Bürger nicht Folge leisten wollte. Dies würden seine Feinde nicht von der lächerlichen Seite nehmen, sondern ihn beim Volk als einen Mann anprangern, der schon als Tyrann handle und mit den Bürgern sein mutwilliges Spiel triebe. Schon kamen Tiberius viele seiner Freunde vom Kapitol entgegen und mahnten ihn zu eilen, weil dort alles recht gut ginge. In der Tat nahm die Sache des Tiberius im Anfang eine sehr günstige Wendung. Das Volk erhob bei seinem Erscheinen ein frohes Geschrei, und als er hinaufkam, stellten sich viele mit Eifer um ihn herum und sorgten dafür, daß kein Unbekannter sich ihm nähern konnte.

Während der Versammlung eilte Fulvius Flaccus, ein Senator, herbei und gab mit der Hand heftige Zeichen, daß er dem Tiberius etwas zu sagen wünschte. Dieser befahl sogleich dem Volk, Platz zu machen. Als nun Flaccus mit Mühe und Not bis zu ihm hinaufgestiegen war, meldete er, die Reichen im versammelten Senat hätten, weil sie den Konsul nicht gewinnen konnten, beschlossen, Tiberius auf eigene Faust aus dem Weg zu räumen. Zu dem Zweck hätten sie eine Menge bewaffneter Freunde und Sklaven bei sich.

Diese Nachricht teilte Tiberius seinen Anhängern mit. Sogleich schürzten sie die Togen auf, zerbrachen die Lanzen der öffentlichen Diener, womit diese das Volk in Schranken zu halten pflegten, und verteilten die Stücke unter sich, um die gegen sie vordringenden Feinde zurückzuschlagen. Die weiter entfernt Stehenden verwunderten sich über diese Bewegungen, und da sie die Ursache davon wissen wollten, deutete Tiberius mit der Hand an den Kopf, um durch dies Zeichen zu erkennen zu geben, welche Gefahr ihm drohe. Denn seine Stimme reichte wegen des Lärms und des Getümmels nicht so weit. Einige von der Gegenpartei, die dies gesehen hatten, liefen sogleich in den Senat und verkündigten, Tiberius habe vor allem Volk das Diadem verlangt; der Beweis dafür sei, daß er den Kopf berührt hätte.

Darüber entstand nun im Senat große Unruhe und Bestürzung. Nasica forderte den Konsul auf, sich jetzt der Stadt anzunehmen und den Tyrannen zu stürzen. Der Konsul aber antwortete gelassen, er werde keineswegs mit Gewalttätigkeiten den Anfang machen noch irgendeinen Bürger ohne Verhör umbringen lassen; sollte jedoch das Volk, von Tiberius entweder überredet oder gezwungen, etwas Gesetzwidriges beschließen, werde er es nie als gültig anerkennen. Nun aber sprang Nasica auf: »Weil denn«, schrie er, »die erste Magistratsperson an der Stadt zum Verräter wird, so folge mir nach, wer noch Mut hat, Freiheit und Gesetze aufrecht zu erhalten!« Mit diesen Worten legte er den Zipfel seiner Toga um den Kopf und stürzte dem Kapitol zu. Alle, die ihm nachfolgten, wickelten ihre Togen um den linken Arm und drängten beiseite, was ihnen in den Weg kam. Das Ansehen dieser Männer war auch jetzt noch so groß, daß niemand es wagte, sich ihnen zu widersetzen, sondern alle machten Platz, liefen davon und stolperten gar im Gedränge übereinander. Die Begleiter der Senatoren hatten Keulen und Stöcke schon von Hause mitgebracht; sie selbst aber ergriffen die Teile der vom fliehenden Volk zerbrochenen Bänke, stürzten damit geradewegs auf Tiberius los und schlugen auf den ihn schützenden Haufen so hitzig drein, daß diese Leute bald vertrieben oder getötet wurden. Tiberius selbst ergriff die Flucht. Als ihn einer am Gewand faßte, ließ er die Toga fahren und lief in der Tunika davon, strauchelte aber und fiel nieder. Wie er sich aufrichten wollte, gab ihm einer seiner Amtsgenossen, Publius Saturejus, mit einem Stuhlbein den ersten Schlag auf den Kopf; den zweiten, tödlichen Schlag aber führte Lucius Rufus, der sich dessen als einer großen Tat rühmte. Von Tiberius' Begleitern wurden mehr als dreihundert mit Stöcken und Steinen totgeschlagen, keiner aber mit wirklichen Waffen.

Dies war, wie man versichert, der erste Aufstand seit der Abschaffung der königlichen Würde, der durch Mord und Bürgerblut entschieden wurde. Alle anderen Unruhen, die auch nicht unbedeutend waren, hatte man immer durch gegenseitige Nachgiebigkeit beizulegen gewußt, da die Vornehmen den Pöbel fürchteten und das Volk vor dem Senat noch Achtung hegte. Auch diesmal hätte Tiberius allem Anschein nach bei einem milderen und freundlicheren Verfahren gegen ihn nachgegeben. Allein, der ganze Aufstand gegen ihn hatte mehr den Zorn und Haß der reichen Landbesitzer zum Grunde als jene Ursachen, die sie zum Vorwand anführten. Ein starker Beweis dafür ist die grausame und gesetzwidrige Mißhandlung des Leichnams. Denn man erlaubte seinem Bruder nicht, so sehr er auch darum bat, den Körper aufzuheben und bei Nachtzeit zu begraben, sondern ließ ihn wie die übrigen Toten in den Tiber werfen.

Auch damit hatte die Wut der Reichen noch kein Ende, sondern einige seiner Freunde wurden ohne weitere Untersuchung verbannt, andere, deren man habhaft werden konnte, als Missetäter hingerichtet.

Der Senat legte nun, um das aufgewühlte Volk zu begütigen, der Verteilung der Ländereien keine Hindernisse in den Weg und erlaubte sogar, an des Tiberius Stelle ein anderes Mitglied in die Verteilungskommission zu erwählen. Als es darüber zur Abstimmung kam, wurde Publius Crassus dazu ernannt, der ein naher Verwandter der Gracchen war.

Da das Volk über den Tod des Tiberius äußerst ungehalten war und deutlich merken ließ, daß es nur auf eine passende Gelegenheit zur Rache lauerte, auch Nasica, der Wortführer von Tiberius' Feinden, mit einer förmlichen Anklage bedroht wurde, geriet der Senat wegen dieses Mannes in Furcht und beschloß, ihn nach Asien zu schicken, ohne daß es die Umstände unbedingt erforderten. Denn die Leute verbargen ihren Haß und Unwillen so wenig, daß sie überall, wo sie ihn nur antrafen, in grimmigen Zorn gerieten und unter wildem Geschrei ihn einen verruchten Bösewicht, einen Tyrannen nannten, der mit dem Blut einer heiligen unverletzbaren Magistratsperson die Stadt besudelt hätte. So mußte er die Stadt und Italien verlassen. Nachdem er in Angst und Bekümmernis bald hier, bald da herumgeschweift war, beschloß er nicht lange hernach sein Leben in der Nähe von Pergamon.

Marius besiegt die Kimbern und Teutonen

Die Gefahr, die Italien von Westen her bedrohte, tilgte und zerstreute gar bald allen Haß und Neid und alle üblen Nachreden gegen Marius. Denn jetzt brauchte der Staat einen tüchtigen Feldherrn und sah sich nach einem Manne um, dessen er sich als Steuermann bedienen konnte, um einem so großen Kriegsungewitter zu entrinnen. Da nun niemand aus den vornehmen und reichen Häusern diese Aufgabe übernehmen wollte, schritt man zur Wahl der Konsuln und ernannte Marius selbst in seiner Abwesenheit zu diesem Amt.

Das Gerücht von den Teutonen und Kimbern verbreitete sich rasch in Rom, fand anfangs hinsichtlich der Größe und Stärke der anrückenden Heere wenig Glauben, wurde aber nachher von der Wirklichkeit weit übertroffen. Denn der Zug bestand aus dreihunderttausend streitbaren Männern in Waffen, und diese führten einen noch weit größeren Haufen von Weibern und Kindern mit sich, um ein Land zu suchen, das diese Menschenmenge ernähren könnte, und Städte, in denen sie sich niederlassen wollten. Wie die Kelten wollten sie es machen, von denen sie gehört hatten, daß sie lange vor ihnen in Italien eingedrungen seien und den besten Teil des Landes den Etruriern abgenommen hätten.

Weil diese Völker nicht mit anderen verkehrten und eine so weite Strecke zurückgelegt hatten, wußte man nicht, wer sie eigentlich waren und aus welchen Gegenden sie wie eine drohende Wolke über Gallien und Italien hereinbrachen. Am ehesten vermutete man aus ihrer besonderen Leibesgröße, aus ihren blauen Augen und dem Namen Kimbern, den die Germanen den Räubern beilegen, daß sie zu den germanischen Völkerschaften, die am Nordmeere wohnen, gehören möchten.

Von dort – so wird berichtet – wären diese Scharen, ein Gemisch mehrerer Stämme, nicht auf einmal und ununterbrochen ausgezogen, sondern alle Jahre im Frühling immer weiter vorgerückt und hätten so durch lange Zeit das bekannte Land jenseits der Alpen durch Krieg verheert. Der größte und streitbarste Teil dieses Volkes stamme aus den entferntesten Gegenden am nördlichen Meer und besitze ein schattiges, finsteres Land, dessen tiefe, dichte Wälder kaum von der Sonne beschienen würden. Es sei eine Gegend, wo der Polarstern fast senkrecht über dem Betrachter steht. Auch teilten dort die Tage der Tag- und Nachtgleiche das Jahr in zwei Hälften, in eine lichte mit langen Tagen und sehr kurzen Nächten und in eine dunkle mit langen Nächten und kaum dämmernden Tagen. Homer habe aus der Beschreibung dieser Gegend der Cimmerer die Anregung zur Schilderung des Eingangs zur Unterwelt bekommen.

Aus diesen Gegenden also zogen die Barbaren nach Italien. Ihre Krieger waren an Mut und Kühnheit unwiderstehlich. In den Schlachten stürmten sie, gleich dem Feuer, mit solcher Gewalt und Schnelligkeit vor, daß ihrem Angriff niemand standhalten konnte, vielmehr alle Völker, die sie überfielen, für sie eine sichere Beute wurden. Selbst große Heere und Feldherren der Römer, die das jenseits der Alpen liegende Gallien beschützen sollten, wurden von ihnen schimpflich aufgerieben. Diese Niederlagen waren es auch, die die Barbaren lockten, gegen Rom anzurücken. Denn nachdem sie siegreich vorgedrungen und große Reichtümer erbeutet hatten, beschlossen sie, sich in keinem Lande eher festzusetzen, bis sie Rom zerstört und ganz Italien ausgeplündert hätten.

Auf diese Nachrichten, die die Römer von allen Seiten her erhielten, beriefen sie also Marius zum Kommando, und er wurde zum zweiten Mal zum Konsul ernannt, obwohl das Gesetz verbot, jemanden in seiner Abwesenheit und vor Ablauf der bestimmten Zwischenzeit nach dem ersten Konsulat wieder zu wählen. Allein das Volk wies alle zurück, die etwas dagegen einwendeten.

Bei diesem Feldzug gegen die Kimbern härtete Marius seine Truppen noch unterwegs ab, übte sie auf mancherlei Art im Laufen, hielt sie zu Gewaltmärschen an und zwang sie, nicht nur ihr Gepäck selbst zu tragen, sondern auch ihre Speisen mit eigener Hand zu bereiten.

Ein besonderes Glück scheint es für Marius gewesen zu sein, daß die Barbaren in ihrem Heranmarsch wie eine hereinbrechende Flut an den Grenzen wieder zurück brandeten und zunächst einmal Spanien überschwemmten. Denn dadurch gewann er Zeit, seine Soldaten nicht nur körperlich zu üben, sondern auch ihren Mut zu stärken, vor allen Dingen aber ihnen selbst näher und genauer bekannt zu werden. Sein sonst so finsteres und mürrisches Wesen, seine unerbittliche Härte im Strafen kam ihnen jetzt, da sie gewöhnt waren, sich keinen Fehler oder Ungehorsam zuschulden kommen zu lassen, sehr gerecht, ja selbst heilsam vor. Und sie glaubten, daß seine hitzige Gemütsart, seine rauhe Stimme, sein wilder Blick, womit sie nach und nach vertraut geworden waren, nicht für sie selbst, sondern nur für die Feinde furchtbar wären. Mehr als alles andere aber gefiel den Soldaten seine Unparteilichkeit, die er als Richter bewies.

Auf die Nachricht, daß die Feinde bereits im Anmarsch wären, ging Marius in aller Eile über die Alpen, befestigte sein Lager an der Rhône und schaffte reichliche Vorräte dorthin, damit er nie aus Mangel an Lebensmitteln zu einem Gefecht gezwungen würde.

Die Barbaren teilten sich jetzt in zwei Haufen. Die Kimbern traf das Los, auf der Nordseite der Alpen nach Osten zu ziehen und von dieser Seite her mit Gewalt in Italien einzudringen. Die Teutonen und Ambronen hingegen sollten südwärts durch das Land der Ligurier in Italien einfallen. Die Kimbern fanden auf ihrem Weg mehr Aufenthalt und Verzögerung; die Teutonen aber brachen sogleich auf, zogen durch die gallischen Länder und zeigten sich den Römern in ungeheurer Menge, gräßlich anzusehen, mit einem Geschrei und Lärmen, dergleichen man noch nie gehört hatte. Sie überfluteten einen großen Teil der Ebene, schlugen ihr Lager auf und forderten Marius alsbald zum Kampf heraus.

Allein Marius hielt, ohne sich daran zu kehren, seine Soldaten im Lager zurück, gab denen, die zuviel Kühnheit bewiesen, heftige Verweise und nannte alle, die durch ihren Mut verleitet in den Kampf eilen wollten, Verräter am Vaterland; denn jetzt wären nicht Triumphe und Siegeszeichen das Ziel, sondern es käme darauf an, wie man das drohende Ungewitter des Krieges vertreiben und Italien retten könnte. Dergleichen Ermahnungen gab er besonders den Obersten und anderen Offizieren. Die gemeinen Soldaten ließ er der Reihe nach auf den Wall treten, befahl ihnen, genau hinzusehen, und gewöhnte sie dadurch an die Gestalt der Feinde und daran, ihr gräßliches wildes Geschrei ohne

Furcht auszuhalten. Auch ihre Rüstungen und Bewegungen sollten sie kennenlernen und sich mit dem, was ihnen die Phantasie als fürchterlich vormalte, durch den Anblick nach und nach vertraut machen. Denn er glaubte, daß die Neuheit den Dingen vieles Furchtbare andichte, was sie nicht wirklich haben, wogegen das, was seiner Natur nach schrecklich ist, das Schreckhafte bei näherer Bekanntschaft gutenteils verliere. Auf solche Weise verminderte der tägliche Anblick bei den Soldaten nicht nur das Entsetzen, sondern die Drohungen und unerträglichen Großsprechereien der Barbaren erweckten vielmehr ihren Mut und setzten ihre Seelen in Feuer und Flammen. Als nun die Feinde die ganze umliegende Gegend ausplünderten und ausgelassen und frech sogar einige Angriffe auf die Verschanzungen wagten, brachen die Soldaten in laute Klagen und Beschwerden gegen Marius aus. »Welche Feigheit« sagten sie, »muß Marius an uns bemerkt haben, daß er uns wie Weiber hinter Riegel und Tür vom Kampf abhält? Wohlan: wir wollen als freie Männer verfahren und ihn fragen, ob er etwa andere erwarte, die für die Freiheit kämpfen sollen, uns aber immerfort nur zu Sklaven gebrauchen will, um Kanäle zu graben, Schlamm auszufegen oder Flüsse abzuleiten. Nur dazu hat er uns, wie es scheint, durch so viele Strapazen geübt, und er wird nun nach Hause gehen, um den Bürgern diese herrlichen Werke seiner Konsulate zu zeigen.«

Dergleichen Reden hörte Marius mit Vergnügen und suchte die Soldaten durch die Versicherung zu begütigen, daß er gar kein Mißtrauen in sie setze, sondern nach gewissen Orakeln erst Zeit und Ort zum Sieg erwarte. Er führte nämlich eine Syrerin namens Marta, die für eine Wahrsagerin galt, in einer Sänfte überall mit sich herum und opferte und handelte immer nur nach ihrem Gutbefinden.

Weil Marius sich still und ruhig verhielt, versuchten die Teutonen sein Lager anzugreifen; da sie aber mit einer Menge Pfeile vom Wall herab empfangen wurden und einigen Verlust erlitten, beschlossen sie mit allem Gepäck aufzubrechen, in der Meinung, daß sie wohl ohne Hindernis über die Alpen kommen würden. Jetzt erst konnte man an der Länge und Dauer des Zuges ersehen, wie ungeheuer groß ihre Menge war, denn sie sollen sechs Tage lang in ununterbrochenem Marsch an den Verschanzungen des Marius vorbeigezogen sein.

Sie kamen auch dem Wall so nahe, daß sie die Römer mit lautem

Gelächter fragten, ob sie etwas an ihre Weiber in Rom zu bestellen hätten, denn sie würden bald bei ihnen sein.

Als die Barbaren vorbei waren und ihren Marsch fortsetzten, brach Marius ebenfalls auf und folgte ihnen auf dem Fuße nach. Er lagerte sich immer in ihrer Nähe und wählte erhöhte Plätze, die er noch verschanzen ließ, um des Nachts vor Überfällen sicher zu sein. Auf solche Weise rückten sie immer weiter fort und kamen endlich zu den sogenannten sextischen Wassern, nach Aquae Sextiae, von wo sie nur noch einen kurzen Weg bis zu den Alpen hatten. Darum entschloß sich Marius, ihnen hier eine Schlacht zu liefern. Er wählte zum Lagern einen Platz, der zwar fest genug, aber nicht ausreichend mit Wasser versorgt war, in der Absicht, wie man sagt, seine Soldaten desto mehr anzufeuern. Denn als viele murrten und sich beschwerten, daß sie würden Durst leiden müssen, zeigte er mit der Hand auf den Fluß neben den Verschanzungen der Barbaren und sagte: »Dort ist Getränk für Blut zu verkaufen.« – »Warum aber«, versetzten sie »führst du uns nicht sogleich gegen die Feinde, solange das Blut in unseren Adern noch flüssig ist?« Darauf antwortete er ihnen gelassen: »Wir müssen erst unser Lager befestigen.«

Die Soldaten, so unwillig sie auch waren, ließen sich noch begütigen; aber die Troßknechte, die weder für sich noch für ihre Tiere zu trinken hatten, liefen haufenweise hinunter an den Fluß, trugen neben den Wassereimern teils Äxte und Beile oder Spieße, um selbst unter Kampf und Streit sich mit Wasser zu versehen. Anfänglich stellten sich ihnen nur wenige Barbaren entgegen; denn die meisten nahmen eben nach einem Bad ihr Frühstück, andere badeten noch in den warmen Quellen, die in jener Gegend entspringen, und die Römer überraschten noch manche, die sich an diesem anmutigen Orte pflegten und vergnügten. Doch auf das entstandene Geschrei hin liefen immer mehr herbei, und nun konnte Marius seine Soldaten, die wegen der Knechte besorgt waren, nicht länger zurückhalten. Vor allem auch deshalb nicht, weil der streitbarste Haufen der Feinde, von dem die Römer schon einmal waren geschlagen worden – die Ambronen –, sich aufmachte und zu den Waffen lief. Diese Leute, die durch eine reichliche Mahlzeit gesättigt worden und durch den Wein noch mehr Feuer und Mut bekommen hatten, rückten nicht etwa in unordentlichem, wütigem Lauf oder mit wildem

171

Feldgeschrei heran, sondern schlugen nach einem gewissen Takt an ihre Waffen, marschierten danach alle im gleichen Schritt und riefen zu wiederholten Malen ihren Namen: Ambronen, Ambronen, entweder um sich selbst zu ermutigen oder um die Feinde dadurch in Furcht zu setzen.

Unter den italienischen Völkern waren die Ligurier die ersten, die gegen die Feinde herabzogen. Als sie jenes Geschrei hörten und verstanden, schrien sie ebenfalls diese alte Benennung den Germanen entgegen, denn die Ligurier nennen sich selbst ihrem Geschlecht nach Ambronen. Daher erschallte nun dieser Ausruf gegeneinander, ehe das Treffen begann, und da die beiderseitigen Anführer in den Schlachtruf mit einstimmten und einander an Stärke der Stimme zu übertreffen suchten, wurde dadurch der Mut nur noch mehr angefeuert.

Die Schlachtordnung der Ambronen wurde durch das Durchqueren des Flusses aufgelöst, und sie fanden nicht Zeit, am andern Ufer sich wieder zu ordnen, denn die Ligurier stürzten gleich in vollem Lauf auf sie los, und so kam es bald zum Handgemenge. Die Römer eilten den Liguriern zu Hilfe, drangen von den Höhen herab mit Gewalt auf die Barbaren ein und brachten sie zum Weichen. Die meisten von ihnen wurden am Ufer, wo sie einander bedrängten, niedergemacht, die übrigen verfolgte man bis zum Lager und zu den Wagen. Hier kamen den Kämpfenden aber die Frauen mit Schwertern und Äxten bewaffnet entgegen und setzten sich unter gräßlichem und wütendem Geschrei gegen die Fliehenden ebenso wie gegen die Verfolger zur Wehr, gegen jene als Verräter, gegen diese als Feinde. Sie mengten sich mitten unter die Streitenden, rissen den Römern mit bloßen Händen die Schilde weg, fielen ihnen in die Schwerter und ließen sich mit unbesiegtem Mut erschlagen. Auf diese Weise soll es zu dem Gefecht am Fluß mehr durch Zufall als nach dem Plan des Feldherrn gekommen sein.

Die Römer kehrten nach dem Sieg über einen großen Teil der Ambronen bei einbrechender Nacht ins Lager zurück. Aber keine Siegeslieder ertönten, weder Trinkgelage noch fröhliche Gastmahle wurden gefeiert; die Soldaten, die siegreich gestritten hatten, fanden kaum Schlaf, vielmehr brachten sie diese Nacht in größter Furcht und Bangigkeit zu. Denn ihr Lager war nicht genügend verschanzt und befestigt, von den Barbaren waren noch viele Tausende unbesiegt, und die entflohenen Ambronen, die sich mit diesen vereinigt hatten, erhoben in der Nacht ein Klagegeschrei, das nicht dem Winseln und Jammern von Menschen glich, sondern einem mit Drohungen und Klagen untermischten Geheul und Brüllen wilder Tiere; da es von einer so ungeheuren Menge kam, hallte es von den umliegenden Bergen und den Ufern des Flusses wider. Ein schauriges Getöse erfüllte die ganze Ebene und versetzte nicht nur die Soldaten in Furcht, sondern auch den Marius selbst in bange Besorgnis. Er befürchtete ein unordentliches und verwirrtes Gefecht in der Nacht.

Die Feinde erschienen jedoch weder in der Nacht noch am folgenden Tag. Sie benutzten die Zeit, um die nötigen Zurüstungen zu machen und sich erneut in Schlachtordnung zu stellen. Indes schickte Marius, weil im Rücken der Barbaren steile Berge und bewaldete Täler lagen, den Claudius Marcellus mit dreitausend Mann Fußvolk dahin und befahl ihnen, sich im Hinterhalt zu verstecken und den Feinden in den Rücken zu fallen, sobald der Kampf begonnen hätte. Die übrigen Truppen stellte er bei Tagesanbruch vor dem Lager in Schlachtordnung. Die Reiterei schickte er in die Ebene voraus. Als die Teutonen sie erblickten, wollten sie nicht so lange warten, bis die Römer herabgezogen waren, um mit ihnen auf ebenem Boden zu streiten. Sie griffen in Eile und mit Grimm zu den Waffen und rückten hitzig gegen den Hügel heran. Marius schickte seine Offiziere nach allen Seiten hin und ließ die Soldaten ermahnen, sie sollten ruhig auf ihrem Posten stehen bleiben, die Wurfspieße nicht eher brauchen, als bis die Feinde so nahe gekommen wären, daß man sie erreichen könnte, dann zum Schwert greifen und sie mit dem Schild zurückstoßen: denn bei dem abschüssigen und schlüpfrigen Boden würden weder die Hiebe der Feinde wirkungsvoll sein noch würden sie ihre geschlossene Stellung halten können. Was er den Soldaten befahl, sah man ihn selbst zuerst befolgen; denn an Gewandtheit des Körpers stand er keinem nach, und an kühnem Mut ließ er alle weit hinter sich.

Die Römer stellten sich nun den Feinden und setzten ihrem Ansturm so mutigen Widerstand entgegen, daß die Teutonen zurückgeworfen wurden und sich allmählich wieder in die Ebene hinabzogen. Schon stellten sich die vordersten auf ebenem Gelände in Ordnung, als auf einmal in den hintersten Reihen Geschrei und Verwirrung entstand.

Denn Marcellus hatte den rechten Zeitpunkt ersehen und war mit seinen Leuten aufgebrochen, sobald das Getöse der Schlacht über die Hügel heraufdrang. Jetzt fiel er in vollem Lauf und mit lautem Feldgeschrei den Feinden in den Rücken. In kurzer Zeit verbreitete sich Verwirrung und Unordnung über die ganze Armee. So hielten die Feinde, von zwei Seiten bedrängt, nicht lange stand, sondern lösten die Schlachtordnung auf und stürzten in die Flucht.

Die Römer setzten ihnen nach und sollen mehr als hunderttausend teils gefangen genommen, teils getötet haben. Auch bemächtigten sie sich aller Zelte, Wagen und Reichtümer. Sie beschlossen, diese ganze Beute dem Marius zu überlassen. So ansehnlich auch dieses Geschenk war, welches er empfing, so glaubte man doch wegen der Größe der Gefahr, daß er für die Taten, die er als Feldherr geleistet hatte, noch bei weitem nicht nach Verdienst belohnt worden sei. Er opferte den größten Teil der Beute mit festlichem Gepränge den Göttern.

Catulus aber, der den Kimbern entgegengeschickt worden war, gab den Plan auf, die Pässe über die Alpen zu verteidigen, aus Besorgnis, er möchte gezwungen werden, sein Heer zu sehr zu verteilen und sich dadurch zu schwächen. Er zog sogleich nach Italien herab bis hinter die Etsch und legte, um den Feinden den Übergang zu verwehren, auf beiden Ufern des Flusses starke Verschanzungen an: auch schlug er eine Brücke hinüber, um seine Truppen auf der anderen Seite zu unterstützen, wenn die Barbaren durch die Pässe gegen die Schanzen vordringen sollten. Allein diese äußerten so viel Trotz und Verachtung gegen ihren Feind, daß sie, um ihre Stärke und Kühnheit zu zeigen, ganz nackt über Eis und tiefen Schnee hinweg die Bergspitzen erkletterten, dann sich auf ihre breiten Schilde legten und von oben die steilen Berghalden in die tiefsten Abgründe hinunter sausten.

Als sie sich in der Nähe der Römer gelagert und den Übergang untersucht hatten, unternahmen sie es, den Fluß umzuleiten. Zu dem Zweck trugen sie, gleich den alten Giganten, die umliegenden Hügel ab, schleppten ganze Bäume mitsamt den Wurzeln, große Felsenstücke und mächtige Erdklumpen in den Strom und hemmten ihn dadurch in seinem Lauf. Überdies ließen sie schwere Stämme gegen die Brücke herabschwimmen, die die Tragbalken durch gewaltige Stöße erschütterten. Darüber gerieten denn die römischen Soldaten in solche Furcht, daß die meisten fluchtartig das Lager verließen und sich über den Fluß zurückzogen.

Hierbei betrug sich Catulus, wie es einem rechtschaffenen und vollkommenen Feldherrn zukommt, der seine eigene Ehre hinter die seiner Mitbürger setzt. Als er sah, daß die Soldaten sich durch keine Ermahnung bewegen ließen, auf ihren Posten zu bleiben, sondern voller Furcht und Bestürzung ausrissen, ließ er den Adler aufnehmen, eilte zu den vordersten Haufen der Abziehenden und stellte sich an ihre Spitze, damit es das Ansehen haben sollte, als wenn sie nicht auf der Flucht wären, sondern auf Befehl des Feldherrn und unter seiner Anführung einen Rückzug unternähmen.

Die Barbaren griffen nun die Verschanzung jenseits des Flusses an und eroberten sie, doch bewilligten sie der darin stehenden Besatzung freien Abzug aus Bewunderung, weil sie sich tapfer gehalten und auf eine des Vaterlands würdige Art gestritten hatte. Hierauf überschwemmten die Barbaren das wehrlose Land und verwüsteten es.

Während dies geschah, war Marius nach Rom gerufen worden. Als er ankam, glaubte jedermann, daß er im Triumph einziehen würde, und der Senat bewilligte es ihm auch; er aber schlug den Triumph aus, weil er seine Soldaten, die zu dem Sieg so viel beigetragen hatten, der ihnen gebührenden Ehre nicht berauben wollte. Nachdem er aber von den Verhältnissen an der Etsch Kunde erhalten hatte, begab er sich eilends ins Lager zu Catulus, sprach diesem Mut zu und berief seine eigene Armee aus Gallien zurück.

Nach ihrer Ankunft überschritt er den Fluß Po und suchte die Barbaren vom weiteren Vordringen in Italien abzuhalten. Diese wichen aber dem Kampf beständig aus, unter dem Vorwand, daß sie die Teutonen erwarteten und sich über ihr langes Ausbleiben verwunderten. Deren Niederlage war ihnen noch unbekannt, oder sie wollten nicht daran glauben. Sie forderten von Marius, ihnen und ihren Brüdern so viel Land und Städte zu geben, wie sie nötig hätten. Da Marius die Abgeordneten fragte, wer denn ihre Brüder seien, und sie die Teutonen nannten, lachten alle Anwesenden. Marius aber gab ihnen die spöttische Antwort: »Um eure Brüder seid ganz unbekümmert, die haben schon von uns Land bekommen und werden es für immer behalten.« Die

Gesandten, die den Spott nicht verstanden, drohten ihm mit vielen Schmähungen, daß die Kimbern sich sogleich, die Teutonen aber, sobald sie angekommen wären, an ihm rächen würden. »Oh, einige sind schon da«, versetzte Marius, »es würde unhöflich sein, wenn ich euch weggehen ließe, ohne daß ihr eure Brüder begrüßt habt«. Mit diesen Worten befahl er, die Könige der Teutonen gefesselt vorzuführen; denn sie waren auf ihrer Flucht in den Alpen gefangen worden. Als dies den Kimbern hinterbracht wurde, rückten sie gleich auf Marius los. Der aber blieb ruhig in seinem Lager.

Böorix, der König der Kimbern, kam jetzt mit kleinem Gefolge zum römischen Lager geritten und forderte Marius auf, an einem ihm beliebigen Tag und Ort herauszukommen und mit ihm um den Besitz des Landes zu streiten. Marius antwortete, die Römer hätten zwar noch niemals, wenn sie ein Treffen liefern wollten, die Feinde zu Rat gezogen, doch wollten sie den Kimbern hierin willfahren. Sie bestimmten also den dritten Tag von diesem an und zur Kampfstätte die Ebene bei Vercellä, die den Römern zum Einsatz ihrer Reiterei geeignet war und auch den Barbaren gestattete, ihre große Menge gehörig auszudehnen.

Beide Teile hielten sich an die festgesetzte Zeit und stellten sich gegeneinander in Schlachtordnung. Catulus hatte zwanzigtausend und dreihundert Mann unter seinem Kommando, die Armee des Marius aber war zweiunddreißigtausend Mann stark und wurde auf die Flügel verteilt, so daß sie den Catulus in der Mitte hatte.

Auf Seiten der Kimbern rückte das Fußvolk gemächlich aus den Verschanzungen und stellte sich in einer Tiefe, die der Front gleich war, zur Schlachtordnung auf. Ihre Reiterei, die fünfzehntausend Mann stark war, zog mit vielem Glanz heran. Sie trugen Helme, die den Rachen fürchterlicher Tiere glichen und andere seltsame Gestalten hatten: auf diesen standen hohe Federbüsche in Form von Flügeln, wodurch sie um vieles größer erschienen. Dabei waren sie mit eisernen Harnischen und weißen Schilden bewaffnet, die einen blendenden Schimmer verbreiteten. Als Geschosse führten sie zweizackige Spieße und im Handgemenge selbst schwere große Schwerter.

Diesmal griffen sie die Römer nicht in der Frontmitte an, sondern wandten sich gleich rechter Hand und rückten immer weiter vor, um die Feinde nach und nach zwischen sich und ihr Fußvolk zu bringen,

176

das zur linken Seite stand. Die Feldherren der Römer merkten die List, konnten aber ihre Soldaten nicht mehr zurückhalten, die auf das Geschrei eines unter ihnen, daß die Feinde zu entfliehen suchten, sich alle in Marsch gesetzt hatten, um sie zu verfolgen. Indes rückte auch das Fußvolk der Barbaren, gleich dem Wogen eines ungeheuren Meeres heran. Da wusch Marius seine Hände, hob sie gen Himmel und gelobte den Göttern ein Opfer von hundert Rindern: auch Catulus hob seine Hände empor und gelobte, die Beute dieses Tages den Göttern zu weihen. Bei dem Opfer soll Marius, als ihm die Eingeweide gezeigt wurden, laut gerufen haben: »Der Sieg ist mein.«

Nachdem der Angriff erfolgt war, hatte Marius ein Mißgeschick. Es erhob sich nämlich eine gewaltige Staubwolke und hüllte die beiden Armeen so sehr ein, daß Marius, als er mit seinen Truppen zum Verfolgen anrückte, die Feinde gänzlich verfehlte, neben ihrer Schlachtordnung vorbeizog und eine geraume Zeit in der Ebene herumirrte. Indes stießen die Barbaren auf den Catulus, und so kam dieser mit seinen Legionen zum Haupttreffen. Den Römern kam hier die Hitze und die Sonne, die den Kimbern gerade ins Gesicht schien, sehr wohl zustatten. Diese Leute waren gewöhnt, Kälte zu ertragen, weil sie in kalten, schattigen Ländern aufgewachsen waren; daher wurden sie durch die Hitze ganz ermattet, gerieten keuchend in heftigen Schweiß und mußten die Schilde vor das Gesicht halten, denn das Gefecht ereignete sich kurz nach der Sommersonnenwende. Auch der Staub, der die Feinde verbarg, war für die Römer vorteilhaft und verstärkte ihren Mut, weil sie die ungeheure Menge nicht sahen und nur mit denen sich in den Kampf einließen, auf die sie eben trafen, ohne vorher durch den Anblick erschreckt zu werden. Zudem waren die Römer körperlich so abgehärtet und an Strapazen gewöhnt, daß man bei der großen Wärme keinen schwitzen und keuchen sah.

Auf Catulus' Seite wurde also der größte und streitbarste Teil der Feinde niedergemacht. Um nicht getrennt zu werden, hatte sich das erste Glied der Barbaren mit langen Ketten, die am Gürtel befestigt waren, zusammengebunden. Doch ohne Erfolg. Die Römer trieben die Fliehenden bis zu ihren Verschanzungen zurück. Hier eröffnete sich ihnen ein höchst tragischer Anblick. Die Frauen standen in schwarzer Kleidung auf den Wagen und erschlugen die Flüchtlinge ohne Rücksicht, ob sie ihre Männer, Väter oder Brüder waren; mit eigenen Händen brachten sie auch die kleinen Kinder um und gaben sich dann selbst den Tod. Viele Männer stürzten sich vor der Wagenburg in die eigenen Schwerter, um nicht in Gefangenschaft zu geraten, oder banden sich in Ermangelung der Bäume mit dem Hals an die Hörner oder Beine der Ochsen, reizten diese mit Stacheln und wurden so von den wütenden Tieren fortgeschleppt und zertreten. Viele kamen auf diese Weise um, und doch wurden noch mehr als sechzigtausend Mann zu Gefangenen gemacht.

Den Soldaten des Marius fiel die reichste Beute in die Hände; die Waffen, die Fahnen und Trompeten aber wurden, wie man sagt, in das Lager des Catulus gebracht, und dies führte Catulus nachher als den stärksten Beweis an, daß der Sieg durch seine Truppen entschieden worden sei. Da jedoch auch unter den Soldaten, wie leicht zu denken, darüber Streit entstand, wählte man die anwesenden Abgeordneten von Parma zu Schiedsrichtern.

Bei der Entscheidung gab teils der vorige Sieg, teils der höhere Rang den Ausschlag, so daß dem Marius das ganze Werk zugeschrieben wurde. Das einfache Volk nannte ihn sogar den dritten Erbauer Roms, weil er eine Gefahr abgewendet hatte, die man für nicht geringer hielt als die der Kelten.

178

Sitten der Gallier und Germanen

Es scheint nicht unwichtig, über die Sitten der Gallier und Germanen und über die Grundunterschiede beider Nationen einiges auszuführen. In ganz Gallien gibt es eigentlich nur zwei Klassen von Menschen, welche wirklich zählen und geachtet werden. Das Volk hingegen lebt wie in der Sklaverei; es wagt nichts auf eigene Faust und hat bei nichts eine Stimme. Die meisten sind von Schulden, hohen Steuern und der Härte der Machthaber so gedrückt, daß sie sich in die Hörigkeit der Adligen begeben. Diese haben dann über solche Leute alle Rechte wie der Herr über seine Sklaven. Die erwähnten beiden Klassen aber sind die Druiden und die Ritter.

Den Druiden obliegen die gottesdienstlichen Handlungen; sie besorgen die öffentlichen und privaten Opfer und legen die Göttersprüche aus. Eine große Zahl junger Männer sucht bei ihnen ihre Ausbildung, und so stehen sie bei den Galliern in hohem Ansehen. Denn sie sind es, die fast über alle öffentlichen und Privatstreitigkeiten entscheiden. Ist irgendein Verbrechen geschehen, ein Mord vorgefallen, handelt es sich um einen Erbschafts- oder Grenzstreit, überall entscheiden sie, bestimmen über Belohnung und Strafen. Will sich ein einzelner oder eine Völkerschaft ihrem Spruch nicht fügen, so schließen die Druiden den Schuldigen von der Teilnahme an den Opfern aus. Das aber gilt bei den Galliern als die härteste Strafe. Wer immer so in den Bann getan ist, der gilt als gottloser und ruchloser Mensch; alle verlassen ihn, weichen seiner Begegnung, dem Gespräch mit ihm aus, wie der Berührung mit einem Pestkranken. Ein solcher Mensch kann weder Recht erlangen noch irgendeiner Ehre teilhaftig werden. An der Spitze aller Druiden aber steht einer, der unter ihnen das höchste Ansehen genießt. Stirbt er und es ist einer da, der sich unbestritten vor allen anderen auszeichnet, so folgt ihm dieser nach; sind mehrere mit gleichen Ansprüchen, so wird entweder von den Druiden über sie abgestimmt, oder sie ma-

179

chen den Streit über die Nachfolge mit den Waffen aus. Zu einer bestimmten Zeit des Jahres halten die Druiden im Carnutenlande, das, wie man annimmt, in der Mitte von ganz Gallien liegt, an einem geweihten Ort einen Gerichtstag. Hier kommen aus allen Teilen des Landes diejenigen, die einen Streit haben, zusammen und unterwerfen sich den Sprüchen und Urteilen der Druiden.

Die Druiden halten sich vom Krieg fern und zahlen keine Steuern wie die andern Freien; sie sind vom Kriegsdienst wie überhaupt von allen Lasten befreit. Diese großen Vorteile veranlassen viele, daß sie teils aus eigenem Entschluß in den Druidenstand eintreten, teils von Eltern und Verwandten für denselben bestimmt werden. Einige bleiben so zwanzig Jahre in der Lehre. Sie lernen eine große Menge von Versen auswendig. Jene Verse dürfen nach ihren Ordnungen nicht niedergeschrieben werden, obwohl sich die Gallier für alle übrigen Dinge in privaten und öffentlichen Angelegenheiten des griechischen Alphabets bedienen. Wie es scheint, hat jene Satzung zwei Gründe: einmal wollen die Druiden nicht, daß ihre Lehre unter das Volk komme; dann wollen sie nicht, daß sich die Zöglinge auf die Schrift verlassen und so die Ausbildung des Gedächtnisses vernachlässigen; denn den meisten begegnet es ja, daß sie im Vertrauen auf Niedergeschriebenes wenig Fleiß auf das Lernen und Behalten des Gelernten verwenden. Vor allen Dingen lehren die Druiden die Unsterblichkeit der Seelen, die, so sagen sie, nach dem Tode aus einem Körper in den andern übergehen. Sie glauben, daß diese Lehre einen besonderen Anreiz zur Tapferkeit gebe, da sie die Furcht vor dem Tode verschwinden mache. Außerdem sprechen die Druiden viel von den Gestirnen und ihrer Bewegung, von der Größe der Welt und der Erde, von der Natur der Dinge, von der Macht und Gewalt der unsterblichen Götter, und sie unterrichten die Jugend in diesem allem.

Die andere Klasse ist der Ritterstand. Die Ritter ziehen alle in den Krieg, wenn ein solcher ausbricht und es die Not verlangt. Vor Cäsars Ankunft geschah dies fast jedes Jahr regelmäßig; bald griffen sie selbst ohne Ursache an, bald hatten sie einen Angriff ohne Ursache abzuwehren. Jeder Ritter hat je nach dem Rang, den ihm seine Geburt und sein Geld gibt, eine Anzahl Ambacten und Dienstmannen in seinem Gefolge. Das ist der einzige Maßstab für Macht und Einfluß, den sie kennen.

Die gesamte gallische Nation ist von ausnehmender Frömmigkeit. Wer in eine schwere Krankheit verfällt oder Gefahren und Kämpfen entgegengeht, pflegt Menschenopfer darzubringen oder zu geloben, wobei dann natürlich die Druiden die gottesdienstliche Handlung leiten. Sie gehen nämlich von dem Glauben aus, die unsterblichen Götter könnten nur dadurch versöhnt werden, daß für ein Menschenleben ein anderes dargebracht werde. Auch von Staats wegen finden dergleichen Opfer regelmäßig statt. Die Gallier glauben allerdings, daß den unsterblichen Göttern die Opferung derjenigen angenehmer sei, die bei Diebstahl, Raub oder sonst einem schweren Verbrechen ergriffen worden sind. Fehlt es aber an solchen, opfert man auch Unschuldige.

Ihr Hauptgott ist unser Mercurius. Er hat die meisten Bildsäulen und wird als der Erfinder aller möglichen Künste, als Führer auf allen Landstraßen und Reisen verehrt; er gilt als derjenige, von welchem vorzugsweise Gelderwerb und Glück im Handel abhängt. Nach ihm verehren sie den Apollo, Mars, Jupiter und die Minerva. Sie haben von diesen Gottheiten ungefähr dieselben Vorstellungen wie alle übrigen Völker: Apollo vertreibt die Krankheiten, Minerva lehrt Künste und Handwerke, Jupiter ist der König des Himmels, Mars regiert den Krieg. Vor einer entscheidenden Schlacht pflegen sie daher dem Kriegsgott künftige Beute zu geloben. Im Fall des Sieges opfern sie ihm alles Lebendige, was ihnen in die Hände fällt; den Rest der Beute bringen sie an einen bestimmten Ort, um sie aufzubewahren. Bei vielen Stämmen kann man große Haufen solcher geweihten Beutestücke erblicken, und es kommt selten vor, daß einer so gottlos ist, ein Beutestück zu verheimlichen oder von dem Haufen zu entwenden. Martervoller Tod steht auf diesem Verbrechen.

Die Gallier halten sich alle für Nachkommen des Vaters Dis, einer Gottheit der Unterwelt, den die Römer Pluto nennen, und berufen sich dafür auf die Lehre der Druiden. Daher rechnen sie alle Zeitbestimmungen nicht nach Tagen, sondern nach Nächten; Geburtstage, Monats- und Jahresanfänge rechnen sie in der Weise, daß die Nacht beginnt, dann erst der Tag folgt. In Bezug auf ihre anderen gesellschaftlichen Einrichtungen ist besonders die Eigentümlichkeit hervorzuheben, daß sie mit ihren Kindern nicht eher öffentlich auftreten, als bis sie das

Alter der Wehrhaftigkeit erreicht haben, und daß es geradezu für unehrenhaft gilt, wenn ein noch nicht erwachsener Sohn sich neben seinem Vater öffentlich sehen läßt.

Bei der Verheiratung wirft der Mann mit der Mitgift der Frau einen
gleichen Anteil seines Vermögens zusammen. Dieses vereinigte Kapital
wird dann gemeinschaftlich verwaltet, und die Zinsen davon werden
zurückgelegt. Der überlebende Teil der beiden Ehegatten erhält dann
das Ganze zugleich mit den bisherigen Zinsen. Die Männer haben gegen Frauen und Kinder das Recht über Leben und Tod. Stirbt ein vornehmer Mann, so treten seine Verwandten zusammen, und wenn die
Art seines Todes irgendwie verdächtig ist, werden die Frauen des Verstorbenen der peinlichen Befragung wie Sklaven unterworfen: kommt
dann etwas heraus, so werden sie verbrannt oder sonst unter großen
Martern hingerichtet. Die Leichenbegängnisse sind im Verhältnis zur
Lebensweise der Gallier prachtvoll und kostspielig. Alles, was dem
Toten bei Lebzeiten lieb gewesen ist, wird mit ins Feuer geworfen, auch
Haustiere; ja noch vor unserer Zeit wurden bei einem richtigen Lei-
chenbegängnis die Sklaven und Hörigen, die als die besonderen Lieb-
linge des Verstorbenen galten, mit verbrannt.

Bei einigen Stämmen besteht die gesetzliche Bestimmung, daß jeder
es nur den Behörden anzeigen und niemandem sonst mitteilen darf,
wenn ihm aus dem Ausland durch Gerücht oder Hörensagen etwas zu
Ohren kommt, was den Stamm betrifft und angeht. Denn die Erfahrung hat gelehrt, daß das dumme, einfältige Volk sich häufig durch falsche Gerüchte aufregen, zu einer Tollheit hinreißen und zu Beschlüssen
von der größten Tragweite verleiten läßt. Die Behörden behalten dann
für sich, was ihnen gut scheint, und teilen der Masse mit, was nach ihrer
Meinung für diese zuträglich ist. Übrigens darf über Staatsangelegen-
heiten nur in den Volksversammlungen verhandelt werden.

Ganz anders sind die Sitten der Germanen; denn sie haben weder Druiden für die Leitung des Gottesdienstes, noch halten sie viel von Opfern.
Sie glauben nur an solche Götter, die sie mit Augen sehen und deren
segensreiche Wirksamkeit sie handgreiflich erfahren, also an die Sonne,
den Mond und den Feuergott; von den übrigen haben sie keine
Ahnung. Ihr ganzes Leben dreht sich um Jagd und Krieg. Von klein

auf suchen sie sich durch Strapazen abzuhärten. Der späte Eintritt der Mannbarkeit gilt als besonderer Vorzug; dadurch meinen sie, werde der Wuchs befördert und die Muskelkraft gestählt.

Ackerbau ist nicht ihre Hauptbeschäftigung; ihre Nahrung besteht größtenteils aus Milch, Käse und Fleisch. Auch hat niemand einen feststehenden oder abgegrenzten Grundbesitz; vielmehr verteilen die Fürsten das Land an die Geschlechter und geschlossenen Sippschaften nach Gutdünken auf je ein Jahr und lassen dann das Jahr darauf einen Wechsel des Besitzes eintreten. Sie begründen diese Einrichtung auf mancherlei Weise: die Bewirtschaftung von Grundeigentum könnte zu Gunsten des Ackerbaus dem kriegerischen Geist Abbruch tun; man würde auf Erweiterung des Grundeigentums sinnen und die Reichen würden dann den Armen ihre Besitzungen abnehmen; man würde bei der Einrichtung der Häuser zu viel Rücksicht auf Hitze und Kälte nehmen; man würde sich ein Vermögen erwerben wollen, und das sei eine unversiegbare Quelle von Neid und Haß und Streit; endlich sei es das beste Mittel, den einfachen Mann bei guter Laune zu erhalten, wenn er sehe, daß jedermann ebenso viel Land habe wie der Mächtigste.

Der größte Stolz der einzelnen Völkerschaften der Germanen ist es, rings um ihre Gebiete möglichst weite wüste Landstriche zu haben, und so sind auch die Höfe der einzelnen Freien weit voneinander entfernt. Es gilt ihnen als Beweis ihrer eigenen Tapferkeit, wenn die Nachbarn von ihren Feldern vertrieben werden oder weichen und keiner es wagt, in ihrer Nähe sich niederzulassen; zugleich fühlen sie sich dabei sicherer, da sie so nicht leicht einen plötzlichen Angriff zu fürchten haben. Wenn eine Völkerschaft einen Angriffs- und Verteidigungskrieg zu führen hat, wählt sie dafür eine Oberbehörde mit Gewalt über Leben und Tod. Im Frieden existieren solche Landesbehörden nicht, sondern die Fürsten der Landschaften und Gaue schützen Leben und Recht ihrer Untertanen. Räuberei außerhalb der Stammesgrenze gilt bei ihnen nicht für Schande und wird nach ihren Grundsätzen betrieben, um die junge Mannschaft zu üben und dem Müßiggang zu steuern. Wo immer einer der Fürsten in der Volksversammlung sich als Führer anbietet und diejenigen, die ihm folgen wollen, aufruft, erheben sich alle, denen die Sache und der Mann gefällt, und sagen mit Beifallsruf ihre Teilnahme zu. Wer von diesen dann nicht wirklich mitzieht, wird als Ausreißer und Verräter geächtet und findet in nichts mehr Glauben. Einen Gastfreund zu schädigen, halten sie für Sünde; wer aus welchem Grunde immer zu ihnen kommt, wird vor Unbill geschützt, für unverletzlich geachtet und findet alle Türen sowie Küche und Keller offen.

Es gab eine Zeit, da die Gallier den Germanen an Tapferkeit überlegen waren, ja diese angriffen und wegen Übervölkerung und Mangel an Ackerland Kolonisten über den Rhein schickten. Die Germanen ließen sich aber weder von den Galliern noch später von den Römern beeinflussen, sie blieben bei der alten Lebensart und erreichten Abhärtung durch Entbehrung.

Auf die Gallier aber ist die Nähe der römischen Provinzen, die Kenntnisse der mittelmeerischen Zivilisation, deren Vorteile sie sich größtenteils angeeignet haben, nicht ohne Einfluß geblieben. Allmählich gewöhnten sie sich daran zu unterliegen, und in vielen Kämpfen besiegt, stellten sie selbst nicht einmal mehr die Überlegenheit der Germanen in Abrede.

Der Auszug der Helvetier

Unter den Helvetiern ragte Orgetorix durch Adel und Reichtum wie ein Fels aus allen empor. Er hegte kühne Pläne. Darum traf er ein geheimes Abkommen mit den Edlen und bewog dann das Volk zu dem Beschluß der Auswanderung: bei ihrer überlegenen Tapferkeit würde es eine Kleinigkeit für sie sein, sich ganz Gallien zu unterwerfen. Man schenkte ihm um so leichter Gehör, weil Helvetien rings von Naturhindernissen eingeschlossen ist: auf der einen Seite vom Rhein, diesem breiten und tiefen Strom, der das helvetische Gebiet von Germanien abgrenzt, auf der anderen Seite vom hohen Juragebirge zwischen dem Sequanerlande und Helvetien, auf der dritten vom Genfer See und der Rhône, die die römische Provinz von Helvetien trennt. So konnten sie ihre Streifzüge nicht weit ausdehnen und nur mit großer Schwierigkeit ihre Nachbarn angreifen; und das war es, was diesem kriegerischen Stamm sehr zu Herzen ging. Im Hinblick auf ihre Kopfzahl und ihren Kriegsruhm ward ihnen ihr Land zu eng, welches sich zweihundertvierzig Meilen in die Länge und einhundertachtzig Meilen in die Breite erstreckt.

Durch diese Gründe und durch den Einfluß des Orgetorix bestimmt, beschlossen sie, die notwendigen Vorbereitungen zum Auszug zu treffen, eine möglichst große Zahl von Zugtieren und Karren zu beschaffen, so viel als möglich Land zu bestellen, um auf dem Weg ausreichenden Vorrat an Korn zu haben. Mit den benachbarten Staaten erneuerten sie die Friedens- und Freundschaftsbündnisse. Zur Vorbereitung hielten sie zwei Jahre für genügend, auf das dritte setzten sie den Auszug durch Volksbeschluß fest. Mit der Ausführung ward Orgetorix beauftragt.

Orgetorix aber strebte insgeheim nach der Königswürde und verband sich mit zwei andern Stammesfürsten in der Hoffnung, mit ihnen zusammen ganz Gallien zu unterwerfen. Seine Pläne wurden aber verraten. Zur Rechenschaft gefordert, entzog er sich der Verurteilung, indem er freiwillig in den Tod ging.

Nach seinem Tode beharrten die Helvetier trotzdem bei ihrem Entschluß auszuwandern. Als sie die nötigen Vorbereitungen getroffen hatten, zündeten sie alle ihre Städte, etwa zwölf, ihre Dörfer, etwa vierhundert, und sonst alle einzelstehenden Gehöfte an und verbrannten alles Korn, das sie nicht mitführen wollten, um, der Hoffnung auf Rückkehr beraubt, allen Gefahren um so bereitwilliger Trotz zu bieten. Jeder sollte auf drei Monate Mehl mit sich nehmen. Ihre Nachbarn bestimmten sie zu gleichem Entschluß, Städte und Dörfer zu verbrennen und mit ihnen auszuziehen.

Es gab nur zwei Straßen, auf denen die Helvetier ihre Heimat verlassen konnten, die eine durch das Sequanerland zwischen dem Jura und der Rhône; sie war eng und schwierig, so daß kaum ein Karren hinter dem andern fahren konnte – außerdem wurde sie von bedeutenden Höhen beherrscht, konnte also leicht von einer Handvoll Leute gesperrt werden – die andere führte durch unsere Provinz, und war viel leichter und bequemer zu gehen. Die Rhône nämlich, die zwischen den Helvetiern und den jüngst unterworfenen Allobrogern im Westen die Grenze bildet, hat mehrere gangbare Furten. Die letzte Grenzstadt der Allobroger zunächst Helvetien ist Genf. Von dieser Stadt führt eine Brücke ins Land der Helvetier. Sie glaubten die Allobroger, die mit der römischen Herrschaft unzufrieden waren, in Güte überreden oder mit Gewalt zwingen zu können, ihnen durch ihr Gebiet freien Durchzug zu gestatten. Nachdem alle Vorbereitungen getroffen waren, bestimmten sie einen Tag zur allgemeinen Versammlung am Ufer der Rhône. Es war der 28. März.

Als Caesar erfuhr, sie wollten durch die Provinz ihren Zug antreten, beschleunigte er seine Abreise von Rom, eilte in starken Tagereisen nach Gallien und kam bei Genf an. Er ordnete sofort in der ganzen Provinz neue Aushebungen von Soldaten an und ließ die Brücke bei Genf abbrechen. Als die Helvetier seine Ankunft erfuhren, schickten sie die Vornehmsten ihres Volkes als Gesandte an ihn ab. Diese erklärten, sie wollten in Frieden durch die Provinz ziehen, weil sie keinen anderen Weg hätten; sie bäten um seine Erlaubnis dazu. Caesar hatte nicht vergessen, daß die Helvetier einst den Konsul Lucius Cassius am Genfer

See erschlagen, sein Heer besiegt und es schimpflich unter dem Joch durchgeschickt hatten. Schon deshalb glaubte er die Erlaubnis versagen zu müssen; überdies mußte er sehr bezweifeln, daß ein Stamm von so feindseliger Gesinnung sich allen Unfugs und aller Ausschreitungen enthalten werde, wenn ihm der Durchzug gestattet würde. Um jedoch Zeit zu gewinnen, die ausgehobenen Soldaten zusammenzuziehen, antwortete er den Gesandten, er wolle sich die Sache in Ruhe überlegen, auch müsse er den Rat der Konsuln einholen; sie möchten gefälligst am 13. April wiederkommen.

Unterdessen ließ er durch seine Legion und die aus der Provinz bereits zusammengezogenen Soldaten vom Genfer See längs der Rhône bis zum Jura einen 19 Meilen langen Wall von 16 Fuß Höhe und einen Graben ziehen. Hierauf stellte er Posten auf und legte Schanzen an, um den Helvetiern nötigenfalls desto leichter den Übergang verwehren zu können. Als der verabredete Tag herangekommen war und die Gesandten wieder vor ihm erschienen, erklärte er ihnen: es sei gegen Gesetze und Herkommen des römischen Volkes, irgendwem den Durchgang durch die Provinz zu gestatten; einen etwaigen gewaltsamen Versuch werde er zurückzuweisen wissen. Die Helvetier, in ihrer Hoffnung getäuscht, versuchten teils auf gekoppelten Booten und einigen Flößen, teils durch die Rhône, wo sie am flachsten war, durchzubrechen, bisweilen bei Tage, öfter des Nachts; sie wurden aber jedesmal durch die schnell herbeigezogenen Truppen zurückgeschlagen und ließen daher von diesen Versuchen ab.

So blieb ihnen nur die eine Straße über den Jura übrig, die sie jedoch ohne Bewilligung der Sequaner wegen der Enge des Passes nicht einschlagen konnten. Es gelang ihnen nicht ohne weiteres, diese Erlaubnis zu erhalten; sie schickten daher Gesandte an einen befreundeten Stammesfürsten, um durch seine Vermittlung die Sequaner zu gewinnen. Er übernahm den Auftrag und brachte die Sequaner dazu, den Helvetiern den Durchzug zu gestatten, und vermittelte die Auswechslung von Geiseln. Die Sequaner versicherten hierauf den Helvetiern ungehinderten Durchmarsch, die Helvetier die Aufrechthaltung strenger Manneszucht auf dem Marsch.

Caesar erfuhr, die Helvetier seien willens, danach in das Gebiet der weiter südlich wohnenden Santonen einzuwandern. Dieses Land grenzt bereits an unsere Provinz. Er erkannte die große Gefahr, welche entstehen mußte, wenn sich in der Nachbarschaft ihres offenen und getreidereichen Grenzlandes ein kriegerischer, dem römischen Volke feindseliger Stamm festsetze. Er ließ daher einen Befehlshaber in den angelegten Verschanzungen zurück, reiste in Eilmärschen nach Italien, hob dort zwei neue Legionen aus und zog die drei alten aus ihren Winterquartieren bei Aquileja heran. Mit diesen fünf Legionen beeilte er sich, auf dem kürzesten Wege über die Alpen in das jenseitige Gallien zu kommen.

Die Helvetier waren bereits durch den Paß und das Gebiet der Sequaner gezogen, kamen nun zu den Häduern und verwüsteten deren Felder. Die Häduer, außerstande, sich und ihr Eigentum zu schützen, schickten Gesandte an Caesar und baten um Hilfe: sie seien dem römischen Volk allezeit so zugetan gewesen, daß sie es nicht verdienten, fast unter den Augen eines römischen Heeres ihre Felder verwüstet, ihre Kinder geknechtet, ihre Städte erstürmt zu sehen. Gleichzeitig berichteten auch ihre nächsten Stammverwandten dem Caesar, ihre Felder seien verwüstet, und es würde ihnen kaum möglich sein, ihre Städte gegen einen feindlichen Angriff zu halten. Ebenso flüchteten die Allobroger, die auch jenseits der Rhône Dörfer und Besitzungen hatten, zu Caesar und erklärten, es sei ihnen nichts als der bloße Erdboden übrig geblieben. Alles dies bestimmte Caesar, nicht erst zu warten, bis die Helvetier die ganze Habe der Bundesgenossen aufgezehrt hätten und in das Santonenland gekommen wären.

Der Arar (Saône) mündet an der Grenze zwischen dem Häduer- und Sequanerland in die Rhône; er hat dort ein so außerordentlich geringes Gefälle, daß man kaum erkennen kann, nach welcher Richtung er fließt. Die Helvetier waren beschäftigt, ihn mit Flößen und gekoppelten Booten zu überqueren. Als Caesar durch seine Kundschafter erfuhr, daß drei Viertel der Helvetier schon auf dem anderen Flußufer seien, der vierte Teil sich noch diesseits befände, brach er in der Morgenfrühe mit drei Legionen aus dem Lager auf und stieß auf jenen Teil, der völlig unvorbereitet und keines Feindes gewärtig, den Fluß zu übersetzen sich anschickte. Er griff sie sofort an und machte einen großen Teil von ihnen nieder; der Rest suchte sein Heil in der Flucht und stürzte in die nächsten Wälder. Es war dies der sogenannte tigurinische Stamm. Das ganze helvetische Volk nämlich besteht aus vier Stämmen. Gerade jener Stamm war einst zur Zeit unserer Väter ausgezogen, hatte den Konsul Lucius Cassius erschlagen und sein Heer unters Joch geschickt. So mußte, sei es durch Zufall, sei es nach dem Ratschluß der unsterblichen Götter, eben jener Teil der Helvetier zuerst büßen, durch den das römische Volk einst ein so bedeutender Schlag getroffen hatte.

Um die Hauptmasse der Helvetier zu erreichen, ließ Caesar nun eine Brücke über den Arar schlagen und führte darauf das Heer hinüber. Seine plötzliche Annäherung machte auf die Helvetier großen Eindruck, da sie sahen, daß er den Flußübergang in einem Tag bewerkstelligte. Sie selbst hatten zwanzig Tage mühselig damit zu tun gehabt. Sie schickten daher eine Gesandtschaft an ihn ab, deren Haupt der alte Divico war, der im Krieg gegen Cassius an der Spitze der Helvetier gestanden hatte. Dieser stellte dem Caesar vor: Wolle das römische Volk mit den Helvetiern Frieden machen, so seien sie bereit, dahin zu ziehen und dort sich anzusiedeln, wo es ihnen Caesar anweise: beharre er auf der Fortsetzung des Krieges, so möge er die einstige Niederlage des römischen Volks am Genfer See und die früher bewiesene Tapferkeit der Helvetier bedenken. Er habe zwar unversehens einen Stamm angegriffen, während die anderen jenseits des Flusses diesen nicht unterstützen konnten. Deshalb dürfe er jedoch keine zu hohe Meinung von sich haben und die Helvetier nicht zu gering achten. Sie seien von ihren Vätern und Ahnen her gewohnt, mehr ihrer Tapferkeit als der List im Kampf zu vertrauen und nicht in Überfällen ihre Kraft zu suchen. Er möge sich daher in acht nehmen; es könnte sonst leicht ihr jetziger Lagerplatz durch die Vernichtung des römischen Heeres für alle Zukunft berühmt werden.

Caesars Antwort lautete also: Er habe den Vorfall keineswegs vergessen, dessen die helvetischen Gesandten gedacht hätten; gerade darum sei er zum letzten entschlossen. Gesetzt, er wolle auch jene alte Schmach übergehen, ihre jüngsten Untaten könne er nicht vergessen. Gegen sein Verbot hätten sie gewaltsam in die Provinz zu ziehen versucht; die befreundeten Häduer, die Allobroger und andere Völker hätten sie mißhandelt. Es verrate denselben Geist, wenn sie mit solchem Übermute ihres Sieges sich rühmten und sich darauf etwas zugute täten, für alle ihre Gewalttätigkeiten so lange unbestraft geblieben zu sein.

Trotz allem sei er dennoch bereit, mit ihnen Frieden zu schließen, wenn sie erstens ihm durch Geiseln Bürgschaft für ihren Gehorsam gäben und zweitens den Häduern und allen, deren Gebiet sie verwüstet, Genugtuung leisten wollten. Divico antwortete: Die Helvetier seien von ihren Vorfahren her gewohnt, Geiseln zu nehmen, nicht zu geben; das wisse das römische Volk sehr gut. Mit dieser Antwort verabschiedete er sich.

Am folgenden Tag brachen sie auf. Caesar tat dasselbe und nahm seine ganze Reiterei an die Spitze, um die Marschrichtung des Feindes beobachten zu lassen. Sie drängten etwas zu hitzig auf die feindliche Nachhut und gerieten mit der Reiterei der Helvetier auf ungünstigem Boden ins Gefecht, wobei einige der Römer fielen. Dies Gefecht hob den Mut der Helvetier, weil sie mit fünfhundert Reitern eine so große Übermacht geschlagen hatten. Von nun an machten sie von Zeit zu Zeit mit großer Keckheit Halt, ja sie reizten die Römer selbst durch Angriffe ihrer Nachhut. Caesar ließ sich auf kein Gefecht ein und begnügte sich für den Augenblick damit, den Räubereien und Plünderungen des Feindes Einhalt zu tun. So marschierte man etwa vierzehn Tage lang, wobei immer zwischen der feindlichen Nachhut und der römischen Vorhut ein Abstand von höchstens fünf oder sechs Meilen war. Caesar wandte sich dann von den Helvetiern ab, um sich in der wohlhabenden Stadt Bibracte mit Korn zu versorgen.

Die Helvetier bildeten sich vielleicht ein, die Römer zögen aus Furcht ab, worin sie dadurch bestärkt sein konnten, daß wir sie am Tag vorher trotz ihrer beherrschenden Stellung nicht angegriffen hatten. Sei dem wie dem sei, sie änderten ihren Plan, kehrten um und begannen unsere Nachhut wieder zu bedrängen und zu reizen.

Als Caesar dies bemerkte, führte er seine Truppen auf die nächste Anhöhe und schickte die Reiterei vor, um den Feind aufzuhalten. Er selbst stellte unterdessen auf der Hälfte des Abhanges seine vier alten Legionen in drei Schlachtlinien auf; auf dem Kamm der Höhe ließ er die beiden neu ausgehobenen Legionen aus dem diesseitigen Gallien und alle Hilfstruppen Stellung nehmen, so daß der ganze Berg besetzt war. Das Gepäck befahl er an einem Punkt zusammenzubringen, und auf der Berghöhe legte er Befestigungen an. Die Helvetier, die mit allen ihren Karren gefolgt waren, stellten Wagen und Gepäck ebenfalls an einem Ort auf; sie selbst warfen in gedrängtem Haufen unsere Reiterei zurück und rückten dann geschlossen gegen unsere erste Linie an.

Caesar schickte zuerst sein eigenes Pferd, dann die aller übrigen zurück: die Gefahr sollte für alle gleich sein, niemand auf Flucht rechnen können. Nach einer kurzen Ansprache gab er Befehl zum Angriff. Da die Soldaten ihre Lanzen von oben herunter warfen, brachen sie ohne viel Mühe Lücken in die feindliche Linie. Sofort griffen sie zum Schwert und begannen das Handgemenge. Endlich, nach schweren Verlusten begannen die Helvetier ermattet zu weichen und sich auf eine etwa eine Meile entfernte Höhe zurückzuziehen, wo sie sich von neuem aufstellten. Die Römer rückten ihnen nach. Unterdessen war die feindliche Nachhut, etwa fünfzehntausend Mann stark, nachgekommen und stieß Caesars Truppen in die Flanke. Als dies die Helvetier auf der Höhe sahen, zogen sie wieder aus und erneuerten das Gefecht. Die Römer machten durch eine rasche Schwenkung Front nach beiden Seiten, wodurch die Helvetier vollends eingekreist wurden.

Man schlug sich lange und heftig herum. Als endlich die Feinde den Römern nicht länger widerstehen konnten, zogen sich die einen auf die Anhöhe zurück, die anderen zu den Karren und dem Gepäck. In dem ganzen Kampf, der von der siebenten Stunde bis Sonnenuntergang dauerte, hatte kein Feind je den Rücken gezeigt. Das Gefecht bei dem Gepäck dauerte noch bis tief in die Nacht. Sie hatten nämlich aus ihren Karren eine Wagenburg gebildet. Auf dieser standen die Weiber der Helvetier und feuerten die Männer zum Kampf an; von dieser herab empfingen die Helvetier die andringenden Römer mit ihren Wurfgeschossen, während einige, selbst Knaben, zwischen den Rädern der Karren aufgestellt ihre Wurfspieße von unten her schleuderten. Viele wurden so verwundet. Nach langem Kampf bemächtigten sich die Römer des Gepäcks und des Lagers. Dabei fiel Orgetorix' Tochter und einer seiner Söhne in die Hände der Sieger. Die überlebenden Helvetier brachen sofort auf und wanderten ohne Aufenthalt die ganze Nacht hindurch weiter. In beständigen Tag- und Nachtmärschen erreichten sie am vierten Tage das Gebiet der Lingonen. Die Römer konnten sie nicht verfolgen, weil sie durch die Sorge für die Verwundeten und die Bestattung der Gefallenen drei Tage aufgehalten wurden. Caesar schickte Boten mit einer schriftlichen Aufforderung an die Lingonen:

sie sollten den Helvetiern weder durch Kornlieferung noch sonst irgendwie Vorschub leisten; täten sie es, so werde er mit ihnen verfahren wie mit den Helvetiern. Er selbst rückte diesen nach Verlauf der drei Tage mit seinem ganzen Heere nach.

Die Helvetier, von Hunger und Mangel geplagt, schickten schließlich Gesandte an Caesar, um ihre Unterwerfung anzutragen. Diese trafen ihn auf dem Marsch, warfen sich ihm zu Füßen und baten unter Tränen flehentlich um Frieden. Caesar befahl ihnen, an ihrem gegenwärtigen Lagerplatz seine Ankunft abzuwarten. Sie gehorchten. Als Caesar dort angelangt war, verlangte er von ihnen Geiseln sowie die Auslieferung der Waffen und der zu ihnen übergelaufenen Sklaven. Er gebot den Helvetiern, in ihre verlassene Heimat zurückzukehren. Weil sie nach Vernichtung aller ihrer Früchte daheim nichts zu essen hatten, wies er die benachbarten Allobroger an, ihnen das nötige Korn zu liefern; ihre niedergebrannten Städte und Dörfer hatten sie selbst wieder aufzubauen. Er handelte so vor allem aus dem Grunde, weil er nicht wollte, daß das Land der Helvetier verlassen bliebe; es hätten sonst leicht die Germanen von jenseits des Rheines sich durch den fruchtbaren Boden bestimmen lassen, in Helvetien einzuwandern, und wären so die nächsten Nachbarn der Provinz Gallien und der Allobroger geworden.

Man fand im Lager der Helvetier Verzeichnisse in griechischer Schrift und brachte sie Caesar. In diesen Verzeichnissen war die gesamte Zahl der Ausgewanderten namentlich aufgeführt, und zwar besonders die der Waffenfähigen, der Weiber, Kinder und Greise. Nach diesen einzelnen Rubriken belief sich die Zahl der Helvetier auf zweihundertdreiundsechzigtausend Köpfe, ohne die Nachbarvölker. Alles in allem waren es dreihundertachtundsechzigtausend Köpfe, unter ihnen gegen zweiundneunzigtausend Waffenfähige. Die Zahl der in die Heimat Zurückkehrenden betrug nach der von Caesar angeordneten Zählung einhundertzehntausend.

192

Der Tod des Caesar

Nach all seinen Siegen über Pompejus und seine Freunde war Caesars Macht so groß, daß die Bürger Roms ihn zum Diktator auf Lebenszeit wählten. Sie hofften in der Herrschaft eines einzelnen Erholung von den Bürgerkriegen und ihrer Not und Unsicherheit zu finden. Diese Diktatur war im Grund eigentlich eine Tyrannis, da die Alleinherrschaft mit der unumschränkten Gewalt auch noch die unbeschränkte Dauer verband. Im Senat brachte Cicero für ihn die ersten Ehrenbezeugungen in Vorschlag, die sich noch in den Grenzen menschlicher Größe hielten. Andere aber gingen weiter, wetteiferten gleichsam miteinander, die Sache zu übertreiben, und machten Caesar durch die hochfahrenden, maßlosen Anträge selbst den gutmütigsten Bürgern allmählich verhaßt. Auch glaubt man, daß Caesars Feinde nicht weniger als seine Freunde diese Übertreibung gefördert haben, um einen berechtigten Vorwand zum Angriff auf ihn zu bekommen und die geplante Tat durch gewichtige Beschwerden rechtfertigen zu können. Denn Caesar benahm sich sonst, nachdem der Bürgerkrieg einmal geendigt war, ganz untadelhaft, und die Römer widmeten, wie es scheint, mit gutem Grund der Göttin der Gnade einen Tempel. Sie waren dankbar für seine Güte und Sanftmut, da er vielen, die gegen ihn die Waffen geführt hatten, verzieh, einigen sogar Ämter und Ehrenstellen übertrug, wie dem Brutus und dem Cassius.

Auch ließ er die umgeworfenen Bildsäulen des Pompejus alle wieder aufrichten, wobei Cicero sagte: Caesar habe dadurch, daß er des Pompejus Bildsäulen aufstellte, die seinigen desto mehr befestigt. Als seine Freunde ihm rieten, er sollte sich eine Leibwache zulegen, verwarf er dies entschieden und sagte: »Es ist besser, einmal zu sterben, als dessen immer gewärtig zu sein.« Um sich aber durch die schönsten und sichersten Hüter, durch Liebe und Zuneigung, zu schützen, suchte er das Volk durch Gastmahle und Austeilung von Getreide zu befriedigen, die

Soldaten aber durch Gründung von Kolonien an sich zu ziehen, unter denen Karthago und Korinth die vorzüglichsten waren. Diese beiden Städte hatten also das Schicksal, daß sie jetzt gleichzeitig wieder aufgebaut wurden, so wie sie vormals im gleichen Jahr eingenommen und zerstört worden waren.

Einigen Vornehmen versprach er das Konsulat und die Prätur, andere begütigte er durch andere Würden und Ehrenstellen, alle aber tröstete er mit Hoffnungen, weil er sich gern das Ansehen geben wollte, daß er nach ihrem eigenen Willen über sie herrsche. Als der Konsul Maximus gestorben war, ernannte er für den einzigen noch übrigen Tag von dessen Amtszeit den Caninius Rebilus. Viele gingen nun hin, um dem Mann, wie gewöhnlich, Glück zu wünschen und ihn auf das Rathaus zu begleiten. Cicero spottete und sagte zu ihnen: »Laßt uns eilen, damit wir noch hinkommen, ehe der Mann das Konsulat wieder niederlegt.«

Caesar gestattete indes der ihm angeborene Ehrgeiz und sein Hang zu großen Unternehmungen keineswegs, auf den schon erworbenen Lorbeeren auszuruhen oder die Früchte seiner Taten zu genießen; im Gegenteil, der bisherige glückliche Erfolg befeuerte ihn im festen Vertrauen auf die Zukunft zu noch größeren Unternehmungen, nach immer neuem Ruhm zu streben, gleich als wäre der alte schon völlig verbraucht und abgenutzt. Daher rührte sein Entschluß, alle Vorbereitungen zu treffen, um gegen die Parther einen Kriegszug zu unternehmen. Nach dem Sieg über diese wollte er am Kaspischen Meer und am Kaukasus entlang um das Schwarze Meer herumziehen und in Skythien eindringen, dann die an Germanien grenzenden Länder sowie Germanien selbst bezwingen, und durch Gallien nach Italien zurückkehren. In diesem Umkreis wollte er auf allen Seiten den Ozean zur Grenze der römischen Herrschaft machen.

Auch hatte er den Plan, einen Kanal durch die Landenge bei Korinth zu graben, worüber er einem Freund schon die Aufsicht gegeben hatte. Den Tiber wollte er gleich von der Stadt an in einem tiefen Graben fassen und umleiten, um denen, die des Handels wegen nach Rom reisten, eine sichere und bequeme Fahrt zu verschaffen. Auch beabsichtigte er, die Sümpfe in Latium trockenzulegen und dadurch eine schöne Ebene für viele tausend Menschen urbar zu machen. Ferner wollte er dem

194

Meer zunächst bei Rom durch Dämme Schranken setzen, die Küste bei Ostia von allen gefährlichen Klippen und Untiefen reinigen und dann Häfen und Ankerplätze anlegen, die der so großen, ausgedehnten Schiffahrt die nötige Sicherheit gewähren könnten. Zu alledem wurden schon Vorbereitungen getroffen.

Auch die neue Einrichtung des Kalenders und die Ausmerzung der Fehler in der Zeitrechnung, die sich allmählich eingeschlichen hatten, wurde von ihm mit großer Genauigkeit behandelt und ausgeführt. Dies war von weitreichendem und vielfältigem Nutzen. Bei den Römern herrschte nicht nur in älteren Zeiten, wo man sich des Mondjahres bediente, viel Verwirrung in dem Verhältnis der Mondperioden zum Sonnenjahr, so daß die Feste sich nach und nach verschoben hatten und in die entgegengesetzten Jahreszeiten fielen. Auch in Caesars Zeiten noch konnte sich fast niemand in das längst eingeführte Sonnenjahr finden. Die Priester, die allein von der Zeit einige Kenntnisse hatten, setzten oft plötzlich, ehe sich's jemand versah, den Schaltmonat an; diesen soll der König Numa zuerst angeordnet haben, wodurch er aber nur eine geringe und nicht weitreichende Hilfe für die Fehler in der Wiederkehr der Jahreszeiten erfunden hatte.

Caesar ließ die Sache von hervorragenden Philosophen und Mathematikern untersuchen und führte nun nach den ihm vorgelegten Berechnungen eine eigene Verbesserung ein, welche die Römer noch lange benutzten und sich dadurch mehr als andere Völker vor Fehlern in der Zeitbestimmung gesichert glaubten. Gleichwohl gab auch dies seinen Neidern und Feinden, denen seine Macht ein Dorn im Auge war, zu mancherlei Spöttereien Anlaß. So soll der Redner Cicero jemandem, der zu ihm sagte: »Morgen wird die Leier aufgehen« – geantwortet haben: »Ja freilich, Caesar hat es so bestimmt« –, als wenn die Leute sich auch darein nur gezwungen gefügt hätten.

Doch den deutlichsten Haß, der endlich auch zu seiner Ermordung führte, erregte sein Streben nach der Königswürde, was für das Volk die wichtigste Ursache, für diejenigen aber, die ihm schon lange gram waren, der trefflichste Vorwand wurde. Wirklich sprengten auch einige, die Caesar diese Würde gern verschaffen wollten, unter dem Volk das Gerücht aus, es ergäbe sich aus den sibyllinischen Büchern, daß das parthische Reich von den Römern nur dann bezwungen werden könnte, wenn sie es unter Anführung eines Königs angriffen, sonst aber wäre ihm nicht beizukommen. Eines Tages nun, da Caesar in die Stadt zurückkehrte, wagten Schmeichler es, ihn laut als König zu begrüßen. Weil aber das Volk darüber in Bestürzung geriet, sagte er unwillig, er heiße nicht König, sondern Caesar, und in der darauffolgenden tiefen Stille ging er mit finsterem, zornigen Angesicht fort.

Bald darauf wurden ihm im Senat wieder einige übertriebene Ehrenbezeigungen zuerkannt. Er saß eben auf der Rednerbühne, als die Konsuln und Prätoren in Begleitung des ganzen Senats vor ihm erschienen, um sie ihm anzukündigen. Caesar aber stand nicht vor ihnen auf, sondern fertigte sie, als ob er es mit gewöhnlichen Bürgern zu tun hätte, mit der Antwort ab: »Die Ehrenbezeigungen bedürfen eher einer Einschränkung als einer Vermehrung.« Dies kränkte nicht nur den Senat, sondern auch das Volk, weil in dem Senat der ganze Staat beschimpft schien. Alle, die nicht da zu bleiben genötigt waren, gingen daraufhin traurig und niedergeschlagen weg. Auch Caesar bemerkte dies und eilte sogleich nach Hause, riß sich die Toga vom Hals und rief seinen Freunden zu, er wolle jedem, der es wünsche, die Kehle hinhalten. Nachher aber entschuldigte er sich wegen des Vorfalls mit seiner gewöhnlichen Krankheit, indem er sagte, wer mit diesem Übel behaftet sei, verliere leicht die Herrschaft über seine Sinne, wenn er stehend reden müsse; jede Erschütterung und heftige Bewegung verursache ihm Schwindel, und dann sei er vor einem Anfall nicht sicher. Allein die Sache verhielt sich nicht so; im Gegenteil war er, wie man sagt, wirklich willens, vor dem Senat aufzustehen, wurde aber von einem seiner Freunde oder vielmehr Schmeichler zurückgehalten, der zu ihm sagte: »Vergiß doch nicht, daß du Caesar bist; du mußt dich wie ein höheres Wesen verehren lassen!«

Zu solchen Verstößen kam dann noch eine Beschimpfung der Volkstribunen hinzu. Es wurde nämlich das Lupercalienfest gefeiert, das, wie viele glauben, vor alter Zeit ein Hirtenfest gewesen war. Viele junge Patrizier und selbst Magistratspersonen laufen dabei nackt durch die Stadt und schlagen zum Scherz mit rauhen Peitschen nach denen, die ihnen in den Weg kommen. Die vornehmsten Frauen gehen ihnen dann absichtlich entgegen und halten wie in einer Schule die Hände zum Schlagen hin, in der Überzeugung, daß dadurch bei werdenden Müttern die Geburt erleichtert, bei unfruchtbaren aber die Fruchtbarkeit gefördert werde.

Um diese Feierlichkeit mit anzusehen, saß Caesar mit einem Triumphkleide geschmückt an der Rednerbühne auf einem goldenen Stuhle. Sein Freund Antonius war einer von denen, die den heiligen Lauf durch die Stadt als Konsul mitmachten. Als er nun auf den Markt kam und das versammelte Volk vor ihm zurückwich, überreichte er Caesar ein mit einem Lorbeerkranz umwundenes Diadem. Darüber entstand ein schwaches, dumpfes Händeklatschen von einigen wenigen dazu bestellten Personen. Als aber Caesar das Diadem ausschlug, klatschte ihm das ganze Volk lauten Beifall. Antonius hielt ihm das Diadem noch einmal hin, und da klatschten wieder nur wenige, aber da Caesar es zum zweitenmal zurückwies, erfolgte aufs neue ein lautes und allgemeines Händeklatschen. Nach diesem mißlungenen Versuch stand Caesar auf und befahl, den Kranz auf das Kapitol zu tragen.

Einige Tage darauf sah man verschiedene Bildsäulen Caesars mit dem königlichen Diadem geschmückt. Flavius und Marullus, zwei Volkstribunen, gingen herum und rissen diese herab; auch machten sie diejenigen ausfindig, die Caesar zuerst als König begrüßt hatten und ließen sie ins Gefängnis führen. Das Volk begleitete die beiden Männer mit lautem Jubel und beehrte sie mit dem Namen Brutus, weil ein Brutus ehemals die königliche Herrschaft aufgehoben und die höchste Gewalt dem Senat und dem Volk übergeben hatte. Allein Caesar wurde darüber so zornig, daß er den Flavius und Marullus ihres Amtes entheben ließ. Er nannte, um zugleich auch das Volk zu verhöhnen, diese Männer in der wider sie gehaltenen Klagerede mehrmals Bruti, das bedeutet so viel wie Dumme.

Als nun die Sache diesen Lauf nahm, richteten viele ihr Augenmerk auf Marcus Brutus, der von väterlicher Seite, wie man glaubte, von jenem ersten Brutus abstammte, der den König Tarquinius vertrieben hatte, von mütterlicher Seite aber zu einem andern vornehmen und angesehenen Hause gehörte. Brutus war zwar ein großer Feind aller Tyrannei; allein die vielen von Caesar erhaltenen Wohltaten und Ehrenbezeigungen hatten ihn zu sehr geblendet, als daß er sich von selbst zur Abwehr der Monarchie hätte entschließen können. Er stand bei Caesar in besonderem Vertrauen, hatte für dieses Jahr die ansehnlichste Prätur erhalten und war schon auf das vierte Jahr hinaus zum Konsul vorgesehen. Als einige, während die Verschwörung schon im Werk war, den Mann bei Caesar verdächtigten, kehrte er sich nicht daran, sondern sagte, indem er die Hand an den Leib legte, zu den Anklägern: »Brutus wird wohl abwarten, bis der dahin ist« – womit er zu verstehen geben wollte, daß Brutus zwar seiner Tugend wegen der Herrschaft würdig wäre, aber um der Herrschaft willen gewiß nicht undankbar und ein Schurke werden würde.

Aus diesem Grund durften auch diejenigen, die sich nach einer Veränderung sehnten und auf Brutus hinsahen, es nicht wagen, mit ihm selbst von der Sache zu sprechen. Sie streuten aber bei Nacht auf den Stuhl, auf dem er als Prätor Gericht hielt, eine Menge Zettel, die größtenteils diese und ähnliche Aussprüche enthielten: »Du schläfst, Brutus!« oder: »Du bist nicht Brutus!« Als Cassius bemerkte, daß dadurch bei Brutus der Ehrgeiz allmählich angeregt wurde, drang er mehr als vorher in ihn und suchte ihn auf alle Art gegen Caesar aufzuhetzen. Denn Cassius hegte gegen Caesar einen persönlichen Haß. Doch hatte auch Caesar Verdacht auf ihn, so daß er einmal zu seinen Freunden sagte: »Was dünkt euch von Cassius? Was muß er im Sinne haben? Mir will seine Blässe gar nicht gefallen.« Ein andermal, als man ihm den Antonius und Dolabella als Umstürzler verdächtig machen wollte, sagte er: »Vor diesen wohlbeleibten und schön frisierten Herren ist mir nicht bange, mehr vor magern, blassen«, womit er Cassius und Brutus meinte.

Allein das Verhängnis kommt unerwartet und ist unvermeidlich; auch diesmal sollen sich seltsame Zeichen und Erscheinungen ereignet haben, wie Feuer am Himmel, Getöse, das bei Nachtzeit an vielen Orten dröhnte, dann einsame Vögel, die auf den Markt herabflogen, und anderes mehr. Caesar selbst soll, als er opferte, schlechte Vorzeichen gefunden haben. Auch hört man noch von vielen erzählen, daß ein Wahrsager ihn gewarnt habe, er solle sich am fünfzehnten Tag des Märzmonats, den die Römer Iden nennen, vor einer großen Gefahr in acht nehmen. Als dieser Tag erschien, begrüßte Caesar den Wahrsager auf dem Weg nach dem Rathause und sagte scherzweise zu ihm: »Nun, die Iden des März sind da!« Jener aber antwortete ihm leise: »Ja, sie sind da, aber noch nicht vorüber.«

Am Tag vorher speiste Caesar des Abends mit Freunden bei Marcus Lepidus und unterschrieb nach seiner Gewohnheit bei der Tafel einige Briefe. Als unterdessen die andern darauf zu sprechen kamen, welcher Tod wohl der beste sei, rief er mit lauter Stimme: »Der unerwartete.« Nach dem Gastmahl ging er zu Bett und schlief wie gewöhnlich bei seiner Gemahlin Calpurnia. Auf einmal sprangen alle Türen und Fenster des Schlafgemachs auf, und da er über das Geräusch sowohl als den hereinfallenden, hellen Mondschein erschrocken auffuhr, bemerkte er, daß Calpurnia zwar in tiefem Schlafe lag, aber viele unverständliche Worte und Seufzer ausstieß. Es träumte ihr nämlich, daß sie ihren ermordeten Gemahl in den Armen hielt und über ihn weinte.

Andere erzählen, Calpurnia habe geträumt, daß das spitz zulaufende Dach, das nach einer Ratsverordnung zur Zierde und zum Zeichen der Würde auf Caesars Haus gesetzt war, wieder herabgerissen werde; darüber weinte und jammerte sie im Schlafe. Wie auch immer es gewesen sein mag, des Morgens früh beschwor sie Caesar, wenn es irgend möglich wäre, heute nicht auszugehen, sondern die Sitzung des Senats zu verschieben; wolle er aber auf ihre Träume keine Rücksicht nehmen, so möge er durch die Mittel der Wahrsagerkunst und Opfer sich über die Zukunft Rat holen. Dies erregte denn auch bei Caesar Argwohn und Besorgnis, weil er noch nie bei Calpurnia den weibischen Hang zum Aberglauben bemerkt hatte und sie jetzt so aufgeregt und in Angst war. Da nun auch die Wahrsager nach vielen Opfern erklärten, daß sie lauter ungünstige Anzeichen fänden, beschloß er, die Sitzung des Senats durch Antonius absagen zu lassen.

Indessen geriet Decimus Albinus, der bei Caesar so sehr in Gunst stand, daß er von ihm zu seinem zweiten Erben bestimmt worden war, in große Furcht, denn er war mit in die Verschwörung des Brutus und des Cassius verwickelt. Er sah voraus, daß ihr Vorhaben verraten werde, wenn Caesar ihnen die Ausführung für diesen Tag vereitelte. Daher machte er die Wahrsager lächerlich und stellte Caesar nachdrücklich vor, er würde sich dadurch beim Senat, der dies als eine Verhöhnung auslegen müßte, nur Tadel und Vorwürfe zuziehen. »Er versammelt sich ja«, setzte er hinzu, »auf deinen Befehl, und alle sind willig, eine Verordnung herauszugeben, daß du in den Provinzen außerhalb Italiens den Titel eines Königs führen und auf allen Meeren und in allen Ländern, wo du nur hinkommst, das Diadem tragen sollst. Kündigt nun jemand dem auf dich wartenden Senat an, er solle für jetzt auseinandergehen und ein andermal wieder kommen, wenn Calpurnia günstigere Träume gehabt hätte, was werden dann deine Neider dazu sagen, und welche Aufnahme werden die Versicherungen deiner Freunde finden, daß dies keine Sklaverei oder Tyrannei sei? Wenn du aber für nötig hältst, dich vor diesem Tag in acht zu nehmen, so ist es besser, selbst hinzugehen und dem Senat anzukündigen, daß die Sitzung für heute aufgeschoben werden soll!«

Mit diesen Worten faßte er Caesar bei der Hand und zog ihn fort. Caesar hatte sich kaum einige Schritte von der Tür entfernt, als ein fremder Sklave ihn eilends zu sprechen wünschte. Weil er aber vor dem Andrange des Volks nicht zu ihm kommen konnte, lief er in das Haus hinein und wendete sich an Calpurnia mit der Bitte, ihn so lange aufzunehmen und zu schützen, bis Caesar zurückkäme, denn er hätte ihm Dinge von großer Wichtigkeit zu entdecken.

Artemidorus, ein Freund Caesars und Lehrer der griechischen Wissenschaften, der mit einigen Freunden des Brutus bekannt geworden war und daher sehr viel von der Verschwörung erfahren hatte, kam noch unterwegs zu Caesar und überreichte ihm eine Schrift, die alles enthielt, was er zu entdecken hatte. Da er aber sah, daß Caesar alle Schriften seinen Dienern übergab, trat er ganz nahe zu ihm und sagte: »Lies dies, Caesar, allein und auf der Stelle; es betrifft sehr wichtige Dinge, an denen dir viel gelegen ist.« Caesar nahm die Schrift an, wurde aber von der Menge Leute, die sich an ihn wendeten, immer wieder verhindert, sie zu lesen, so oft er auch damit anfangen wollte. Doch behielt er sie sorgfältig in der Hand und brachte sie mit in den Senat.

Dies alles mag nun nur zufällig und von ungefähr so geschehen sein. Allein der Ort, wo diese blutige Tat vor sich ging und wo sich der Senat damals versammelte, eines der Prachtgebäude, die Pompejus an sein Theater angebaut hatte und in dem auch eine Bildsäule von ihm stand, dient zum Beweis, daß ein höheres Wesen die Hand dabei im Spiel gehabt und die Handlung gerade an diesen Ort verlegt hat. Als Caesar in den Saal trat, stand der Senat ehrerbietig vor ihm auf; die Freunde des Brutus aber stellten sich zum Teil hinter seinen Stuhl, die übrigen gingen Caesar entgegen, als wenn sie das Gesuch des Metellus Cimber unterstützten wollten, der für seinen verbannten Bruder bat. Sie folgten ihm mit ihren Bitten bis zu seinem Stuhl. Caesar setzte sich nieder und schlug das Gesuch rundweg ab. Da er aber auf ihr zudringliches Beharren über jenen unwillig ward, ergriff Metellus Caesars Toga mit beiden Händen und riß sie ihm herunter. Dies war das verabredete Zeichen zum Angriff. Casca brachte ihm mit dem Dolch die erste Wunde am Hals bei, die aber nicht tödlich war, weil er, wie leicht zu denken, vor einer solchen Tat vor Angst zitterte. Daher wendete sich Caesar auch um, ergriff den Dolch und hielt ihn fest. Beide riefen nun zu gleicher Zeit, der Verwundete auf lateinisch: »Verfluchter Casca, was tust du?« – dieser aber auf griechisch: »Bruder, komm mir zu Hilfe!«

Durch das, was da vorne im Saal geschah, gerieten diejenigen, die von dem Vorhaben nichts wußten, so sehr in Schrecken und Bestürzung, daß sie weder zu fliehen noch dem Caesar beizustehen wagten. Ja, sie vermochten nicht einmal einen Laut von sich zu geben. Indes zog jeder der Verschworenen schnell einen Dolch aus dem Gewand und drängte sich vor. Caesar, von allen Seiten umringt, begegnete, wohin er sich auch wenden mochte, den nach ihm gerichteten Dolchstößen und wand sich unter den Händen seiner Mörder wie ein gefangenes wildes Tier. Es war unter den Verschwörern ausgemacht, daß jeder an dem Mord teilnehmen sollte, deswegen brachte ihm auch Brutus einen Stich in die Weichen bei.

Einige erzählen, Caesar habe sich eine Zeitlang verteidigt und den Körper bald auf diese, bald auf jene Seite geworfen. Als er aber den Brutus mit gezücktem Dolch erblickte, soll er gerufen haben: »Auch du, mein Sohn!« Danach verhüllte er sein Haupt mit der Toga und ergab sich. Am Sockel, auf dem des Pompejus Bild stand, brach er zusammen. Daher hatte es den Anschein, als wenn Pompejus selbst über der Rache an seinem Feinde waltete, der jetzt, zu seinen Füßen hingestreckt, mit dem Tode rang. Caesar starb, aus dreiundzwanzig Wunden blutend.

Nachdem Caesar ermordet war, trat Brutus in die Mitte des Saales, als ob er über den Vorgang etwas sagen wollte. Jetzt aber stürzten die Senatoren zur Tür hinaus und versetzten durch ihre Flucht das Volk in Angst und Bestürzung. Einige Leute verschlossen ihre Häuser, andere verließen ihre Buden und Wechseltische, und viele liefen zu dem

Ort des Schreckens und der Trauer hin. Antonius und Lepidus, die vertrautesten Freunde Caesars, schlichen heimlich davon und suchten in fremden Häusern Schutz.

Inzwischen gingen Brutus und seine Mitverschworenen, vom Mord noch erhitzt, nicht wie Fliehende, sondern mit kühner, zuversichtlicher Miene, den bloßen Dolch in der Hand, vom Rathaus nach dem Kapitol. Sie riefen das Volk zur Freiheit auf und gaben den Vornehmen, die sie befragten, Rede und Antwort. Einige schlossen sich ihnen an und stiegen mit hinauf, um sich das Ansehen zu geben, als wenn sie an jener Tat mit teilgehabt hätten.

Tags darauf kam Brutus mit seinen Anhängern vom Kapitol herab und hielt eine Rede an das Volk. Dieses hörte ihn an, ohne das Geschehene zu mißbilligen oder gutzuheißen; es gab vielmehr durch ein tiefes Stillschweigen zu erkennen, daß es Caesar sehr bedauerte, aber vor Brutus große Achtung hätte. Um indes eine allgemeine Amnestie und Aussöhnung zu bewirken, verordnete der Senat, daß dem Caesar künftig göttliche Ehrungen dargebracht werden sollten. In allem, was er während seiner Regierung angeordnet hätte, sollte nicht das Geringste verändert werden. Brutus und seinen Freunden hingegen wies er Provinzen an und erteilte ihnen die Ehrenbezeigungen, die diesem Amte zukamen. Auf diese Weise glaubte jedermann, daß die Ruhe wiederhergestellt sei und die Sache den besten Ausgang genommen habe.

Als sich aber nach Eröffnung von Caesars Testament zeigte, daß jedem Römer ein beträchtliches Geschenk ausgesetzt war, und man den durch Wunden zerfetzten Leichnam über den Markt hintragen sah, blieb das Volk nicht länger in seinen Schranken; es trug Bänke, Tische und Stände vom Markt zusammen, zündete den Haufen an und verbrannte den Leichnam. Viele ergriffen Feuerbrände und liefen damit zu den Häusern der Mörder, um sie anzuzünden; andere zogen durch alle Straßen der Stadt, in der Absicht, sich dieser Männer zu bemächtigen und sie in Stücke zu reißen. Aber die Verschworenen bargen sich im Schutz ihrer Häuser.

Cinna, einer von Caesars Freunden, hatte in der vergangenen Nacht einen seltsamen Traum gehabt. Es kam ihm nämlich vor, als ob er von Caesar zur Tafel gebeten und, da er es abschlug, wider seinen Willen von ihm an der Hand fortgeführt würde. Als er hörte, daß man Caesars

Leichnam auf dem Markt verbrenne, machte er sich auf und ging dahin, um ihm noch die letzte Ehre zu erweisen, obgleich er seines Traums wegen in Furcht war und leichtes Fieber hatte. Bei seiner Erscheinung nannte jemand von der versammelten Menge seinen Namen einem andern, der danach fragte, dieser wieder einem andern, und sofort ging es wie ein Lauffeuer durch den ganzen Haufen, daß der Mann zu Caesars Mördern gehöre: denn es befand sich einer, der eben den Namen Cinna führte, unter den Verschworenen. Weil man ihn irrtümlich für diesen Mitverschworenen hielt, fiel das Volk über ihn her und brachte ihn auf der Stelle um. Dieser Vorfall setzte Brutus und Cassius so sehr in Furcht, daß sie so rasch wie möglich sich heimlich aus der Stadt entfernten.

Caesar starb in einem Alter von sechsundfünfzig Jahren. Er überlebte den Pompejus nicht viel länger als um vier Jahre. Sein ganzes Leben hindurch hatte er unter vielen Mühen und Gefahren nach der Herrschaft und höchsten Gewalt gestrebt, aber er genoß sie nur kurze Zeit. Von seiner Macht erntete er nicht viel mehr als ein wenig Ruhm, um den ihn die Bürger noch beneideten. Sein großer Schutzgeist jedoch, der ihn im Leben geleitete, folgte ihm auch nach seinem Tode als Rächer des Mordes und spürte in allen Ländern und Meeren die Täter auf, bis keiner mehr übrig war, sondern alle, die auf irgendeine Art entweder mit Hand angelegt oder durch Rat dazu beigetragen hatten, zur Rechenschaft gezogen waren. Merkwürdig vor allen ist das Schicksal des Cassius. Nach seiner Niederlage bei Philippi erstach er sich mit demselben Dolch, den er gegen Caesar gebraucht hatte. Unter den göttlichen Zeichen, die geschahen, war das eindrücklichste der große Komet, der sieben Nächte hindurch nach Caesars Tod sich zeigte und dann verschwand. Ebenso wunderbar war die Verdunkelung des Sonnenlichts. In diesem Jahr – so wird berichtet – ging nämlich die Sonne stets nur bleich und ohne Strahlenglanz auf und gab auch nur schwache und dürftige Wärme, so daß die Luft immer düster und schwer war und die Früchte wegen der Kälte und Feuchte vor der Reife verwelkten und abfielen.

Doch mehr als sonst etwas verriet das dem Brutus erschienene Gespenst, daß Caesars Ermordung den Göttern nicht gefalle. Damit verhielt es sich so. Als Brutus mit seinem Heer von Abydus über den

Hellespont nach Europa übersetzen wollte, ruhte er die Nacht vorher in seinem Zelt, ohne zu schlafen, und dachte über die Zukunft nach. Auf einmal glaubte er, an der Tür ein Geräusch zu hören, und da er bei dem schwachen Schein der verlöschenden Lampe hinsah, erblickte er die unheimliche Gestalt eines Mannes von ungeheurer Größe und schrecklichem Ansehen. Anfangs fürchtete er sich. Als er aber sah, daß der Mann weder etwas tat noch sagte, sondern stillschweigend neben dem Bett stand, fragte er ihn, wer er wäre. Die Erscheinung antwortete ihm: »Ich bin dein böser Genius, Brutus, bei Philippi wirst du mich wieder sehen!« Darauf versetzte Brutus unerschrocken: »Gut, ich werde dich sehen«, und damit verschwand die Erscheinung. Später stellte er sich mit Cassius bei Philippi dem Antonius und Caesar Octavianus, dem Schwesterenkel, den Caesar adoptiert hatte, entgegen. Brutus trieb in der ersten Schlacht die Feinde in die Flucht und verfolgte sie so hitzig, daß er sogar das Lager des jungen Caesar eroberte. In der Nacht vor der zweiten Schlacht erschien ihm dasselbe Gespenst wieder, ohne ihn anzureden; Brutus aber erriet daraus sein Verhängnis. Tags darauf stürzte er sich blindlings in die Gefahr. Doch fiel er nicht im Kampf selbst. Nach der Niederlage floh er auf eine Anhöhe und schied freiwillig aus dem Leben.

Ein Römer sieht Germanien

Germanien wird von den Galliern durch den Rhein, von den Rätiern und den Pannoniern durch die Donau geschieden; im Osten aber hält gegenseitige Furcht die Völker voneinander fern. Im Norden grenzt es an den Ozean, der dort weite Landstrecken und unzählige Inseln umspült, wie wir vor kurzem aus Berichten von neueroberten Völkern erfahren haben. Der Rhein entspringt einem unzugänglichen und schroffen Gipfel der rätischen Alpen, wendet sich in einer mäßigen Biegung nach Westen und mischt sich mit dem nördlichen Ozean. Die Donau, einem sanft ansteigenden Berghang des Schwarzwaldes entströmend, begrüßt mehrere Völker, bis sie in sechs Armen ins Pontische Meer sich ergießt.

Germanien ist in sich abgeschlossen, und seine Einwohner sind weder durch Einwanderung noch durch Verkehr mit andern Völkern vermischt. Denn die, welche früher durch Wanderzüge ihre Wohnsitze wechselten, kamen nicht zu Lande, sondern auf Flotten daher. Wer aber möchte den Gefahren des unbekannten Meeres im Norden sich aussetzen, wer seine Heimat verlassen, sei es Asien, Afrika oder Italien, um ein Land aufzusuchen, wo wild und ungestaltet die Erde, düster und rauh der Himmel, kümmerlich der Anbau und traurig der Anblick der Felder ist, außer dem, für den es das Vaterland ist.

Die Germanen feiern in alten Liedern, ihrer einzigen Art von Überlieferung, den Tuisco, einen erdgeborenen Gott, und seinen Sohn Mannus als Ursprung und Gründer des Volkes. Dem Mannus sprechen sie drei Söhne zu, nach deren Namen die dem Ozean zunächst Wohnenden Ingävonen, die mittleren Hermionen, die übrigen Istävonen genannt werden. Nach alter Überlieferung reden einige von mehreren Göttersöhnen und mehreren Völkernamen; die Marser, Gambrivier, Sueven, Vandalen nennen sie und sagen, das seien die wahren und alten Namen. Übrigens sei der Name Germanen neu und ihnen erst jüngst gegeben worden. Der Stamm, der zuerst über den Rhein gedrungen sei und die Gallier vertrieb, hätte so geheißen, und so sei der Name einer Völkerschaft allmählich auf alle übertragen worden.

Sie haben einen reichen Schatz von Liedern, die von herumziehenden Sängern, Barden genannt, vorgetragen werden. Durch diese Gesänge entflammen sie die Gemüter zur Schlacht und weissagen aus ihrem Klang das Schicksal des künftigen Kampfes. Denn die Kämpfer werden ermutigt oder erbeben, je nachdem die Schlachtweise tönt. Ziehen sie in den Kampf, so singen sie bestimmte Gesänge. Es wird dabei vorzüglich Rauheit des Tones und ein gedämpftes Brausen erstrebt. Das erzeugen sie, indem sie die Schilde an den Mund halten, damit durch das Zurückprallen die Stimme voller und tiefer anschwelle.

Einige wähnen, außer Hercules habe auch Odysseus, auf seiner langen und sagenhaften Irrfahrt in diesen Ozean verschlagen, die Länder Germaniens besucht. Askiburg (Duisburg), das, am Ufer des Rheinstroms gelegen, noch heute bewohnt wird, sei von ihm angelegt worden. Sogar einen Altar, dem Odysseus geweiht, auf dem auch der Name seines Vaters Laertes erwähnt gewesen sei, habe man an dieser Stelle gefunden. Denkmäler und Grabhügel mit griechischen Inschriften seien auch dort vorhanden, wo Germanien an Rätien grenzt. Trotzdem sind die Germanen, durch keine Verbindung mit anderen Völkern vermischt, ein eigenständiges, unverfälschtes, nur sich selbst ähnliches Volk. Daher ist auch ihres Leibes Beschaffenheit im ganzen Stamm überall die gleiche; allen sind trutzige und tiefblaue Augen eigen, rötliche Haare, große und nur zum Angriff starke Leiber. Für Anstrengung und Arbeiten zeigen sie nicht die gleiche Ausdauer, und am wenigsten können sie Hitze und Durst ertragen. An Kälte und Hunger aber hat sie der Himmelsstrich oder der Boden gewöhnt.

Das Land, obschon dem Aussehen nach einigermaßen verschiedenartig, starrt doch im allgemeinen entweder von undurchdringlichen Wäldern oder ist durch Sümpfe entstellt; feuchter ist es, wo es gegen Gallien, windiger, wo es gegen Osten schaut; an Getreide ist es ergiebig, für Fruchtbäume jedoch ungeeignet. Das Land ist reich an Vieh, aber es ist unansehnlich. Die Rinder ziert nicht einmal der Hörner Schmuck; an ihrer Zahl haben die Germanen Freude; Vieh ist ihr einziges und liebstes Vermögen. Ob Silber und Gold ihnen von den Göttern huldreich oder im Zorn verweigert, kann kein Mensch sagen. Auch vermag niemand zu behaupten, Germanien enthalte keine Ader Silber oder Gold. Denn wer hat es ergründet? Ihr Besitz und Gebrauch jedoch wirkt nicht wie bei andern Völkern verlockend auf sie. Man sieht bei ihnen silberne Gefäße, ihren Gesandten und Fürsten zum Geschenk gegeben, gleich gering geachtet wie irdene. Die zunächst an der Grenze Wohnenden schätzen Gold und Silber wegen des Gebrauchs im Verkehr und anerkennen gewisse Formen unseres Geldes. Diese lieben altes und längst bekanntes Geld, vorzüglich das geränderte. Auch trachten sie nach Silber mehr als nach Gold, ohne eigentliche Vorliebe, bloß weil die Silberstücke beim Einkauf von allerlei wohlfeilen Gegenständen leichter zu brauchen sind. Die im Innern Wohnenden tauschen Waren gegen Waren nach einfachem und altertümlichem Brauch. Nicht einmal Eisen haben sie im Überfluß, wie aus der Art ihrer Waffen zu ersehen ist. Nur Einzelne besitzen Schwerter oder größere Lanzen. Spieße oder, nach ihrer eigenen Benennung, Framen führen sie, mit schmalen kurzen Eisen, aber so scharf und handlich zum Kampf, daß sie mit der gleichen Waffe, wie es die Umstände fordern, im Nah- oder Fernkampf streiten können. Der Reiter begnügt sich mit Frame und Schild, das Fußvolk sendet auch Wurfgeschosse. Ein jeglicher besitzt mehrere und schleudert sie in ungeheure Weiten. Sie kämpfen nackt oder in leichtem Kriegsrock. Sie kennen kein Prunken mit der Kleidung. Nur ihre Schilde zieren und bemalen sie mit auserlesenen Farben. Wenige haben Harnische, kaum einer eine Sturmhaube oder einen Helm. Die Rosse zeichnen sich weder durch Gestalt noch durch Schnelligkeit aus. Sie werden auch nicht nach unserer Gewohnheit in wechselnden Kreisen sich zu bewegen gelehrt; geradeaus reiten sie oder sprengen mit einer einzigen Schwenkung nach rechts ein, in so geschlossenem Bogen, daß keiner der letzte ist.

Im allgemeinen ist mehr Kraft beim Fußvolk, das sie, aus der gesamten Jugend ausgewählt, vor die Schlachtreihe stellen. Die Zahl ist genau bestimmt; es kämpfen immer hundert aus den einzelnen Gauen zusammen, und Hundertschaften heißen sie auch unter den Ihrigen. Die Schlachtordnung wird keilförmig aufgestellt. Den Schild zurückzulassen, gilt als die größte Schande; der ehrlos Gewordene darf weder bei Opfern zugegen sein noch in die Versammlung kommen. Manche, die waffenlos aus dem Kampf kamen, haben die Schmach mit dem Strick beendet. Die Leichname der Gefallenen jedoch bringen sie aus den Schlachten zurück.

Könige erküren sie nach dem Adel, Anführer nach der Tapferkeit. Die Könige haben nicht unbeschränkte oder willkürliche Gewalt; und die Führer, wenn sie rüstig und mutvoll vor der Schlachtreihe erscheinen, rufen ihre Leute mehr durch Beispiel und Begeisterung als durch Befehl zur Gefolgschaft auf.

Bildwerke und gewisse Feldzeichen, den heiligen Hainen entnommen, tragen sie in den Schlachten mit. Ein vorzüglicher Antrieb zur Tapferkeit ist, daß sie ihre Kampfeinheiten nicht nach zufälligem Zusammenströmen bilden, sondern nach Verwandtschaften und Geschlechtern. Und ganz in der Nähe, auf den Wagenburgen, sind ihre Familien; von dort vernehmen sie das Wimmern der Kinder, hören sie den stärkenden Zuruf oder das Klagegeheul der Frauen. Diese sind für jeden Kämpfer die ehrenvollsten Zeugen, die größten Lobredner. Zu den Müttern, zu den Gattinnen kommen sie mit ihren Wunden, und jene zittern nicht, die Hiebe zu zählen oder zu untersuchen. Sie waschen sie und legen lindernde Kräuter auf und reichen den Verwundeten Wasser und labende Speise.

Es wird überliefert, daß Schlachtreihen, die schon ins Schwanken geraten waren, von den Frauen zum Stehen gebracht worden seien durch standhaftes Bitten, durch das Entgegenhalten der Kinder und den Hinweis auf die drohende Gefangenschaft. Diese ist den Männern im Hinblick auf ihre Frauen ganz unerträglich. Frauen und Jungfrauen messen sie eine gewisse Heiligkeit und die Kraft der Voraussicht bei. Sie verschmähen daher weder ihren Rat, noch lassen sie ihre Aussprüche unbeachtet.

Sie halten es der Größe der Himmlischen nicht für angemessen, die Götter innerhalb von Wänden einzuschließen oder ihnen irgendwie ein menschliches Aussehen zu geben. Haine und einzelne große Bäume weihen sie ihnen und bezeichnen mit der Götter Namen jenes Geheimnis, das sie nur mit Ehrfurcht schauen.

Eifrig beachten sie Vorzeichen und Los. Die Sitte des Losens ist einfach. Eine Rute, von einem Baum abgehauen, zerschneiden sie in kleine Stäbe und ritzen gewisse unterschiedliche Merkzeichen ein. Dann streuen sie die Stäbe aufs Geratewohl, so wie es der Zufall bringt, auf ein weißes Tuch. Wenn von Staats wegen göttlicher Rat eingeholt wird, pflegt der Priester, sonst aber der Hausvater selbst nach einem Gebet zu den Göttern und gen Himmel schauend dreimal je einen Stab aufzuheben. Diese werden nach dem zuvor eingeschnittenen Merkmal gedeutet. Wehren die Zeichen ab, dann gibt es an diesem Tag keine Beratung mehr über die Sache; stimmen sie aber zu, so wird noch die Bestätigung durch Vorzeichen erforscht. Und wie bei uns, werden auch hierzu Stimmen und Flug der Vögel beobachtet.

Das Volk liebt vor allem auch der Rosse Vorahnung und Warnung zu erfahren. Solche Rosse, schneeweiß und durch keine Arbeit befleckt, unterhalten sie in heiligen Hainen auf öffentliche Kosten. Sie werden angeschirrt an den heiligen Wagen, und der Priester und der König oder Fürst begleiten sie und beobachten ihr Wiehern und Schnauben. Keinem Vorzeichen wird größerer Glauben geschenkt, nicht nur vom Volk, sondern auch von den Vornehmen und den Priestern. Die Priester halten sich für die Diener der Götter, die Pferde aber werden als Vertraute der Götter angesehen.

Es gibt auch eine andere Art der Beobachtung von Vorzeichen, wodurch sie den Ausgang schwerer Kriege erforschen: Von dem Volk, mit dem sie Krieg führen, stellen sie einen Gefangenen, den sie auf irgendeine Weise erhalten, einem Auserwählten ihrer Landsleute gegenüber, jeden in seiner Bewaffnung. Der Sieg von diesem oder jenem wird als Vorentscheidung angenommen.

Über geringere Angelegenheiten beraten die Fürsten, über größere alle Männer zusammen; doch wird auch dasjenige, worüber die Entscheidung beim Volk liegt, von den Fürsten behandelt. Wenn nicht etwas Unerwartetes vorgefallen ist, kommen die Männer entweder unmittelbar nach dem Neumond zusammen oder dann, wenn er voll wird, denn für die Verhandlungen halten sie diese Zeit für den geeignetsten Anfang. Sie zählen nicht der Tage Zahl wie wir, sondern die der Nächte, nach ihnen setzen sie alle Unternehmungen fest.

Es ist ein Nachteil dieser Freiheit, daß sie nicht alle zugleich wie auf Befehl eintreffen, sondern daß ein zweiter und dritter Tag durch das Säumen der Zusammenkommenden hingebracht wird. Wie es dem Haufen gefällt, setzen sie sich bewaffnet hin. Durch die Priester wird

Schweigen geboten. Sodann werden der König oder Fürst und die andern nach Alter, Adel oder Kriegsruhm angehört. Hat eine Meinung mißfallen, so äußern sie dies durch lautes Murren; hat sie gefallen, so schlagen sie die Spieße zusammen. Die ehrenvollste Art des Beifalls ist, mit den Waffen zu loben. Bei solchen Versammlungen ist es auch gestattet, anzuklagen und Bestrafung an Leib und Leben zu fordern. Die Strafen sind nach dem Vergehen verschieden. Verräter und Überläufer hängen sie an den Bäumen auf, Feige und Unkriegerische versenken sie in Schlamm und Sumpf und werfen noch Flechtwerk über sie. Es scheint, daß die Gegensätze in der Art der Strafe darauf hinzielen, daß Verbrechen gegen die Gemeinschaft durch die öffentliche Bestrafung gezeigt werden, persönliche Schandtaten aber verborgen werden. Aber auch für geringere Vergehen haben sie angemessene Strafen; wer überführt ist, muß mit einer Anzahl von Pferden oder kleinem Vieh büßen. Ein Teil der Buße wird dem König oder der Gemeinde, ein Teil dem, welcher gerechtfertigt wird, oder seinen Verwandten ausbezahlt.

In diesen Versammlungen werden auch die Fürsten gewählt, die in den Gauen Recht sprechen. Hundert aus dem Volk als Begleiter jedes einzelnen Fürsten gewähren ihm Rat und verschaffen ihm Ansehen. Nichts aber, weder gemeinsame noch besondere Angelegenheiten, betreiben sie anders als bewaffnet. Es ist Sitte, daß keiner Waffen anlege, bis die Gemeinschaft der Männer ihn für tauglich erklärt hat. Dann zeichnet in der Versammlung entweder einer der Fürsten oder der Vater oder ein Verwandter den Jüngling mit Schild und Spieß aus. Die Waffen entsprechen bei den Germanen der Toga, sie bilden des jugendlichen Alters erste Ehre. Vorher sind die Knaben ein Teil des Hauses, von da an ein Glied des Gemeinwesens.

Kommt es zur Schlacht, so ist es für den Fürsten schimpflich, an Tapferkeit übertroffen zu werden, schimpflich für das Gefolge, des Fürsten Tapferkeit nicht zu erreichen. Aber Schande bringend fürs ganze Leben und schmachvoll ist es, seinen Fürsten überlebend aus der Schlacht zurückzukehren. Den Fürsten zu verteidigen, zu schützen, auch die eigenen Heldentaten seinem Ruhme beizufügen, ist heiligste Verpflichtung. Fürsten streiten für den Sieg, die Gefährten für den Fürsten.

Man wird die Germanen nicht so leicht dazu bewegen, das Land zu pflügen oder den Ertrag der Ernte einzubringen, wie die Feinde heraus-

zufordern und Wunden zu erwerben. Feige sogar und träge erscheint
es ihnen, durch Schweiß sich zu erringen, was man durch Blut sich verschaffen kann. Wenn sie nicht gerade in den Krieg ziehen, bringen sie
die Zeit mit Jagen oder in Muße hin. Nur auf Schlaf und Essen sind sie
dann bedacht; der Tapferste und Kriegerischste arbeitet nicht. Die
Sorge für Haus, Hausgötter und Äcker ist den Frauen und den älteren
Hausgenossen übertragen. Die Männer selber leben in einem wunderli-
chen Gegensatz ihres Wesens, da sie so sehr die Trägheit lieben und zugleich die Ruhe hassen.

Es ist Sitte, daß jeder Mann ungezwungen dem Fürsten etwas an Vieh
oder Früchten beisteuert, was, als Ehrengabe angenommen, zugleich
den notwendigsten Bedürfnissen abhilft. Sie freuen sich vorzüglich
über Geschenke benachbarter Völker, die nicht nur von einzelnen,
sondern von Staats wegen geschickt werden: erlesene Rosse, glänzende
Waffen, Pferdeschmuck und Halsketten. Wir haben sie auch schon
Geld anzunehmen gelehrt.

Daß von den Völkern der Germanen keine Städte bewohnt werden,
ist hinlänglich bekannt; nicht einmal zusammenhängende Wohnsitze
dulden sie. Sie wohnen abgesondert und jeder für sich, wie der Quell,
das Feld, der Hain dem einzelnen gefiel. Ortschaften nach unserer
Weise, mit zusammenstoßenden und aneinandergereihten Gebäuden
kennen sie nicht; jeder umgibt sein Haus mit einem freien Platz, sei es
aus Freiheitsliebe, oder zum Schutz gegen Feuergefahr oder aus
Unkenntnis des Bauens. Nicht einmal die Verwendung von Bruchstei-
nen oder Ziegeln kennen sie. Sie nehmen zu allem unbehauene Baum-
stämme, ohne Ansehen und Anmut. Einige Stellen bestreichen sie sorgfältig mit einer so reinen und glänzenden Erde, daß sie Malerei und
Farbanstrich vortäuscht. Sie graben auch unterirdische Höhlen und be-
decken sie von oben mit einer Schicht Mist. Diese dienen als Zufluchtsort für den Winter und Behälter für die Früchte, weil hier die Strenge
der Kälte gemildert ist. Diese Höhlen bieten auch Schutz, denn wenn
einmal der Feind kommt, verheert er nur, was offen daliegt; das Ver-
grabene aber bleibt entweder unbekannt oder aber entgeht ihm dadurch, daß es gesucht werden muß.

Als Bekleidung dient ihnen lediglich ein Rock, der mit einer Spange
gehalten wird; fehlt sie, wird er mit einem Dorn zusammengefügt.

Unbedeckt verbringen sie ganze Tage neben dem Herd am Feuer. Sie tragen auch Felle von wilden Tieren. Die am Rhein Wohnenden kleiden sich nachlässig, die weiter Entfernten sorgfältiger, weil sie durch den fehlenden Handelsverkehr keinerlei Schmuck erhalten. Sie wählen das für die Kleider geeignete Leder sorgfältig aus und besetzen es mit Flekken und Fellen anderer Tiere, selbst solcher, die der entlegene Ozean und das unbekannte Meer hervorbringt. Nicht anders ist die Tracht für die Frauen, außer daß diese sich öfters in leinene Gewänder hüllen, die sie mit Purpur verbrämen.

Die Mitgift bietet nicht das Weib dem Mann, sondern der Mann dem Weibe dar. Eltern und Verwandte sind bei der Überreichung zugegen und prüfen die Geschenke. Diese werden nicht zu weiblicher Ergötzung ausgesucht oder um die neue Braut zu schmücken, sondern die Männer bringen ihr Stiere und ein gezäumtes Roß, Schild mit Spieß und Schwert. Auf diese Geschenke hin wird die Frau empfangen. Sie selbst bringt dem Mann auch einige Waffen. Das halten sie für das stärkste Band, das bieten sie für die heiligen Weihen, für die Götter der Ehe. Damit die Frau sich nicht tapferer Taten enthoben und fern vom Ungemach des Krieges glaube, wird sie schon durch diese Geschenke am Beginn der Ehe daran erinnert, daß sie als Genossin der Anstrengungen und Gefahren kommt. Dies verkündet das Joch Ochsen, das gezäumte Pferd, die Waffen. So müssen sie leben, so sterben.

Nackt und schmutzig wachsen die Kinder zu den Gliedmaßen und Leibern heran, die wir bewundern. Jeden nährt seine Mutter an ihrer Brust, nicht werden sie Mägden und Ammen übergeben. Die Söhne eines Herrn unterscheidet man nicht durch Verzärtelung der Erziehung von denen der Knechte. An denselben Herden, auf dem gleichen Erdboden leben und spielen sie miteinander, bis das Alter die Freigeborenen scheidet, ihre Tapferkeit sie auszeichnet. Feindschaften und Freundschaften, sei es des Vaters, sei es eines Verwandten, muß man notwendig übernehmen. Aber sie sind nicht unversöhnlich, denn selbst ein Mord kann gesühnt werden durch eine gewisse Zahl großen und kleinen Viehs, und die gesamte Sippe nimmt die Genugtuung an.

An Trinkgelagen und gastlicher Bewirtung hängt nicht leicht ein anderes Volk mehr als die Germanen. Irgendeinen Sterblichen von seinem Hause zu weisen, wird für schändlich gehalten. Jeglicher bewirtet den

212

Fremdling mit einem seinen Verhältnissen angemessenen Mahl. Wenn es daran fehlt, wird der, welcher soeben Gastfreund war, Wegweiser zur gastlichen Herberge und Begleiter ins nächste Haus. Uneingeladen betreten sie es und werden mit gleicher Freundlichkeit empfangen. Bekannte und Unbekannte unterscheidet niemand in Beziehung aufs Gastrecht. Wenn der Weggehende etwas fordert, ist es Sitte, ihm zu willfahren; und mit derselben Unbekümmertheit wird auch ein Gegengeschenk gefordert. Sie haben Freude an Geschenken, aber weder rechnen sie die gegebenen an, noch werden sie durch die empfangenen verpflichtet. Der Verkehr unter Gastfreunden ist herzlich.

Gleich nach dem Schlaf, den sie meistens bis in den Tag hinein ausdehnen, baden sie, öfters im warmen Wasser, da dort der Winter den größten Teil des Jahres einnimmt. Nach dem Bade nehmen sie Speise zu sich. Gesondert sind die Sitze der einzelnen, und jeder hat seinen eigenen Tisch. Dann gehen sie zu Arbeiten und nicht weniger oft zu Gastmählern. Über die Versöhnung gegenseitiger Feindschaft, das Knüpfen verwandtschaftlicher Verbindungen und die Wahl von Fürsten, über Frieden endlich und Krieg beraten sie dort; sie finden, daß zu keiner Zeit das Gemüt geöffneter sei oder für Großes mehr erglühe. Ein Volk ohne Trug und Arglist! Es eröffnet die Geheimnisse der Brust noch im Scherz bei heiterem Trunk; offen und unverhüllt ist dann aller Sinn. Am folgenden Morgen wird die Sache wieder behandelt, denn jeglicher Zeit wird Rechnung getragen: sie beraten, während sie nicht täuschen, und sie beschließen, wenn sie nüchtern sind und nicht irren können. Zum Trinken dient ein Saft aus Gerste oder Weizen, der so zubereitet ist, daß er eine Ähnlichkeit mit dem Wein hat. Die am Rhein Wohnenden kaufen auch Wein. Ihre Speisen sind einfach: wilde Baumfrüchte, frisches Wildbret oder geronnene Milch vertreiben den Hunger, auf besondere Zubereitung oder Leckereien verzichtet man. Gegen Durst aber kennen sie nicht die gleiche Mäßigung.

Sie kennen nur eine einzige Art von Schauspiel, und zwar in jeder Versammlung das gleiche: nackte Jünglinge stürzen sich im Sprung unter die Schwerter und entgegengehaltenen Spieße. Die Übung hat Kunst, die Kunst hat Anstand erzeugt. Sie spielen jedoch nicht zum Gewinn oder Lohn; der Preis ist die Freude der Zuschauer. Das Würfelspiel aber treiben sie als ernsthafte Beschäftigung, sooft sie nur Zeit haben. Sie spielen mit solcher Verwegenheit, daß, wenn alles verspielt ist, sie mit dem äußersten und letzten Wurf Freiheit und Leib einsetzen. Der Besiegte begibt sich in freiwillige Knechtschaft; wenn er auch jünger und stärker ist, läßt er sich doch binden und verkaufen. Eine solche Hartnäckigkeit selbst in einem Laster nennen sie selber Treue. Sklaven dieser Art verkaufen sie so schnell wie möglich, denn sie schämen sich eines so zufälligen Sieges.

Die Knechte beanspruchen sie nicht wie bei uns üblich, indem sie jedem seine Arbeit in der ganzen Hausgenossenschaft bestimmen, sondern jeder steht seinem eigenen Haus und seinen Hausgöttern vor. Der Herr legt dem Knecht wie einem Lehensmann ein gewisses Maß an Getreide, Vieh oder Tuch als Abgabe auf; und soweit gehorcht er. Die übrigen Geschäfte des Hauses besorgen Frau und Kinder. Einen Knecht zu schlagen und durch Fesseln und Zwangsarbeit zu züchtigen, geschieht selten; viel eher töten sie sie, mehr aus Leidenschaft und Zorn wie einen Feind als aus Zucht oder Strenge; nur bleibt dies ungestraft. Die Freigelassenen stehen nicht viel über den Knechten; selten erlangen sie irgendeine Bedeutung im Hause, niemals in der Genossenschaft, ausgenommen bei den Völkern, die von Königen beherrscht werden. Dort steigen sie auch über Freigeborene und Edle auf.

Geld auszuleihen und durch Zinsen zu vermehren, ist ihnen unbekannt. Die Ländereien werden von der Gesamtheit, je nach der Zahl der Bebauer, abwechselnd in Besitz genommen; dann teilen sie die Felder unter sich nach der Würdigkeit. Die Saatfelder wechseln sie jährlich, und es bleibt bei den ausgedehnten Feldern immer auch unbebautes Land übrig. Sie kennen keinen Wetteifer in der Anstrengung, die Fruchtbarkeit des Bodens zu verbessern, Land zu roden, Baumpflanzungen anzulegen, Wiesen trockenzulegen oder Gärten zu bewässern. Nur die Saat wird der Erde zugemutet. Daher teilen sie auch das Jahr selbst nicht in ebensoviele Abschnitte wie wir; Winter, Frühling und Sommer allein kennen sie; vom Herbst sind ihnen sowohl der Name als seine Güter unbekannt.

Bei Leichenbegängnissen kennen sie kein Gepränge, ausgenommen, daß die Leichname angesehener Männer mit gewissen ausgesuchten Holzarten verbrannt werden. Jedem werden seine Waffen mitgegeben, bei den Vornehmen wird noch das Roß in den Flammen verbrannt. Das

214

Grabmal richten sie aus Rasen auf. Der Denkmäler schwindelnde und mühevolle Pracht verschmähen sie als lästig für die Verstorbenen. Wehklagen und Tränen geben sie schnell auf, Schmerz und Trauer aber spät. Frauen ehrt äußere Trauer, Männer die Erinnerung.

Dies ist es, was der römische Geschichtsschreiber Cornelius Tacitus gegen Ende des ersten Jahrhunderts nach Christus von Ursprung und Sitten der Germanen erfahren und berichtet hat.

Die Schlacht im Teutoburger Wald

Kaum hatte man in Rom beschlossen, den Feldherrn, die siegreich aus dem Osten zurückgekehrt waren, Triumphzüge zu gewähren, als aus Germanien eine Schreckensbotschaft eintraf, die die Abhaltung der Siegesfeiern verhinderte: Quintilius Varus hatte, mitten im unwegsamen Land der Cherusker und fern von den befestigten Plätzen der Römer, eine entscheidende Schlacht verloren. Wie war es dazu gekommen?

Die Römer besaßen in Germanien einige Gebiete, die nicht beisammen, sondern verstreut lagen, so wie sie gerade erobert worden waren. In diesen Gegenden überwinterten sie und legten Städte an. Die Germanen fügten sich bereits den römischen Gewohnheiten, kamen auf die Marktplätze und pflegten friedlichen Umgang mit den Eroberern, aber sie konnten doch ihrer Väter Sitten und Gebräuche, ihre ungebundene Lebensweise, ihre frühere Waffenmacht nicht vergessen. Die Römer meinten, sie sollten sich nur allmählich und behutsam in ihre neue Lebensweise gewöhnen, und wirklich hatten die Germanen die Veränderungen, die mit ihnen vorgingen, bis jetzt kaum gefühlt.

Als aber Quintilius Varus Germanien zur Provinz erhielt, wandte er einen zu strengen Ton an und wollte alles zu rasch umformen. Er behandelte die Germanen herrisch und erpreßte von ihnen Tribut wie von Untertanen. Dies aber wollten sie sich nicht mehr gefallen lassen. Die Fürsten des Volkes strebten nach der früheren Macht, das Volk selbst fand die althergebrachte Regierungsweise besser als fremde Gewaltherrschaft. Weil ihnen aber die Streitkräfte der Römer am Rhein und im eigenen Land zu stark schienen, empörten sie sich vorerst nicht offen, sondern stellten sich, als ob sie alle Forderungen erfüllen wollten. Sie lockten Varus langsam vom Rhein weg in das Land der Cherusker und an die Weser. Hier lebten sie dem Schein nach auf völlig friedlichem Fuß mit ihm und ließen ihn glauben, daß sie, ohne durch Waffen gezwungen zu werden, seine Befehle willig befolgen würden. So kam es, daß Varus seine Truppen nicht zusammenhielt, wie er in Feindesland hätte tun sollen, sondern viele seiner Leute auf Bitten der Germanen, bald zum Schutz bestimmter Orte, bald um Räuber aufzugreifen, bald um die Zufuhr von Lebensmitteln zu decken, nach den verschiedenen Seiten hin sandte.

Die Häupter der Verschwörung, der tückischen Nachstellungen und des Krieges, der sich nun entwickelte, waren unter anderen Arminius und Segimer. Sie waren wie immer um Varus und speisten oft an seiner Tafel. Als er nun so zuversichtlich wurde und nichts Arges wähnte, vielmehr denen, die voll Mißtrauen die Vorgänge beobachteten und ihn zur Vorsicht mahnten, nicht nur nichts glaubte, sondern ihnen sogar Ängstlichkeit vorwarf, da empörten sich, wie abgesprochen, zuerst einige entfernte Stämme. Das geschah in der Absicht, Varus, wenn er gegen diese vereinzelten Aufrührer zöge, desto eher in die Falle zu locken. Er traf auch keine umfassenden Vorsichtsmaßregeln, wie es geschehen wäre, wenn alle zugleich sich zum Krieg gegen ihn erhoben hätten. Und so kam es zum Unglück: sie ließen ihn vorausziehen und geleiteten ihn eine Strecke, blieben dann aber zurück unter dem Vorwand, sie wollten die Landestruppen zusammenziehen und ihm nachkommen. Kaum war er fort, fielen sie mit ihren heimlich aufgebotenen Streitkräften erst über die früher erbetenen Truppen her und machten sie nieder, darauf rückten sie ihm selbst, der bereits in unwegsame Wälder eingedrungen war, zu Leibe. So erschienen die vermeintlichen Untertanen plötzlich als Feinde und versetzten das Heer in die mißlichste Lage.

Die Gebirge waren voller Schluchten und Hindernisse und die Bäume dicht und hoch gewachsen, so daß die Römer schon vor dem Überfall der Feinde voll beschäftigt waren, Bäume zu fällen, Wege zu bahnen und Brücken zu schlagen. Sie führten, als zögen sie im Frieden daher, viele Wagen und Lasttiere mit sich, auch Kinder, Weiber und Dienerschaft in Menge folgten ihnen, so daß sich schon deshalb der Zug ausdehnte und an Schlagkraft verlor. Ein heftiger Regenguß und Sturmwind überfiel sie und zerstreute sie noch mehr. Der Boden und die Wurzeln der Bäume waren schlüpfrig geworden und machten ihre Tritte unsicher. Viele Wipfel brachen im Sturm ab, Bäume stürzten um und vermehrten durch ihren Fall die Verwirrung. In dieser Not fielen die Feinde aus dem Waldesdickicht plötzlich von allen Seiten über die Römer her. Der Wege kundig, umzingelten sie sie und beschossen sie anfangs aus der Ferne. Dann aber, als sich niemand zur Wehr setzte und viele verwundet waren, rückten sie ihnen vollends zu Leibe. Da die Römer nicht in Kriegsordnung zogen, konnten sie ihre Reihen nicht schließen und erlitten, den immer neuen Angreifern nicht einmal an Zahl gewachsen, großen Verlust, ohne den Feinden etwas anhaben zu können.

Als sie in dem Waldgebirge einen einigermaßen tauglichen Platz fanden, schlugen sie ein Lager auf, verbrannten die meisten Wagen und anderes entbehrliche Gerät und zogen dann am nächsten Tag in besserer Ordnung weiter. Sie schlugen sich endlich in eine lichtere Gegend durch, doch geschah auch dies nicht ohne Verluste. Als sie von da wieder aufbrachen, gerieten sie in neue, dunkle Waldungen. Sie wehrten sich, so gut es ging, gegen die andringenden Feinde, doch wenn sie an engen Stellen sich zusammentaten, um in geschlossenen Gliedern, Reiter und Fußvolk, den Gegner anzugreifen, standen sie selber einander im Weg oder wurden durch die Bäume gehindert. Es war der dritte Tag, daß sie so dahinzogen. Heftiger Regen mit starkem Wind überfiel sie erneut und ließ sie weder weiterziehen noch sicheren Fuß fassen, ja setzte sie sogar außer Stand, von ihren Waffen Gebrauch zu machen; denn Pfeile, Bogen, Wurfspieße und Schilde waren durchnäßt und zum Kampf nicht mehr zu gebrauchen. Die Feinde dagegen, meist leicht bewaffnet, hatten weniger von Sturm und Wetter zu leiden, da sie ungehindert vordringen oder zurückweichen konnten. Überdies waren sie auch an Zahl weit überlegen. Denn auch die, welche früher gezögert hatten, fanden sich jetzt ein, wenigstens um Beute zu machen, umringten die geschwächten Römer und hieben sie nieder. Die Lage war ausweglos. Da faßten Varus und die angesehensten Führer, um nicht lebendig gefangen zu werden oder durch die Hand ihrer verhaßten Feinde zu fallen, den Entschluß, sich in ihre eigenen Schwerter zu stürzen.

Sobald dies geschehen war und sich die Nachricht im Heer verbreitete, setzte sich kein Römer mehr weiter zur Wehr, selbst wenn er noch Kräfte hatte. Die einen ahmten das Beispiel ihrer Anführer nach, die andern warfen die Waffen weg und ließen sich von den nächsten besten erschlagen oder gefangen nehmen, denn an Flucht war in dieser Lage nicht zu denken. So wurden denn die römischen Legionen durch die ortskundigen Germanen besiegt und Mann und Roß erschlagen.

Augustus soll auf die Nachricht von der Niederlage des Varus die Toga zerrissen und großen Kummer über die Gefallenen und die von Germanien drohende Gefahr geäußert haben; ja er befürchtete, die Germanen möchten nun über Italien selbst und über Rom hereinbrechen.

Anhang

1. Hinweise zu den einzelnen Kapiteln

ROMULUS UND REMUS (Seite 7)

Palladium: ein kleines hölzernes Standbild der Städte beschirmenden Pallas Athene. In der Rechten hielt sie den Speer, in der Linken Spindel und Rocken. Das Bild, ein Unterpfand der Götter, wurde auf der Burg von Troja gehütet. Die Sage ging, daß die Stadt, in der es bewahrt werde, unüberwindlich sei. Odysseus und Diomedes sollen das Standbild geraubt haben, und danach erst vermochten die Griechen, Troja zu überwinden. Nach anderer Überlieferung wurde das Palladium durch Aeneas aus der brennenden Stadt gerettet und nach Latium gebracht. In Lavinium und später in Rom war es jahrhundertelang den Vestalinnen zur Hut anvertraut.

Kaiser Heliogabal (218–222 n. Chr.) versetzte es in einen von ihm erbauten Sonnentempel in Rom. Seither verlor sich Spur und Kunde.

Als Palladium wird auch der Schild bezeichnet, der zur Zeit Numas als Schutz und Machtzeichen Roms vom Himmel gefallen war. »Palladium« wird dann ganz allgemein ein magisches Schutzzeichen genannt.

Lupercalien: ein altitalisches Hirtenfest zu Ehren des Faun, des Beschützers der Hirten und Bauern. Luperci hießen die Priester des Faun. Der Name deutet auf »Wolfabwehrer«. Das Fest wurde am 15. Februar gefeiert.

Lemurien, Lemuria: ein Fest zum Gedächtnis der Toten. Lemuren sind nach altitalischem Glauben Seelen verstorbener Menschen, die wegen böser Taten unerlöst in der Erdsphäre verweilen müssen. Mit ihnen versöhnte man sich an diesem Fest durch Gaben schwarzer Bohnen, die der Hausvater draußen hinter sich warf, und verbannte sie und ihre Wirkung zugleich aus Haus und Hof. Laren oder Manen jedoch sind Seelen Abgeschiedener, welche die Familien beschützen. Man spendete ihnen im Haus Opfergaben und bezog sie in die großen Ereignisse und Feste der Familie (Geburt, Hochzeit) mit ein.

NUMA (Seite 17)

Forum: Markt, später der Platz, auf dem die öffentlichen Versammlungen und Wahlen stattfanden.

Augur, Haruspex: Priester, Deuter des göttlichen Willens aus dem Flug der Vögel und ihrem sonstigen Verhalten, aber auch aus den Wolken, dem Blitz und Donner, aus Flamme und Rauch des Opferfeuers, ferner aus den Eingeweiden der Opfertiere. Sie entsühnten durch bestimmte Opferhandlungen Menschen, Häuser und Städte. Die Wahrsagekunst war aus Etrurien eingeführt worden und war im alten Rom hochgeachtet. Keine Handlung von Bedeutung in Staat und Familie wurde unternommen, ohne die Götter zu befragen.

kurulischer Stuhl: elfenbeinerner Sessel, auf dem der König saß. Später saßen die höchsten Beamten bei öffentlichen Anlässen auf kurulischen Sesseln.

Ancus Marcius – Tarquinius Priscus . . . (Seite 27)

Sibylle von Cumae: Sibyllen waren uralte, hochgeehrte, vom Gott Apollo begeisterte Frauen, die in einsamen Grotten oder an Quellen wohnten und den göttlichen Willen vorauszusagen vermochten. An den verschiedensten Orten gab es Sibyllen. Als die älteste galt die von Erythrae in Kleinasien (Ionien), von der gesagt wird, daß sie weite Wanderungen unternommen habe; dann sind berühmt die Sibylle von Samos, von Delphi und von Cumae in der ältesten griechischen Kolonie in Unteritalien. Sie wird als verwandt, wenn nicht gar als identisch mit der Sibylle von Erythrae betrachtet. Von ihr stammten die neun sibyllinischen Bücher, die dem König Tarquinius Priscus zum Kauf angeboten wurden. (Nach einer anderen Überlieferung soll es Tarquinius Superbus gewesen sein.)

Im Altertum kannte man auch noch neben der cumanischen Sibylle die aus der Stadt Cimerium in Italien. Bei ihr soll Aeneas Rat geholt haben. Beide wurden schon im Altertum häufig verwechselt.

Kupferas: altrömische Gewichts- und Maßeinheit von ungefähr 300 g ungemünztem Kupfer. Als erste geprägte Münzen benutzten die Römer solche aus Etrurien und den griechischen Kolonien in Süditalien. Erst von 282 v. Chr. an prägten sie eigene Münzen. An Stelle des As trat der Denar zu vier Sesterzen.

Tarquinius Superbus (Seite 37)

auf dem Berge Tarpejus: später wurde er Kapitol genannt, nach dem Haupt, das auf ihm gefunden wurde. Auf dem Kapitol standen die Göttertempel, über dem tarpejischen Felsen stand die Burg.

224

GAJUS MARCIUS CORIOLANUS (Seite 60)

Ädilen: Siehe über die Beamten S. 231.
Abstimmung nicht nach Zenturien, sondern nach Triben: Siehe den Hinweis
auf S. 230/31.

DER ZUG DER GALLIER NACH ROM (Seite 82)

wo Camillus als freiwillig Verbannter lebte:
Im Krieg gegen die Etrusker leistete die Stadt Veji zehn Jahre lang Wider-
stand. Der Feldherr Camillus eroberte sie 396, indem er einen unterirdischen
Gang in die Stadt graben ließ. Später wurde Camillus vorgeworfen, er strebe
nach der Alleinherrschaft. Um einer Verurteilung zu entgehen, verließ er
Rom freiwillig. Er hielt sich fortan in Ardea auf.
Tempel der Carmentis: Carmenta war eine Nymphe aus Arkadien in Griechen-
land, die mit Merkur verbunden war. Aus ihrer Ehe entsproß Evander. Car-
menta zog mit ihrem Sohn und zwei göttlichen Gefährtinnen, Antevorta
(Zukunft) und Postvorta (Vergangenheit), nach Italien. Ihr und ihren Beglei-
terinnen wird die Einführung der Wahrsagekunst zugeschrieben; ihrem
Sohn, der sich als König am Palatin niedergelassen hatte, ist die Gesittung und
Kultur der wilden Italiker zu verdanken. Er lehrte sie den Ackerbau, vermittelte ihnen die kultische Verehrung des Pan-Faunus und brachte ihnen die
Musik und die Buchstabenschrift. Ihm wurde auch eine Begegnung mit Her-
cules zugeschrieben.
Carmenta wurde in Rom als Göttin in zwei Tempeln verehrt. Am 11. und
15. Januar dankte man ihr für das Gedeihen des Staates und flehte ihren
Schutz für die Zukunft an.

HANNIBAL und HANNO (Seite 99)

Punier: römischer Name für Phönizier, Karthager. Karthago war eine reiche
phönizische Kolonialstadt an der Nordküste Afrikas. Sie überflügelte bald
alle Städte ihrer Heimat. Ganz Nordafrika, die Westküste von Sizilien, Sardinien und die Südküste von Spanien war ihr untertan. Lange Zeit war sie die
Herrin über den Seehandel im Mittelmeer. Im Begriff, ihr Gebiet weiter auszudehnen, kam Karthago mit den nach Süden vordringenden Römern in
Krieg um den Besitz Unteritaliens und der fruchtbaren Insel Sizilien (1. puni-
scher Krieg).
im vorigen Krieg: im 1. punischen Krieg (264–241). Nach einem ersten Seesieg
der Römer bei Mylä, wo sie erstmals die Enterbrücken verwendeten und auf

den Schiffen wie zu Land Mann gegen Mann kämpften, fiel ihnen Sizilien zu. Nach weiteren Siegen und schweren Niederlagen der Römer in Afrika machte ihnen Hamilcar Barcas 20 Jahre lang von einer Bergfestung in Sizilien aus den Besitz der Insel streitig. Nach der Niederlage der karthagischen Flotte bei den ägatischen Inseln (241) kam es zum Friedensschluß. Karthago mußte Sizilien abtreten und eine hohe Kriegsentschädigung bezahlen. Hamilcar wurde freier Abzug gewährt. Er wandte sich daraufhin nach Spanien und eroberte große Gebiete für Karthago.

vor dem uralten Bund: Römer und Karthager hatten den Frieden nach dem 1. punischen Krieg mit einem Freundschaftsbündnis beschlossen. Dieses wird jetzt geltend gemacht im Gegensatz zu einem späteren, das Rom mit Sagunt abgeschlossen hatte.

FABIUS MAXIMUS (Seite 112)

Manlius Torquatus: der Konsul, der im Latinischen Krieg (340–338 v. Chr.) seinen Sohn wegen Ungehorsam hinrichten ließ. Siehe: Titus Manlius S. 94.
Diogenes von Sinope, Kleinasien (403–333 v. Chr.), ein Weiser, der zur Zeit Alexanders des Großen in Athen lebte. Er sah des Menschen Freiheit und Glückseligkeit in der Bedürfnislosigkeit.
bald darauf legte Fabius sein Amt nieder: die Amtszeit des Diktators war im alten Rom auf sechs Monate beschränkt.
Auspizien: Zeichen, welche die Auguren (s. S. 224) vor wichtigen Amtshandlungen aus den Opfertieren oder aus dem Verhalten der Vögel erforschten.

CATO (Seite 141)

Pythagoräer; Schüler und Anhänger des griechischen Philosophen, Mathematikers und Astronomen Pythagoras, der um 580–500 v. Chr. in Kroton (Unteritalien) gewirkt hat.
Demosthenes (384–322 v. Chr.): ein berühmter griechischer Redner, der zur Zeit Philipps von Makedonien, des Vaters Alexanders, in Athen lebte. Er forderte die Griechen zum Freiheitskampf gegen Philipp auf.
Sokrates (469–399 v. Chr.): Griechischer Philosoph, der zur Zeit des Peloponnesischen Krieges in Athen gelebt und gewirkt hat. Nach seinem Schüler Plato »der beste, besonnenste und gerechteste Mann seiner Zeit«. Er wurde angeklagt, daß er nicht an die alten Götter glaube, sondern neue einführe und die Jugend verderbe. Er mußte den Giftbecher trinken. Siehe Plato: »Die Apologie des Sokrates«.

226

Hannibal und Scipio (Seite 136)

am Trasimenus und bei Cannae: 217 war die Schlacht am Trasimenischen See, wo die Römer unter dem Konsul Flaminius eine Niederlage erlitten, und ebenso 216 bei Cannae unter den Konsuln Terentius Varro und Paulus Aemilius. Siehe die Beschreibung in »Fabius Maximus« S. 113 und S. 125.
Nach der Niederlage (202) übertrug das Volk von Karthago Hannibal die Leitung der Stadt. Unter seiner umsichtigen Führung erholte sie sich bald. Die Römer verlangten nun die Auslieferung Hannibals. Er verließ die Vaterstadt und diente mehreren Fürsten in Kleinasien. Wohin er sich auch begab, folgten ihm römische Gesandte und verlangten die Auslieferung. Um dieser Schmach zu entgehen, schied er 183 freiwillig aus dem Leben.

Tiberius Gracchus (Seite 154)

dem jüngeren, zweiten Scipio: Scipio Aemulianus Africanus, der 146 Karthago zerstört hatte. Er war der Adoptivsohn des Scipio Africanus, des Siegers über Hannibal (202).
Dioskuren: die Zwillingsbrüder Castor und Pollux, die Söhne des Zeus und der Leda, der Königin von Sparta. Ihre Schwester war Helena.
Cajus Laelius Sapiens: ein Freund des Scipio Aemilianus Africanus. Er war 151 Volkstribun, als er sein Ackergesetz vorbrachte.
unter Scipio vor Numantia diente: Numantia war eine kleine Stadt in Spanien, die Rom zehn Jahre lang Widerstand bot. Scipio Aemilianus, der Karthago zerstört hatte, brach ihren heldenhaften Widerstand (133). Auch Tiberius Gracchus hatte vor dieser Stadt im Feld gestanden und sich hohes Ansehen erworben.
Attalus, der König von Pergamon: das Königreich Pergamon erstreckte sich von der Küste Kleinasiens bis weit ins Landesinnere.

Marius (Seite 167)

Homer: griechischer Dichter. Im 11. Gesang, Vers 14 ff. der Odyssee schildert er, wie Odysseus an die Pforte zur Unterwelt gelangt, die in Hades' Reich führt:
»Jetzo erreichten wir des tiefen Ozeans Ende.
Allda liegt das Land und die Stadt der cimmerischen Männer.
Diese tappen beständig in Nacht und Nebel; und niemals
Schauet strahlend auf sie der Gott der leuchtenden Sonne;

Weder wenn er die Bahn des sternichten Himmels hinaufsteigt,
Noch wenn er wieder hinab vom Himmel zur Erde sich wendet;
Sondern schreckliche Nacht umhüllt die elenden Menschen.«

Sitten der Gallier und Germanen (Seite 179)

Carnutenland: im Herzen Galliens an der Loire mit Cenabum (Orléans) und
dem heutigen Chartres im Norden.
Ambacten: freie Männer, Klienten, das heißt Schutzbefohlene eines Vornehmen, dem sie Kriegsfolge zu leisten hatten.
Dis: römischer Beiname des Pluto, des Bruders des Jupiter/Zeus. Ihm war die
Welt unter der Erde, das Reich der Schatten und der Toten zugeordnet. Man
verdankte ihm auch die Fruchtbarkeit der Felder, das Wachsen und Gedeihen. Seine Gattin war Persephone, römisch Proserpina, die Tochter der
Demeter/Ceres.

Der Auszug der Helvetier (Seite 185)

des Konsuls Lucius Cassius Niederlage: das Heer des Konsuls Cassius wurde
107 von den Helvetiern unter der Führung Divicos am Genfer See (Lemaner-
see) geschlagen. Die Römer mußten zum Hohngelächter der Sieger als
Demütigung paarweise gebunden unter einem Ochsenjoch hindurch, das auf
Pfählen oder Spießen stak, die in die Erde gerammt waren.
Aquileja: eine Stadt in Oberitalien, in der heutigen Provinz Venetia.
Die Schlacht fand in der Nähe von Bibracte im Jahr 58 statt.

Der Tod des Caesar (Seite 193)

Pompejus: Gnaeus Pompejus Magnus bildete eine Zeitlang mit Caesar und
Crassus ein Triumvirat. In den Kämpfen um die Macht, die ganz Italien in
einen Bürgerkrieg verwickelten, unterlag Pompejus gegen Caesar. Pompejus
floh in den Osten und wurde schließlich in Ägypten ermordet (48).
Cicero (106–43 v. Chr.): berühmter Redner, Philosoph und Staatsmann. Er hat
die griechische Philosophie in Auswahl und selbständiger Verarbeitung in das
römische Denken eingeführt.
Parther, parthisches Reich: das Reich der Perser.
Die Einrichtung des Kalenders: die mathematisch-astronomischen Unterlagen
und Berechnungen besorgte ihm der alexandrinische Gelehrte Sosigenes.

228

Lupercalien: siehe Hinweis zu Romulus S. 223.

Niederlage bei Philippi: eine Stadt in Makedonien. Dort kam es 42, im dritten Jahr nach Caesars Ermordung zu zwei Schlachten zwischen den vereinten Heeren des Cassius und Brutus, die mit ihren Truppen aus Sardes (Kleinasien) über den Hellespont gekommen waren, und Antonius und dem jüngeren Caesar Octavianus.

Caesar Octavianus, der Sohn von Caesars Nichte, war nach seines Vaters Tod von Julius Caesar testamentarisch adoptiert und zum Erben eingesetzt worden. Daher erhielt er den Namen Gajus Julius Caesar Octavianus. Er war der spätere Imperator Caesar Augustus. In der ersten Schlacht unterlag Cassius, während Brutus auf dem anderen Flügel gegen Caesar Octavianus siegte. In der Meinung, die Schlacht sei verloren, wählte Cassius den Tod.

GERMANIEN (Seite 205)

Pannonier: die Bewohner der östlichsten römischen Provinz. Sie lebten im heutigen Ungarn innerhalb des großen Knies, das durch die Donau gebildet wird.

Tuisco oder Tuisto, Mannus oder Man: die Stammväter der Germanen, die menschlichen Nachkommen Burs, des »Geborenen«, der aus dem Urriesen Ymir hervorgegangen war.

DIE SCHLACHT IM TEUTOBURGER WALD (Seite 216)

Sie fand im Jahre 9 nach Chr. statt. Tiberius und sein Mitfeldherr waren siegreich aus Dalmatien und Griechenland zurückgekehrt, wo sie einen Aufstand niedergeschlagen hatten, als die Nachricht von der völligen Niederlage der Römer in Germanien eintraf.

Nach dieser Niederlage gaben die Römer die Provinzen in Germanien auf und beschränkten sich auf den Schutz der Reichsgrenze vom Rhein-Main zur Donau.

2. Von der Einrichtung des römischen Staates in der Zeit der Republik

Als römisches Volk, Populus Romanus, galten in der Königszeit nur die alteingesessenen Römer, die *Patrizier*. Nur sie besaßen in älteren Zeiten das Wahlrecht, konnten zu den Ämtern berufen werden, hatten aber auch die Verpflichtung, auf eigene Kosten sich zu bewaffnen und Heeresdienst zu leisten. In der Königszeit stimmten die Patrizier nach drei Stämmen geteilt in je zehn Kurien ab. Was die Mehrheit der Kurie beschloß, galt als eine Stimme.

Zu jeder Patrizierfamilie gehörten eine Anzahl *Klienten*, das waren Schutzbefohlene, deren Rechte der Patron vertrat. Dafür verwalteten sie seine Güter und begleiteten ihn auf den Kriegszügen. Sie nahmen auch an Festen und wichtigen Ereignissen der Familie teil.

Die große Zahl der Einwohner in der Stadt, die *Plebejer* (Plebs), die Hörigen, Ansiedler aus eroberten Städten, freigelassene Sklaven und Fremde, die als Handwerker oder Kaufleute in die Stadt gezogen waren, besaßen ursprünglich weder bürgerliche Rechte noch Pflichten, obwohl manche durch Gewerbefleiß sich Reichtum erworben hatten und viele auch Grund und Boden besaßen.

Ein Ausgleich unter Patriziern und Plebejern begann, als Servius Tullius, der Sohn einer Sklavin, König wurde und die Tribus- und Zenturieneinteilung einrichtete.

Der Wille des Volkes, nunmehr der Patrizier und Plebejer, kam fortan in zwei verschiedenen Versammlungen und Abstimmungen zum Ausdruck:

In der *Zenturienversammlung* richtete sich das Stimmrecht nach dem Vermögen der Bürger. Nach der Vermögensklasse war die Abstimmungsreihenfolge sowie die Bewaffnungs- und Dienstpflicht geordnet. In dieser Versammlung wurden u.a. die höheren Beamten gewählt: die Zensoren, Konsuln und Prätoren, welche als Zeichen ihrer Würde wie ehedem die Könige auf elfenbeinernen, den kurulischen Stühlen saßen. Dann wurde über solche Entscheidungen abgestimmt, welche der Zustimmung durch die Auspizien bedurften.

Die Stadt war durch Servius Tullius außerdem in vier Wohnbezirke (Triben) geteilt worden, wodurch die alte Gliederung nach Stämmen, die Kurienversammlung, aufgehoben wurde. Jeder Grundbesitzer, ob Patrizier oder Plebejer, war je nach seinem Wohnsitz Mitglied einer der *Triben* (später waren es 35). Dem Volk war es lieber, wenn die Abstimmung nach den Triben erfolgte, weil es da eher die Mehrheit erreichen konnte. Ob nach dem einen oder andern Modus über Gesetze abgestimmt werden sollte, wurde sehr oft in heftigen politischen Kämpfen entschieden. In der *Tribusversammlung* wurde auch über Gesetze abgestimmt, wurden die niederen Beamten, die Ädilen und Quästoren und, ausschließlich von den Plebejern, die Volkstribunen gewählt.

Bei der Vertreibung der Tarquinier (510) wurde als einzige Verfassungsänderung das Amt der *Konsuln*, der Jahreskönige, geschaffen. Ihnen oblag die Regierung. Sie hatten aber auch gesetzgeberische Macht, und in Kriegszeiten waren sie die Heerführer. Die Konsuln regierten wechselweise einen Monat. Sie hörten auf den *Senat*, den Rat der Alten, führten seine Beschlüsse aus und unterbreiteten der Volksversammlung wichtige Entscheidungen über Gesetze, Bündnisse, Krieg und Frieden.

Eine Reihe von hohen Beamten standen den Konsuln zur Seite. So die *Ädilen*, die Polizeivorsteher, deren es ursprünglich vier gab. Ihnen oblag u.a. die Bewachung des Marktes und die Veranstaltung der öffentlichen Spiele. Es bürgerte sich ein, daß sie diese aus eigenen Mitteln bestreiten mußten. Dadurch erwarben sich aufstrebende Patrizier die Volksgunst. Um ihre oft enormen Schulden zu tilgen (der junge Caesar z.B. hatte 7 Millionen Schulden), bewarben sie sich anschließend um die Verwaltung einer reichen Provinz.

Das höchste Richteramt wurde von den *Prätoren*, den Oberrichtern, ausgeübt. Später wurden Prätoren auch als Statthalter in die Provinzen geschickt, sie besaßen dort dann zugleich militärische Macht. Die Urteile wurden durch die *Liktoren* vollzogen. Sie trugen das Rutenbündel mit Beil, ein etruskisches Symbol der Macht über Leben und Tod. In der Volksversammlung hielten die Liktoren Beil und Rutenbündel gesenkt aus Achtung vor dem Volk als dem Souverän.

Ursprünglich waren die Liktoren die Herolde der Könige, dann die Diener der Konsuln und Begleiter der höchsten Beamten. Auch den Vestapriesterinnen schritt immer ein Liktor voran.

Die Staatskasse wurde von den *Quästoren* verwaltet. Diese begleiteten die Konsuln als Zahlmeister auch auf die Feldzüge.

Lange bevor die Plebejer zu Konsuln gewählt werden konnten, war es möglich, daß einer von ihnen, sofern er sich als Kriegsoberster ausgezeichnet hatte, als *Kriegstribun* an Stelle der Konsuln die Führung von Feldzügen übernehmen konnte.

Drohten dem Staat besonders große Gefahren, konnten die Konsuln auf den Rat des Senats die gesamte Regierungs-, Verwaltungs- und Militärmacht einem einzelnen übertragen, der dann diktatorische Vollmacht besaß. Die Dauer der *Diktatur* war aber auf sechs Monate beschränkt. Nach Ablauf dieser Zeit unterstellte sich der gewesene Diktator als Bürger wieder der Macht von Senat und Konsuln.

Neben den Konsuln amtierten die Zensoren und die Volkstribunen. Diese Ämter zählten zu den wichtigsten.

Die *Zensoren* waren die Vermögensschätzer. Von ihrem Entscheid hing die Einteilung in die Zenturienklasse ab. Sie ergänzten den Senat aus den ehemaligen höchsten Beamten und nach freiem Entscheid aus hervorragenden Bürgern. Die Zensoren übten auch eine strenge Aufsicht aus über das private Leben der Bürger. Wer sich etwas zuschulden kommen ließ, konnte in eine niedrigere Vermögensklasse versetzt oder gar aus dem Senat oder Ritterstand gestoßen werden.

Eine besondere Stellung nahmen die *Volkstribunen* ein. Dieses Amt gab es seit dem Auszug der Plebejer auf den heiligen Berg (395). Ursprünglich waren es zwei, später zehn Beschützer des Volks und Wahrer seiner Rechte. Jeder verfolgte Bürger konnte sich an sie um Hilfe wenden. Sie durften jeden Bürger, selbst die Konsuln, vor Gericht fordern und verurteilen lassen. Sie selbst waren während ihrer Amtszeit (1 1/2 Jahre) unantastbar. Gegenüber Senat und Konsuln besaßen sie das Einspruchsrecht (veto – ich verbiete), wodurch ein Beschluß ungültig wurde. Die Sache mußte aufs neue beraten werden, bis sie den Volksvertretern, die im Senat nur als Zuhörer anwesend waren, annehmbar erschien und dem Volk zur Abstimmung empfohlen wurde. Allein durch dieses Veto besaßen sie eine große Macht, vor der sich Konsuln und Senat oft genug fürchteten.

Die Volkstribunen konnten auch selber Gesetze vorschlagen, über die das Volk dann abstimmte, und sie hatten das Recht, nach Gutdünken Senat und Volksversammlungen einzuberufen.

Alle Ämter wurden ehrenhalber, das heißt ohne Entgelt ausgeübt. In der ersten republikanischen Zeit war es Sitte, daß ein Römer sich mit ungefähr 30 Jahren, nach zehnjährigem Kriegsdienst, als Quästor bewarb. Nach einer Zwischenzeit konnte er, etwa 37jährig, Ädil werden. Mit 40 konnte man sich um die Prätur und mit 43 um das Konsulat bewerben. Später hielt man sich nicht mehr an diesen Brauch.

3. Von den alten Völkern in Italien

Zu den ältesten Einwohnern Italiens gehören die *Ligurier*, die im Norden an den Küsten des ligurischen Meeres als Fischer und Jäger lebten. Sie breiteten sich nach Westen über die Meeralpen bis weit über die Rhône hin aus, ostwärts siedelten sie sich bis tief hinunter in die Poebene an. Von da wurden sie von den Etruskern und später von den eindringenden Galliern wieder an die Küste zurückgedrängt.

Im mittleren Gebiet Italiens wohnten die *Italier* oder Italiker, auch Bewohner des Rinderlandes genannt. Zu ihnen gehören die Umbrer, die Latiner, Sabiner und Samniten sowie die Volsker und Rutuler, um nur die wichtigsten Völker zu nennen. Alle gehören zum Stamm der Indogermanen, der vor Urzeiten aus dem Innern Mittelasiens nach den verschiedensten Gegenden ausgewandert war.

Ein Teil der Indogermanen zog südwärts und besiedelte Indien und Persien, ein anderer Teil wandte sich mehr westwärts, wanderte am Schwarzen Meer vorbei und fand schließlich im heutigen Europa eine neue Heimat.

In der Gegend des Schwarzen Meeres weilte diese Völkergruppe wohl längere Zeit. Von dort zweigte sich ein Völkerstrom ab und drang langsam durch den Balkan südwärts vor und besiedelte Griechenland.

Ein anderer Strom dieser Brudervölker wanderte zunächst westwärts, schwenkte südlich, drang über die Ostalpen und wurde in Italien ansässig.

Ein dritter mächtiger Strom zog nach Westen bis zum Atlantischen Ozean. Das waren die keltischen Völker. Sie ließen sich im heutigen Frankreich und auf den britischen Inseln nieder, besiedelten Teile Spaniens, aber auch den Süden Deutschlands bis tief in die Alpentäler hinein (Rätier).

Viel später wanderten die Germanen nach und siedelten sich zunächst in den weiten, dunklen Waldungen Nordeuropas und Skandinaviens an.

Unter den italischen Völkern nehmen die *Etrusker*, Tusker oder Tyrrhenier eine Sonderstellung ein. Schon den Alten war ihre Herkunft und Stammeszugehörigkeit dunkel. Sie blieb, wie ihre Schrift, die noch nicht entziffert ist, bis heute ein Rätsel. Einige nehmen an, dieses Volk sei aus Kleinasien übers Meer nach Italien gekommen, eine andere Anschauung ordnet sie den Kelten zu.

Die Etrusker bildeten einen losen Bund von zwölf selbständigen Städten (zu denen Tarquini, Veji, Ardea und Clusium zählen) im Gebiet der heutigen Toskana und in der Poebene bis weit in die Alpentäler hinein (Tirol). Sie besaßen aber auch Siedlungen – eine Art Kolonien – in Unteritalien (Nola, Capua), die ebenfalls eine Zwölfheit selbständiger Stadtstaaten bildeten.

Die Etrusker waren ein reiches, seefahrendes Handelsvolk mit hoher Kultur, das schon im 13. Jahrhundert vor Christus Beziehungen zu Ägypten unterhielt. Aber auch Ackerbau und Viehzucht wurden sorgfältig gepflegt.

Von ihren Sitten und Gebräuchen, ihren religiösen Anschauungen und ihrer Lebensauffassung wurde seit der Königszeit vieles ins römische Brauchtum übernommen und beeinflußte die Kultur der Römer nachhaltig. Immer wieder aber gab es unter ihnen auch kriegerische Auseinandersetzungen um die Selbständigkeit und Vorherrschaft des einen oder anderen Volkes. Nach jahrzehntelangen Kämpfen verloren die Etrusker 310 v. Chr. ihre politische Selbständigkeit.

Die *Sabiner*, ein hochbegabter, freiheitsliebender Stamm der Italiker, waren in Mittelitalien beheimatet. Sie standen von allen Italikern in Sprache und Sitte den Griechen am nächsten. Aus dem volkreichen Stamm der Sabiner wurden immer wieder Kolonisten ausgesandt, weil der karge Boden ihrer Heimat nur für wenige Nahrung bot. Diese bildeten sich dann in der neugewählten, oft erkämpften Heimat zu einer gewissen Selbständigkeit, Eigenart und Unabhängigkeit heran; so die Volsker, Lukaner und vor allem die Samniten.

Die *Samniten* hatten sich weiter südlich angesiedelt, in den Tälern des Apennin, die sich gegen Campanien und das Adriatische Meer hin öffnen.

Sie galten als das tüchtigste Volk. Ihr Gebiet war zur Zeit der Auseinandersetzung mit Rom größer als das römische. Sie waren außerordentlich freiheitsliebend; aber jeder einzelne Stadtstaat verteidigte letztlich nur seine eigene Freiheit. Die zusammenhaltende, staatenbildende Kraft, die Rom groß werden ließ, fehlte ihnen. Ihre Freiheit wurde in den drei Samnitenkriegen (343–290) trotz heldenhafter Gegenwehr vernichtet. Der Rest des Volkes, geschlagen und zu Tode erschöpft, unterwarf sich Rom.

Die *Latiner* bewohnten Latium, die Ebene am Unterlauf des Tiber, die heutige Campagna. Ihre Städte errichteten sie auf den Hügeln und den umgrenzenden Bergen; in der damals fruchtbaren Ebene bebauten sie ihre Äcker und weideten das Vieh. Sie bildeten einen Bund von 30 kleinen und größeren selbständigen Stadtstaaten, zu denen auch Städte der benachbarten Volsker und Rutuler gehörten. Im Bund hatte jahrhundertelang Alba Longa, die auf dem Monte Cavo in den Albanerbergen thronte, die Vorherrschaft. Aus dieser Stadt ging Rom hervor.

In der wechselvollen Geschichte eines immer wieder aufflackernden, zähen Kampfes gegen Alba Longa – das spurlos dem Erdboden gleichgemacht wurde

– und den Lateinischen Städtebund errang Rom schließlich endgültig die Vorherrschaft (Lateinischer Krieg 340–38). Der Lateinische Bund wurde aufgelöst und jede Stadt durch ein besonderes Vertragsverhältnis dem römischen Staat einverleibt.

Im Süden Italiens und auf Sizilien hatten sich seit dem 8. Jahrhundert vor Christus vor allem Kolonisten aus den verschiedensten *Griechenstämmen* angesiedelt. Sie bildeten dort selbständige Stadtstaaten mit reicher Kultur (Großgriechenland). Teils hatten sie regen Handelsverkehr, teils pflegten sie sorgfältigen Ackerbau: so Cumae, Neapolis, Pästum, Rhegium, Croton, Sybaris, Heraklea und Tarent, die größte Siedlung; auf Sizilien Messana, Tauromenium, Syracus, Gela, Agrigent und Selinunt.

Viel ist in der römischen Geschichte auch die Rede von den *Galliern*. Sie waren ein Stamm der Kelten und besaßen eine sehr hohe Kultur. Sie bewohnten das heutige Frankreich. Schwestervölker waren u.a. die Briten, Belger, Keltiberer und Helvetier.

Schon früh drangen immer wieder Schwärme der Gallier über die Alpen und erkämpften sich gegen die Ligurier und Etrusker Wohnsitze in der Poebene. Von da zogen sie erobernd bis vor Rom (390). Noch im dritten Samnitenkrieg (290) kämpften die Gallier, die in der Poebene seßhaft waren, mit den Samniten, Umbrern und Etruskern gegen die Römer. Um 220 wurde die Poebene bis zum Fuß der Alpen römisches Untertanenland, Gallia cisalpina genannt.

In den zehn Jahren seiner Statthalterschaft unterwarf Caesar ganz Gallien (Gallia transalpina), ja er drang erobernd bis in den Süden Britanniens vor. Gallien machte er zur römischen Provinz.

Immer wieder erhoben sich die Gallier gegen Rom, bis ihr Freiheitsstreben endgültig gebrochen war. Die Römer übernahmen von den Galliern viele Bräuche und kulturelle Einrichtungen, und umgekehrt übernahmen die Gallier so sehr Sprache und Kultur der Römer, daß sie im Laufe der Jahrhunderte vollständig latinisiert wurden.

4. Überblick über die römische Geschichte bis zur Kaiserzeit

Um 1184 v. Chr.;	Untergang Trojas. Aeneas flieht aus der brennenden Stadt. Nach langer Irrfahrt gründet er *Lavinium* in Latium. Sein Nachfolger Ascanius Julus gründet *Alba Longa*. Jahrhundertelang hat diese Stadt die Vorherrschaft über den latinischen Städtebund.
Um 747	gründet Romulus die Stadt Rom.
715–672	regiert Numa Pompilius, ein Sabiner.
672–640	Tullus Hostilius. Auseinandersetzung mit Alba Longa.
640–614	Ancus Marcius, Enkel des Numa, ist König.
614–578	Sein Nachfolger Tarquinius Priscus kam aus Etrurien. Er wird 578 ermordet.
578	wird Servius Tullius, der Sohn einer Sklavin, König.
534	setzt sich Tarquinius Superbus als König ein.
510	Vertreibung der Tarquinier. Rom wird eine Republik. Brutus und Collatinus sind die ersten Konsuln (Jahreskönige).
507	Erste äußere Bewährung in den Kriegen gegen den Etruskerkönig Porsenna, zu dem Tarquinius geflohen ist. Horatius Cocles, Mucius Scaevola, Cloelia. Innere Ausgestaltung der Republik. Das Volk (Plebejer) erkämpft sich allmählich Rechte.
495	Auszug der Plebejer auf den heiligen Berg. Sie drohen eine neue Stadt zu gründen. Erleichterung der Schuldknechtschaft wird zugesichert. Auf das Versprechen, zum Schutz des Volkes das Amt der Volkstribunen zu schaffen, kehrt das Volk nach Rom zurück.
um 490	Gajus Marcius Coriolanus. Er stellt den Antrag, die Volkstribunen wieder abzuschaffen, und wird trotz seiner großen Verdienste verbannt. Er geht zu den Volskern und kämpft mit ihnen gegen Rom. Von enttäuschten Volskern wird er umgebracht.
451	Das Zwölftafelgesetz. Die Decemviri, zehn vom Volk ge-

236

	wählte Männer, schreiben die gültigen Gesetze auf. Sie werden auf zwölf kupferne Tafeln getrieben und auf dem Forum bei der Rednerbühne aufgestellt.
445	Weitere wichtige Gesetze: Ehen zwischen Patriziern und Plebejern werden erlaubt. Aus dem Plebejerstand können Kriegsoberste (Kriegstribunen) mit konsularischer Gewalt ernannt werden.
444	Das Amt der Zensoren (Steuerschätzer) wird geschaffen. Vorerst dürfen es nur Patrizier sein.
406–396	Krieg mit Nachbarvölkern, den Etruskern, Volskern und Sabinern.
396	Camillus erobert Veji, das zehn Jahre lang belagert worden war. Auf den Vorwurf, er strebe nach der Herrschaft über Rom, verläßt er freiwillig die Stadt und geht nach Ardea. Die Karthager erobern Sizilien. Die Gallier dringen über die Alpen und gründen in Oberitalien ein Reich (später Gallia cisalpina genannt).
390	Zug der Gallier nach Rom. Die Einnahme des Kapitols wird durch die Wachsamkeit des Manlius verhindert. Später tritt er für das Volk ein, das unter der Schuldknechtschaft leidet.
383	(Wer seine Schulden nicht zu zahlen vermochte, verlor die Freiheit.) Er wird als Hochverräter vom tarpejischen Felsen gestürzt.
376/66	Zwei Gesetze der Volkstribunen Licinius und Sextus werden nach zehnjährigem Kampf angenommen: Beschränkung der Güter auf 500 Morgen Land und des Allmendrechts (allgemeinen Weiderechtes) zugunsten der Armen. – Ein Konsul muß fortan immer ein Plebejer sein.
326	Die Schuldknechtschaft wird abgeschafft; nur noch Sachpfändung ist gesetzlich. Die Plebejer erobern sich den Zugang zur Zensur, zum Richter- und Polizeiamt und etwas später zur Diktatur.
312	Der patrizische Zensor Appius Claudius wirkt dahin, daß auch diejenigen Einwohner Roms, die keinen Grund und Boden besitzen, das volle Bürgerrecht erhalten.
300	Die Plebejer erlangen Zugang zu den Priesterämtern. Nachdem das Volk die wesentlichen Rechte errungen hat, ist Rom innerlich so erstarkt, daß es sich nach und nach ganz Italien untertan macht.

Einigung Italiens unter römischer Vorherrschaft.

343–41	1. Krieg gegen die Samniten.
340–38	Aufstand der Latiner. Sie fordern das römische Bürgerrecht, geraten aber nach ihrer Niederlage in stärkere Abhängigkeit. Eroberung Capuas und Campaniens. Der Einzelkampf des Titus Manlius gegen das konsularische Gebot. Decius Mus (der Ältere) opfert sich im Kampf, wodurch sich die Schlacht am Fuß des Vesuvs zugunsten der Römer wendet.
326–04	2. Samnitenkrieg.
298–290	3. Krieg gegen die Samniten, denen sich die Etrusker, Umbrer und Gallier angeschlossen hatten. Decius Mus, der Sohn, opfert sich ebenfalls für die Römer.
295	Nach dem Sieg, der Rom die Oberherrschaft über die Samniten sichert, wenden sich die Römer erobernd dem Süden, den griechischen Kolonien zu. Krieg gegen Pyrrhus.
282	Die Römer prägen Münzen. Zuvor benutzten sie etruskische und griechische.
272	Tarent, die größte und reichste griechische Kolonie, fällt unter Roms Herrschaft.
225–22	wird Gallia cisalpina, die Poebene bis zum Fuß der Alpen erobert. Nun ist ganz Italien römisch, und es beginnt in der Auseinandersetzung mit Karthago die Begründung der römischen Weltherrschaft.
264	Beginn des 1. punischen Krieges. Kampf um Sizilien.
260	Erster Seesieg der Römer über die karthagische Flotte mittels Enterbrücken.
256	Die Römer fahren nach Afrika.
250	Der größte Teil Siziliens fällt unter römische Herrschaft. Hamilcar Barcas macht ihnen den Besitz jahrelang streitig.
241	entscheidender Seesieg der Römer. Karthago tritt Sizilien an Rom ab, verpflichtet sich, die römischen Bundesgenossen nicht anzugreifen, und zahlt eine hohe Kriegsentschädigung.
238	muß Karthago auch Sardinien und Corsica abtreten.
236	Hamilcar Barcas beginnt mit der Eroberung Spaniens bis zum Ebro.
228	Hamilcar fällt im Kampf. Hasdrubal festigt die Macht Karthagos in Spanien.
220	Hannibal wird Oberbefehlshaber.
219	Angriff auf Sagunt. Beginn des 2. punischen Krieges.
218	Fabius Maximus verlangt als Gesandter Roms in Karthago die Auslieferung Hannibals.

alle Besitzungen außerhalb Afrikas an Rom abtreten, die Kriegsflotte zerstören und wird tributpflichtiger Untertan. Unter Hannibals Staatsführung erholt sich die Stadt bald. Rom verlangt seine Auslieferung. Er begibt sich nach Kleinasien und scheidet freiwillig aus dem Leben, um der Schmach der Auslieferung zu entgehen (183).

Nach dem Sieg über Karthago wendet sich Rom erobernd dem Osten zu. Syrien, Kleinasien und Makedonien werden nach langen Kämpfen römische Provinzen.

146   Zerstörung von Korinth. Kunstschätze werden nach Rom verfrachtet.

Zerstörung Karthagos auf Grund des ständigen Antrags von Cato durch Scipio Aemilianus Africanus. Nordafrika wird Provinz.

Rom ist jetzt Herrin über das Mittelmeer.

Ausbeutung der Provinzen durch die Steuerpächter. Unermeßlicher Reichtum fließt nach Rom, die Provinzen verarmen.

Verarmung auch der römischen Bauern. Die Reichen kaufen die verschuldeten Güter auf und lassen sie durch Sklaven bewirtschaften.

Die Großgrundbesitzer regieren das sich bildende Weltreich.

133/32   Tiberius Gracchus. Durch sein Ackergesetz will er den Großgrundbesitz einschränken und den Bauernstand heben. Er wird durch die Reichen umgebracht.

123/21   Reformversuche des Gajus Gracchus. Auch er erliegt dem Widerstand der Großgrundbesitzer.

107   Niederlage der Römer am Leman (Genfer See) gegen die Helvetier, die unter Divico kämpften.

105   Die Kimbern und Teutonen (Germanen) ziehen nach Spanien. Niederlage der Römer.

102   Sieg der Römer unter Marius über die Teutonen, die nach Italien ziehen wollen.

101   Die Kimbern überschreiten die Etsch. Marius zieht seinem Mitkonsul Catulus zu Hilfe. Sieg über die Kimbern bei Vercellae.

91   Gesetzesvorschlag des Livius Drusius, wonach alle Bundesgenossen das römische Bürgerrecht erhalten sollen (und dadurch steuerfrei werden), wird abgewiesen. Die Bundesge-

nossen erheben sich und wollen einen eigenen Staat gründen. Erfolgloser Krieg Roms.

90/89	Die Bundesgenossen erhalten das römische Bürgerrecht.
88/81	Bürgerkrieg in Rom und Italien um die Vorherrschaft von Sulla und Marius (gest.87) und seine Anhänger. Sulla wird Diktator.
88/85	Sullas Siege in Griechenland gegen Mithridates.
	Nach dem Tod Sullas (78) übernehmen seine Anhänger Pompejus und Crassus die Macht. Pompejus schlägt den Sklavenaufstand unter Spartacus' Führung nieder.
70	Pompejus und Crassus Konsuln. Sie stellen die früheren Volksrechte wieder her. Pompejus siegt in drei Monaten über die Seeräuber.
63	Pompejus erobert Jerusalem, Syrien und ganz Vorderasien für Rom. Roms Grenzen sind jetzt der Euphrat und der Kaukasus.
	Vom Senat enttäuscht, verbindet er sich mit Caesar.
61	Caesar Statthalter in Spanien. Er bewirbt sich um das Konsulat.
60	Herrschaft des Pompejus, Crassus und Caesar (1. Triumvirat).
58	Caesar wird Statthalter in Gallien. Er besiegt die Helvetier bei Bibracte und dringt kämpfend und erobernd durch Gallien nach Norden vor.
55	Caesar in Britannien. Die Themse ist die neue Grenze.
	Neue Kämpfe in Gallien gegen Vercingetorix.
51	Seine Hinrichtung in Rom nach Caesars Triumphzug.
	Pompejus wird in den entstandenen Bürgerwirren zum alleinigen Konsul ernannt. Er bricht mit Caesar.
49	Pompejus setzt Caesars Abberufung aus Gallien durch. Caesar bewirbt sich um das Konsulat und entscheidet sich für den Machtkampf gegen Pompejus. Er überschreitet mit seinem Heer den Rubikon. Bürgerkrieg. Caesar erobert in 60 Tagen ganz Italien. Er wird zum Diktator ernannt. Er verfolgt Pompejus in den Osten und besiegt ihn in Griechenland, dann folgt er ihm nach Ägypten.
48	Pompejus, von Kleopatra verraten, wird ermordet. Caesar setzt Kleopatra als Königin von Ägypten ein. Dann erobert er Nordafrika, wohin sich ein Teil des Senats gerettet hatte. Durch milde Behandlung der Gegner zieht er viele auf seine Seite.

46	Caesar kehrt nach Rom zurück. Er wird vom Volk zum Alleinherrscher – Diktator – auf zehn Jahre gewählt. Er läßt die republikanische Verfassung bestehen.
45	Kalenderreform. Weitreichende Pläne und Unternehmungen. Wiederaufbau von Karthago und Korinth als Soldatenkolonien.
	Vom Volk erhält er alle Ämter auf Lebenszeit übertragen. Als Imperator (Oberbefehlshaber) und Pontifex Maximus (Oberpriester) tritt er mit königlichem Prunk auf.
44	Am 15. März wird Caesar ermordet. Brutus, Cassius und die Verschworenen hoffen damit die Republik zu retten. Octavian wird durch das Testament Adoptivsohn und Haupterbe Caesars. Er nennt sich fortan Gajus Julius Caesar Octavianus.
43	Antonius, Octavianus und Lepidus errichten ein Triumvirat.
42	Antonius und Octavianus verfolgen Brutus und Cassius, die vom Senat zu Statthaltern in Makedonien und Syrien ernannt worden waren. In zwei Schlachten bei Philippi (Makedonien) werden sie besiegt.
	Machtkämpfe zwischen Antonius, dem der Osten zugesprochen ist, und Octavian, dem Herrn über den Westen. Kämpfe zu Land und zur See.
31	Seesieg Octavians bei Actium über Kleopatra und Antonius. Beide scheiden freiwillig aus dem Leben.
28	Nach seiner Rückkehr nach Rom wird Octavian Vorsitzender des Senats und erhält nach und nach die wichtigsten Ämter (Tribunat und Konsulat)
19	auf Lebenszeit. Dadurch wird er unumschränkter Herrscher über das römische Weltreich. Er erhält den Beinamen »Augustus«, der Geweihte.
	In Asien wird er als Caesar Augustus göttlich verehrt.
14 n. Chr.	Augustus stirbt 76jährig. Nachfolger wird sein Adoptivsohn Tiberius.

Nachwort

Der Kultur und Geschichte Roms stehen wir zumeist mit vielen Vorurteilen gegenüber. Verächtlich schaut man auf die Handvoll Räuber und Heimatlosen, die Rom mit Gewalttaten gegründet haben, und sieht dann folgerichtig die Kette der Gewalttätigkeiten auch durch die weitere Geschichte nicht abreißen.

Gewiß, man kann die römische Kultur banausisch finden, phantasielos und unschöpferisch; denn was die Römer zum Beispiel an Kunstwerken hatten, womit sie ihre Villen und Gärten im Übermaß schmückten, war entweder aus Griechenland gestohlen oder von den Griechen kopiert, einiges Dichterische ausgenommen.

Man kann auf das unerbittlich Starre, seelenlos Kalte hinweisen und mit römischen Schriftstellern die Einförmigkeit der Welt beklagen, die unter römischer Verwaltung bis zur Langeweile sich ausbreitete: überall die gleiche Sprache, überall das gleiche Straßennetz, von Gallien bis Persien dieselben Poststationen, die gleichen Maße und Münzen auf sämtlichen Märkten der Welt. Dies alles und noch mehr mit einem gewissen Recht.

Und doch sind dies einseitige Aspekte, Teilwahrheiten, denen andere gegenübergestellt werden müßten, um das Bild rund und lebensvoll zu bekommen. So müßte man, um nur ein Beispiel zu erwähnen, neben Romulus, der ja Mars zum Ahnherrn hatte, den Sabinerkönig Numa sehen, der dem martialisch-wilden Volk der Eroberer das Element der Frömmigkeit und Gottesverehrung eingepflanzt hat. Dadurch wurde er immer als zweiter Stifter Roms verehrt.

Man wird der römischen Kultur nicht gerecht, wenn man sie, wie das meist geschieht, innerlich mit der griechischen mißt und vergleicht. Das Griechische hat seinen einmaligen Zauber und seine einzigartige Bedeutung in der Weltgeschichte. Und so hat auch Rom – wie jedes Kulturvolk – seine Eigenart und einmalige Mission im Entwicklungsgange der Menschheit. Diese gilt es in ihrer Bedeutung wahrzunehmen und ohne Sympathie oder Antipathie zu würdigen.

Da ist, von allen nicht nur unbestritten, sondern als einzigartiger Beitrag anerkannt, die Rechtschöpfung und die Ausbildung des Staatsgedankens. Von ihnen sagt Bachofen, daß sie »von der Materie unabhängig, daher an sich selbst ein eminent sittlicher Erwerb, und überhaupt das Geistigste« seien, was das Altertum hervorgebracht und den nachfolgenden Zeitaltern hinterlassen habe.

Aber man müßte dabei auf den lebendigen Prozeß der Rechtsfindung in allen Gebieten des Lebens in der Blütezeit Roms hinschauen, und nicht auf die späte Kodifizierung durch Justinian, der das Rechte ein für allemal widerspruchslos und für alle Zeiten gültig festhalten wollte.

Wir sehen ferner in der Geschichte Roms bis in die republikanische Zeit immer wieder ein Zurückweisen und Überwinden des asiatischen Elementes und all seiner atavistischen Ansprüche: der Mensch mußte und wollte im Römer ganz zu sich selber kommen, aus eigener Kraft leben. Wir sehen ihn, kurzgeschoren und glattrasiert, mit scharfem Blick die Welt erfassen und messen, fest mit seinen Füßen auf der Erde stehend: der Mensch ist Bürger der Erde geworden.

Das drückt sich aus in der feinen Ausgestaltung der Rechte der Persönlichkeit, im zähen Kampf um das römische Bürgerrecht, das schließlich jedem Freien im ganzen Reich erteilt wurde, es kommt zum Ausdruck selbst in der militärischen Beherrschung der Welt, in der einheitlichen zivilen Verwaltung, die das ganze Römische Reich überzog.

Diese grandiose Einheitlichkeit der römischen Welt einerseits, die Ausbildung des Empfindens für den Menschen als römischen Bürger, unabhängig von Volk und Herkommen andererseits, bereitete dem Christentum den Boden, auf dem es sich, zur Weltreligion veranlagt, rasch auch äußerlich entfaltete. Dies vorbereitet zu haben, ist wohl der gewichtigste Beitrag, den wir Rom zu verdanken haben.

Daneben ist ebenso scharf zu betrachten das, was aus römischer Zeit mit noch großer Kraft in unsere Zeit und in unser Leben hereinragt und hemmend sich der Entfaltung des modernen Impulses entgegenstellt. Denn das ist ein Bezeichnendes im Wirken aufeinanderfolgender Kulturen: was das Neue, Zeitgemäße war in einer vorhergehenden Kultur, wirkt retardierend, wenn es sich in der nachfolgenden unverwandelt weiter auslebt. Wieviel zum Beispiel lebt doch noch vom alten Cato in unserer Seelenhaltung! Immer, wenn wir, wie er es tat, nach Prinzipien leben, anstatt aus Einsicht von Fall zu Fall frei zu entscheiden, handeln wir heute noch wie die Römer und gar nicht aus den Erfordernissen der Gegenwart.

Von diesem unberechtigt in unsere Zeit hereinragenden Römischen muß man sich entschieden befreien. Man wird aber nicht dadurch von ihm frei, daß man das Römische mit Antipathie von sich weist und sich ihm verschließt, sondern indem man es liebevoll kennenlernt. Durch Kenntnis kommt man zur Erkenntnis, schafft sich Distanz und gewinnt Freiheit.

In dem vorgehend Angedeuteten liegt eine individuelle Aufgabe vor. Im Versuch, sie zu lösen, ringt man sich zum Erfassen der unserer Zeit eigenen und entsprechenden Seelenhaltung durch.

Dieser Prozeß der Selbstfindung ist aber auch eine kulturpädagogische Auf-

244

gabe. Er ist einer der wichtigen Gründe, warum man in der Schule Geschichte treiben muß. Denn dadurch, daß der Schüler Bilder, die das Wesen einer geschichtlichen Epoche charakterisieren, in seine Seele aufnimmt, wird in ihm ein Prozeß veranlagt, der später zum Bewußtwerden der Aufgaben unserer Zeit führt, und das weckt den Willen in ihm, im Sinne dieser Aufgaben sich als Mensch ins soziale Ganze zu stellen, ein Zusammenhang, auf den Rudolf Steiner aufmerksam machte.

Man treibt also Geschichte um der Gegenwart willen. Geschichtsbetrachtung soll zur Erkenntnis der charakteristischen Aufgaben führen, die unsere Zeit uns stellt.

Zu diesem Prozeß einen Beitrag zu leisten für das Gebiet der römischen Geschichte, dem Lehrer eine Hilfe zu bieten, um symptomatische Beispiele für seine Unterrichtsdarstellung zu finden, waren Motive, die zu dieser Sammlung führten.

Die »Römischen Sagen und Geschichten« aus den Anfängen bis zu Kaiser Augustus vermitteln einige wesentliche Züge und Motive des Empfindens, Denkens und Handelns so, wie sie durch einzelne Römer in Erscheinung traten und Geschichte geworden sind.

Ohne einer überlebten Heldenverehrung das Wort zu reden, kann man doch sagen: hat man beim Betrachten des Geschichtsverlaufes den Menschen, seine Taten und Schicksale im Auge, so steht man dem schaffenden Werden, den geschichtsbildenden Kräften nahe; denn durch die Menschen wirkt, was Geschichte wird.

Die ausgewählten Texte halten sich in Sinn und Geist streng an die überlieferten Quellen, sie sind nur insofern bearbeitet, als viele Nebenranken weggelassen wurden, damit der Hauptzug um so deutlicher in Erscheinung trete. Das Buch ist darum auch als Lesebuch für Jugendliche (vom zwölften Jahr an) geeignet.

Auf eine vereinheitlichte stilistische Darstellung wurde mit Absicht verzichtet, obwohl sie in künstlerischer Hinsicht befriedigender wäre und eine geschlossenere Wirkung erzielte; es wurde vielmehr versucht, auf der Grundlage verschiedener Übersetzungen eine freie Übertragung in die deutsche Sprache zu gestalten, welche aber die Charaktere der einzelnen Schriftsteller dennoch zum Ausdruck kommen läßt.

So will das Buch nicht einfach eine Nacherzählung sein, auch keine geschlossene Geschichtsdarstellung; es nimmt eine Art Mittelstellung ein und möchte den jungen und wohl auch den interessierten älteren Lesern den frischlebendigen Strom der Quellen nahebringen, aus dem auch die Geschichtswissenschaft schöpft.

Benutzte Literatur

Livius: Römische Geschichte. In der Übersetzung von K. Heusinger, Gottfried Grosse und J.G. Klaiber

Plutarch: Biographien. In der Übersetzung von S. Kaltwasser, G. Weibel und Wilhelm Ax

G. J. Caesar: Denkwürdigkeiten aus dem gallischen Krieg. Übersetzt von W. Köchly

Cassius Dio: Römische Geschichte. Übersetzt von L. Tafel

Tacitus: Germania. Übersetzt von J. Wackernagel und F.D. Gerlach

J. J. Bachofen und F.D. Gerlach: Römische Geschichte

W. Oechsli: Geschichte des Altertums

W. Vollmer: Wörterbuch der Mythologie (1836)

E. Peterich und Pierre Grimal: Götter und Helden der Griechen, Römer und Germanen (1971)

Als Ergänzung dieses Bandes sei empfohlen: *Gustav Schalk:* Römische Götter- und Heldensagen in der Bearbeitung von Gerhard Aick (1965).

Von Hans Rudolf Niederhäuser sind früher erschienen:

Von griechischen Göttern und Helden

Mythen und Sagen nach den Quellen neu erzählt. 2. Auflage, 192 Seiten, Pappband (ab 10 J.)

»Die griechischen Göttersagen werden hier, für die Jugend bearbeitet, in knapper Form nacherzählt. Wir hören Hesiod, wie er von der Entstehung der Erde verkündet, lesen den Bericht von der großen Flut und erfahren die Geschichte der Götter von Apollon bis Theseus. Schüler, die von den alten griechischen Helden und Göttern oft nur am Rande erfahren, werden mit Interesse nach diesem Buch greifen, das eine leicht verständliche Erzählweise mit lebendiger Schilderung verknüpft.« *Welser Zeitung*

Fremde Länder – Fremde Völker

Eine Einführung in die Völkerkunde in Bildern, Mythen und Erzählungen. Zeichnungen von Michael Becker, 3. Auflage, 285 Seiten, Pappband (ab 13 J.)

»Mit methodischer Geschicklichkeit und Stoffauswahl tritt hier die Völkerkunde ins Blickfeld der Zwölf- bis Fünfzehnjährigen. Außer den fünf Hauptrassen und den Urstufen menschlicher Kultur (Jäger, Fischer, Nomade, Bauer) stellen sich etwa zehn Völkergruppen vor, die der besonderen Aufmerksamkeit der Jugendlichen sicher sind (z.B. Chinesen, Insulinde-Bewohner, Araber, Afrika-Neger, Indianer, Inka und Russen). Einfache Lesestücke aus Sage, Märchen, Legende und Erzählung erläutern jeweils die Berichte über die charakteristische Lebensart der einzelnen Völker.« *Buchanzeiger für Öffentl. Büchereien*

»Das Interesse der heutigen Generation an fremden Ländern und Völkern ist oft im Sensationellen verflacht; durch eine solche exakte und zugleich ehrfürchtige Darstellung werden Staunen und Bewunderung vor den Erscheinungen der Erde geweckt! – Ein Buch wissenschaftlich gegründeter, sprachlich vorbildlicher Darstellungen und zugleich erzieherischer Qualität!« *Hamburger Lehrerzeitung*

VERLAG FREIES GEISTESLEBEN STUTTGART

Milon und der Löwe

Eine Jugenderzählung aus der Zeit des frühen Christentums
Von *Jakob Streit*
200 Seiten, mit Zeichnungen von Werner Fehlmann, Pappband (ab 12 J.)

»Die Sage von Milon, der einem Löwen einen Dorn aus der Pfote zieht und als Sklave den Untergang Pompejis miterlebt, in Rom im Zirkus den Löwen vorgeworfen wird, seine wunderbare Rettung, all dies ist verknüpft mit der Geschichte des ersten Christentums.
Ein herrliches Buch. Der Einbruch des Christentums in die Welt der Antike, in Griechenland, Rom und Ägypten ist auf subtile Weise geschildert. Die spannende Erzählung verdient das Prädikat ›ausgezeichnet‹«.

Schweizer Lehrerzeitung

Außenseiter

Berichte von anderen Lebenswegen
Von *Herta Schlegtendal*
184 Seiten, Paperback

Inhalt: Dorothea Lynde Dix / George W. Carver / J.G. Fichte / F.W. Bessel / Leonora Christina Ulfeldt / Bill Griffin / Jean François Champollion / Louise Schroeder / Sonja Kowalewska.

»Die Sehnsucht nach Idealen und Vorbildern findet sich bei jedem jungen Menschen als Ausdruck seiner Identitätssuche. Es ist von weitreichender Bedeutung, in welcher Weise dieses Bedürfnis erfüllt wird. Die beste und ehrlichste Form, beispielhafte Lebenshaltungen zu vermitteln, sind immer noch konkrete Biographien – hier wird nicht Moral gepredigt, sondern wirkliches gelebtes Leben dargestellt, das allein junge Menschen in ihrer Seele anzusprechen vermag.
Die Autorin hat einige weniger bekannte, dennoch bedeutende Gestalten ausgewählt und in vorbildlichen Porträts ihren Lebensweg und ihre Lebensleistung nachgezeichnet.«

Reutlinger Generalanzeiger

VERLAG FREIES GEISTESLEBEN STUTTGART